LOCUS

LOCUS

LOCUS

LOCUS

from

vision

from 138
暗數據：
被看到、被聽到、被測量到的，往往不是「真凶」
作者：大衛・漢德（David Hand）
譯者：賴盈滿
責任編輯：潘乃慧
封面設計：林育鋒
校對：聞若婷
出版者：大塊文化出版股份有限公司
台北市 105022 南京東路四段 25 號 11 樓
www.locuspublishing.com
讀者服務專線：0800-006689
TEL：(02)87123898 FAX：(02)87123897
郵撥帳號：18955675　戶名：大塊文化出版股份有限公司
法律顧問：董安丹律師、顧慕堯律師

總經銷：大和書報圖書股份有限公司
地址：新北市新莊區五工五路 2 號
TEL：(02) 89902588　FAX：(02) 22901658
初版一刷：2021 年 6 月

定價：新台幣 400 元
Printed in Taiwan

DARK DATA
暗數據

DAVID HAND

大衛・漢德——著　賴盈滿——譯

獻給雪莉

目次

第二部：點亮與使用暗數據

序言

這本書與坊間大多數講數據的書不一樣。不論是介紹大數據、開放數據、資料科學的科普書，或講解如何分析數據的專業統計書，講的都是已有的數據，亦即存在你的電腦資料夾、桌上檔案匣或你寫在筆記本裡的資料。然而，這本書講的是你**沒有**的數據。或許是你當初求之而不可得的數據，也可能是你希望擁有、以為擁有但其實並未擁有的資料。我在書中將舉出許多例子來論證一件事：你遺漏的數據不僅跟你擁有的數據同等重要，甚至更關鍵。看不見的數據可能會誤導你，甚至帶來災難。我將逐一點明這些災難，並闡述它們如何發生、爲何發生。但我也會說明災難如何避免，需要留意什麼以防憾事發生。最後我將指出（或許有些出人意料），一旦我們明白暗數據如何產生及釀成大禍，就能藉此一百八十度翻轉數據分析的老方法，藉由（聰明地）隱藏數據，得到更深入的理解，做出更好的決策與行動。

數據（data）一詞在英文裡到底該視作單數或複數，一直未有定論。過去通常看作複數，但隨著語言演化，現在許多人都視之爲單數。我在書裡大多作複數處理，只有寫來特別怪時才視作單數。既然常言道「情人眼裡出西施」，我的認知很有可能與你不同。

我對暗數據的理解是一點一滴從工作中累積的。一路上多虧許多人的挑戰，我不僅慢慢明白這些都是暗數據的問題，這些人也和我一起研究各種因應之道。這些問題涵蓋了醫療研究、製藥業、政府、社會政策、金融業和製造業等，沒有一個領域能倖免於暗數據的威脅。

我尤其感謝撥冗閱讀本書初稿的人：克里斯多佛洛斯・安納諾斯托普羅斯（Christoforos Anagnostopoulos）、尼爾・錢農（Niall Channon）、奈爾・亞當斯（Neil Adams）和出版社找的三位匿名讀者，讓我免於犯下太多難堪的錯誤。感謝我的經紀人彼得・塔拉克（Peter Tallack）大力支持我，協助我找到合適的出版社，並慷慨給予建議，提點我這本書該把重點與方向擺在哪裡。謝謝普林斯頓出版社的責編英格莉德・訥理奇（Ingrid Gnerlich），她是不可多得的聰明嚮導，協助我將初稿修剪成形。最後，我要特別感謝我的妻子雪莉・錢農（Shelley Channon）教授，謝謝她細心評論了好幾版的初稿，大大提升了本書的品質。

大衛・漢德，於倫敦大學帝國學院

第一部

暗數據：來源與後果

1 暗數據：我們看不見的事物形塑了我們的世界

數據鬼魂

讓我先從一個笑話講起。

前幾天我在路上遇見一位老人，他走在馬路中央，每隔五十步左右就在路上撒一小堆粉末。我問他在做什麼，他說：「我在撒大象粉。大象受不了這種粉末，所以都不會靠近。」

我說：「但這裡沒有大象。」

他回答：「沒錯！你瞧這粉末多有效！」

笑話講完了，來點正經的。

全球每年有將近十萬人死於麻疹，每五百名感染者就有一人死於併發症，其餘則是終生耳聾或大腦受損。幸好該傳染病在美國極爲罕見，一九九九年只有九十九起通報病例。然而，二〇一九年一月華盛頓州麻疹爆發，導致該州宣布進入緊急狀態，其餘各州的通報病例也顯著增加。[1]美國以外的國家也有類似情形。二〇一九年二月中旬，烏克蘭的麻疹爆發病例已經超過二萬一千例。[2]歐洲二〇一七年有二萬五八六三例麻疹，二〇一八年卻暴增高達八萬二千多例。[3]羅馬尼亞從二〇一六年元旦至二〇一七年三月底，則有四千多起麻疹通報病例，造成十八人死亡。

麻疹是可怕的惡疾，由於感染之後要過幾週才會有明顯症狀，很容易悄悄蔓延而不被察覺，根本還不曉得它在傳播，就已經被感染了。

然而，麻疹是可以預防的，只要接種疫苗就能免於被傳染的風險。而美國施行的全國免疫計畫也確實非常成功，應該說太成功了，使得施行這類計畫的國家的大多數家長，一輩子都沒見過或經歷過這種可預防疾病的可怕。

因此，當政府建議家長帶孩子去打疫苗，好預防這種他們從來沒見過或聽過親朋好友左鄰右舍得過、疾病預防管制中心還曾宣布絕跡的疾病，家長自然會對這樣的建議半信半疑。

爲了不存在的東西挨一針？感覺就跟撒大象粉一樣。

只是麻疹和大象不同，威脅並未消失，始終千眞萬確。只不過家長遺漏了做決定所需的資訊與數據，所以才看不到風險。

凡是遺漏的資訊與數據，我一概以**「暗數據」**（dark data）稱之。暗數據隱而不顯，單憑這點就可能導致誤解、錯誤結論及壞決定。簡單說，就是無知會讓人出錯。

暗數據一詞發想自物理學的暗物質（dark matter）。宇宙有二七%由這種神祕物質構成。由於它不跟光和電磁輻射作用，肉眼不可見，進而使得天文學家長年不知其存在。直到觀察星系旋轉，發現距離星系中心較遠的星體移動速度並不比距離較近的星體慢，違反我們對重力的理解，天文學家才察覺不對。於是，有人假設星系的總質量比望遠鏡觀察到的星體和其他物體的質量總和還大，這樣就能解釋星系旋轉的反常現象。由於我們看不見那多出來的質量，所以稱之爲暗物質，而且這種物質可能分量（我差點就說「質量」）驚人：據估計，我們所在的銀河系擁有的暗物質是一般物質的十倍左右。

暗數據與暗物質很類似——我們見不到那些數據；那些數據沒有紀錄，卻會大大影響我們的推論、決定與行動。本書稍後將會舉例說明，除非我們察覺四周潛藏著未知的事物，否則後果可能不堪設想，甚至致命。

本書嘗試探討暗數據如何出現，以及爲何出現。書中將檢視各種暗數據；瞭解這些數據的成因；說明哪些步驟可以避免暗數據出現，防範未然；介紹察覺自己被暗數據蒙蔽時該如何處置；最後指出只要夠聰明，有時還能利用暗數據，從中得益。雖然聽來奇怪又矛盾，但我們確實能夠利用無知和暗數據，思考做出更好的決定與行動。說得更具體一點，就是讓我們生活得更健康、賺更多錢，並明智運用未知來降低風險。這不代表我們應該對別人隱瞞資訊（雖然本書之後幾章會提到，刻意隱瞞的數據是常見的一種暗數據），實際作法比這複雜許多，而且所有人都會受益。

暗數據有各式各樣的形態，成因也五花八門，因此本書建立了一套分類法，以「DD-Tx」表示「X型暗數據」，並將暗數據分成十五種類型。然而，這套分類並不完全。暗數據的成因太多，可能永遠無法完全分類，而且某個暗數據實例可能同時展現不只一種暗數據的影響。不同型的暗數據可以聯手，甚至產生不幸的加乘效應。儘管如此，覺察這些暗數據類型，檢視暗數據生成的實例，還是能讓你在問題浮現時立即發現，免於受害。我在本章結尾列出了所有暗數據類型（DD-Tx），按相似度粗略排列，並且將在第十章詳加說明。書中有些例子，我會明白指出這是**某一型**暗數據，但我刻意避免每個例子都標明，以免妨礙閱讀。

正式開始之前，讓我再舉一個例子。

在醫學領域，創傷是一種重傷害，可能留下嚴重的長期後患，或可導致過早死亡與殘障，是「壽命減損」的最重大事由之一，也是四十歲以下人口最常見的死因。創傷審計與研究網路（TARN）擁有歐洲最大的醫學創傷資料庫，蒐集的創傷紀錄來自全歐兩百多所醫院，除了英格蘭和威爾斯九三%以上的醫院，還包括愛爾蘭、荷蘭和瑞士的各級醫院。不論研究創傷病例的預後或治療的有效性，這個網路顯然都是非常豐富的寶藏。

英國萊徹斯特大學的艾夫吉尼．莫克斯（Evgeny Mirkes）博士的研究團隊，檢視了創傷審計與研究網路的部分數據。[4]他們研究十六萬五五五九個創傷病例，發現其中有一萬九二八九個病例結果不明。在創傷研究中，所謂「結果」是指病患受創三十天以後是否存活。因此，一一％的創傷病人三十天後是否存活，我們不得而知。這是很常見的一型暗數據——

DD-T1：我們知道漏掉的數據。我們知道這些病人一定有結果，只是不曉得結果是什麼。

你可能會想，這有什麼問題？只要分析我們知道結果的那十四萬六二七〇位創傷病人，從中得出理解與預後就好。畢竟十四萬六二七〇是個大數字，至少醫學上如此，所以我們當然可以很有把握地說，從這些數據得出的結論是正確的。

可是，眞的是這樣嗎？說不定少掉的那一萬九二八九人的數據，跟其餘病人很不一樣。畢竟他們顯然有一個不同點，就是結果不明，因此設想他們可能還有其他方面和其餘病人不同，也就不無道理。相較於納入全體創傷病人，只分析結果已知的十四萬六二七〇位病人可能會造成誤導，據此採取的作爲也可能出錯，可能導致錯誤的預後、不正確的處方、不當的治療方案，對病人造成不幸甚至致命的後果。

讓我們暫時撇開現實，舉個極端的例子吧。假設結果已知的那十四萬六二七〇位病人，未受治療都存活下來並康復了，而結果不明的那一萬九二八九名病人都在就診後的兩天內死亡。這時要是忽略結果不明的病例，我們就會信誓旦旦地下結論說，不用擔心，所有創傷病人都會康復，面對新的創傷病人也都覺得他們自己會好，因而不進行任何治療，結果卻驚慌又困惑地發現怎麼會有一一%以上的病人性命垂危。

在往下說之前，我想先請讀者放心，我舉的極端例子是最嚴重的狀況，我們大可相信現實不會這麼糟，而且莫克斯博士和他同事是研究遺漏數據的專家。他們很清楚箇中危險，也一直努力研發統計方法來處理這類問題，本書稍後會介紹這些方法。但這個例子給我們的教訓是，**事情可能不是外表看上去那樣**。事實上，如果你要我用一句話總結這本書，我可能會用這句話。擁有大量數據是好事，也就是所謂的「大數據」，然而不是量多就好。要瞭解眞實情況，我們不知道和不擁有的數據，可能比我們擁有的數據還重要。不論如何，我們之後就會明白暗數據的問題不只發生在大數據，小數據也躲不過。暗數據的問題無所不在。

我舉的TARN資料庫的例子可能很誇大，但很有警惕作用。那一萬九二八九位病人的結果沒有紀錄，可能恰恰**因為**他們都在三十天內過世了。畢竟如果結果是入院三十天後才測量，過世者顯然沒辦法回答問題。除非我們意識到這個可能，否則永遠不會記錄到過世的病人。

這件事乍聽之下有點蠢，其實還滿常發生的。例如我們根據之前接受某項治療的病患的結果建立了一個模型，用來判斷新進病人的預後，決定他們是否要接受該項治療。但要是之前設定的時間對某些病患來說太短了，來不及出現結果呢？對於那些病患，我們其實並不曉得最終結果。如此一來，只建立在結果確定的病患上的模型便有可能造成誤導。

民調也有類似的狀況，「未回應」往往會造成問題。研究者通常會有一份名單，上頭是他們希望回答問題的人，但通常不是所有人都會作答。要是作答和不作答的人在某些方面有所不同，研究者就得擔心統計數據能否切實反映母群體的狀況。畢竟如果某家雜誌進行訂戶調查，只問訂戶一個問題：你有回覆本刊的調查嗎？我們也不能因爲回覆調查的人答「有」的比例百分之百，從而推論所有訂戶都有回覆。

前面這些例子都是第一型暗數據。即使不是所有TARN病人的量測値都有記錄下來，我們確信他們都有數據。我們也知道所有接受民調的人心中都有答案，只是有些人沒有作答。我們通常知道數値一定在，只是不曉得是多少。

接下來是另一型暗數據（**DD-T2：我們不知道漏掉的數據**）的例子。

許多城市都有路面坑洞的問題。冬天水會滲進路面縫隙，然後結凍，將裂縫撐大，接著又被車子的輪胎不停碾過，形成惡性循環，最後弄出足以損壞輪胎或車軸的大洞來。美國波士頓市決定運用現代科技來解決這個問題。市府推出一款手機應用程式，使用手機裡頭的加速度感測器偵測車輛經過坑洞時的震動，再用GPS將坑洞位置傳回市府單位。

這招眞是太帥了！這下高速公路養護工程大隊肯定知道上哪兒塡補坑洞了。

這又是一個運用現代數據分析技術，輕鬆漂亮解決實務問題的好例子——只不過有車又有手機的人通常集中在收入較高的地區。因此，收入較低地區的路面坑洞可能不會被偵測到，坑洞位置也不會送出，某些區段的路面坑洞可能永遠不會補好。結果，這個方法非但沒有徹底解決問題，反而可能加劇了社會不平等。這個例子跟TARN的例子不同。TARN的例子是我們知道數據有遺漏，這個例子我們則是不知道數據存在。

以下是這型暗數據的另一個案例。二〇一二年十月底，又名「超級珊蒂」[5]的珊蒂颶風襲擊美國東岸，不僅造成美國史上第二慘重的颶風災情，也是自有紀錄以來最猛烈的大西洋颶風，財物損失估計高達七百五十億美元，共有八個國家兩百多人死亡。美國有二十四州受到影響，包括佛羅里達、緬因、密西根和威斯康辛，金融市場也因爲停電而關閉。這場颶風還間接造成九個多月後生育率突然飆升。

除此之外，現代媒體也在這場颶風中大獲全勝。珊蒂颶風所到之處，推特也颳起一場訊息風暴，分享即時現況。推特的功用就是在第一時間告訴你哪裡發生了什麼事，還有發生在誰身上。這是個讓人即時掌握事情動態的社群媒體平台，而珊蒂颶風來襲期間正是如此。二〇一二年十月廿七日至十一月一日，推特上出現了兩千萬則颶風的相關貼文。於是我們可能會想，這些貼文應該可以讓我們持續掌握颶風的發展，找出哪些地區受創最重，哪裡需要緊急救援吧？

然而，事後分析顯示，珊蒂颶風相關推文最多來自曼哈頓，只有少數推文來自洛克威海灘或康尼島等地。這表示洛克威海灘和康尼島受創較不嚴重嗎？的確，曼哈頓區的地鐵和街道都淹水了，但很難說是受創最重的地區，就算只論紐約亦然。想也知道，實情是推文較少的地區之所以如此，不是因爲受到颶風衝擊較小，純粹是因爲那裡的推特用戶較少，比較少人有手機可以貼文。

其實，同樣的狀況我們可以推到極端。假設有個地方被珊蒂颶風徹底摧毀，那個地方就不會有推文出現，結果可能讓人以爲那裡一切無恙。這可眞是暗數據，黑暗得很。

和第一型暗數據一樣，第二型暗數據（我們不知道有所遺漏的數據）也是無所不在，只要想想沒被查到的詐騙案或查無凶殺案的被害者訪查報告，就會明白我的意思。

對於前兩型暗數據，你可能覺得似曾相識。前美國國防部長朗斯菲德（Donald Rumsfeld）在那場名震全球的記者會上，曾經一語道破箇中奧妙：「這世上有已知的未知，也就是有些事我們知道自己不知道。但這世上還有未知的未知，也就是有些事我們不知道自己不知道。」[6]朗斯菲德因爲這句晦澀的發言而遭到大量媒體奚落，但那些批評並不公道。朗斯菲德說的不僅有道理，而且完全正確。

不過，這兩型暗數據只是開胃菜而已。下一節我們會再介紹幾型暗數據。這些和之後談到的暗數據，就是本書的全部內容。你將會明白，暗數據類型千變萬化。除非我們察覺到數據可能不完全，觀察到東西不代表觀察到全部，測量可能不準確，測量到的可能不是我們想測量的東西，否則很可能對事實狀況產生偏頗的認知。只因爲沒有人在森林裡聽見樹倒了，不代表樹沒發出聲音。

你以爲你有的數據就是全部？

顧客推著裝滿商品的推車來到超市結帳櫃台，掃描器逐一掃過商品條碼，收銀機一邊發出電子嗶聲，一邊加總金額，最後顧客拿到帳單，然後付帳——只不過這不是最後的結果：顧客購買的各樣商品及價格都會送到數據庫儲存起來。之後，統計學家和資料科學家會鑽研這些數據，包括顧客買了哪些商品、哪件和哪件商品一起購買，以及購買這些商品是哪類顧客，從中掌握顧客的行爲樣態。這樣做肯定沒有數據遺漏了吧？超市必須掌握交易數據，才知道要收顧客多少錢，除非遇到停電、收銀機故障或有人詐騙。

感覺上，收銀機蒐集到的數據顯然就是我們能蒐集到的所有數據了。它蒐集到的不是**部分**交易或**部分**商品的資料，而是超市裡**所有**顧客購買的**所有**商品、進行的**所有**交易的紀錄，就像有些人說的，**資料＝全部**（data=all）。

然而，眞是這樣嗎？畢竟這些數據描述的是**上**週或**上**個月的事，雖然有用，但要管好一家超市，我們眞正想知道的或許是明天、下週或下個月會發生什麼事：哪些商品不快點補貨就可能讓顧客買不到？哪些牌子更受顧客青睞？我們想知道的是還沒被測量到的數據。第七型暗數據（**DD-T7：隨時間而異**）就是在講時間讓數據變得隱晦的特性。

其實，撇開這點麻煩不談，我們可能想知道，**要是**換成其他商品、換個陳列方式或開店時間，顧客會有什麼反應？這些叫作**反事實**疑問，因爲它們和事實相反，討論事實上沒發生的事要是發生了會如何。反事實是第六型暗數據**DD-T6：可能會如何**。

想也知道，不是只有超市經理會在意反事實問題。我們都服過藥。你信任開藥給你的醫師，同時認爲那些藥經過檢驗，能夠有效緩解症狀。但要是你發現那些藥其實未經檢驗，藥廠並未蒐集那些藥是否有效的數據，甚至吃了其實會讓症狀更嚴重，你會有什麼感覺？或者那些藥確實經過檢驗，也證實有效，但沒有跟「什麼都不做」比較，看是吃藥還是自然痊癒比較快好，你會怎麼想？又或者那些藥並沒有和其他藥物比較過，看它是否更有效，你又會作何感想呢？在大象粉的例子裡，只要一拿「什麼也不做」來比，就會發現**當你什麼也不做，驅離大象的效果跟撒粉一樣好**，進而察覺根本沒有大象需要趕跑。

回到「資料＝全部」這個概念。覺得我們可以擁有「全部」數據，這個想法許多時候**顯然**是無稽之談。就拿你的體重來說吧。你的體重很好量，只要站到體重計上就好。但只要量第二次，就算和第一次時間相隔很短，你也可能得到稍微不同的結果，尤其量到盎司或公克的話。所有物理測量都可能不精確，因爲可能有量測誤差或環境細微變動造成的隨機紊變（**DD-T10：量測誤差與不確定**）。爲了克服這個問題，研究人員測量某個現象（例如光速或電子的帶電量）的值都會重複測量數次，然後取平均值。他們可能會記錄十次或一百次的測量值，但顯然不可能記錄「全部」的次數。這種情況下沒有「全部」可言。

另一型暗數據可以用一個例子來說明，那就是倫敦的大紅巴士。你如果搭過大紅巴士，就知道車上往往擠滿了人，但數據顯示每輛巴士的平均載客數是十七人。這麼明顯的落差要如何解釋？難道有人操弄數據？

只要稍微想一下，就知道答案很簡單。因爲客滿的巴士上乘客較多（「客滿」不就是這個意思嗎？），所以看見巴士客滿的人也比較多。相反地，空巴士不會有乘客看見巴士是空的（當然我沒有把駕駛計算在內），因此也就不會有人提起。這就是第三型暗數據，**DD-T3：只選擇部分情況**。不僅如此，暗數據有時甚至會是蒐集數據時的必然後果，也就是**DD-T4：自我選擇**。接下來是我最喜歡的兩個例子：一個很重要，一個完全不重要。

第一個例子是卡通。一名男子看著火車站外的地圖，圖的正中央有個紅點寫著「你在這裡」。那名男子看著地圖心想：「他們怎麼知道的？」畫地圖的人會知道，是因爲他們曉得**凡是**看著紅點的人就站在地圖前。這是高度選擇性的例子，**絕對**會漏掉所有站在別處的人。

重點是，想蒐集數據，必須有人或東西（例如測量儀器）去蒐集才行。第二個例子是所謂的**人擇原理**（anthropic principle）。這個原理主要是說，宇宙只會是我們現在看到的這個樣子，否則我們根本不會存在，觀察不了宇宙。我們不可能蒐集到極爲不同的宇宙的數據，因爲我們無法存在於那些宇宙，也就無法蒐集數據。因此，不論我們得出任何結論，都只限於我們這個（或這種）宇宙。就如同路面的坑洞，或許還存在著各式各樣的事物，可是我們並不知道。

這件事替科學上了重要的一課。你的理論可能很切合你的數據，但你的數據肯定有所侷限，或許不適用於極高的溫度、很長的時間或很遠的距離。只要你根據自己的數據跨出侷限做外推，你的理論可能就會完蛋。景氣好時蒐集數據建構出來的理論，用在不景氣時可能天差地遠。牛頓定律只要物體不要太小、速度不要太快或遇到某些極端狀況，就不會出問題。這就是第十五種暗數據，**DD-T15：類推到數據之外**。

我有一件T恤上的圖案是xkcd漫畫裡的兩個角色在聊天。其中一人說：「我以前一直以爲關聯就代表因果。」下一格，他說：「後來我去上了統計課，就不這麼認爲了。」最後一格，另一人說：「看來上課很有用。」那人回答：「也許吧。」[7]

相關只代表兩個東西會一起變化，例如正相關代表其中一個大，另一個也會大；其中一個小，另一個也會小。這跟因果不同。一個東西如果是另一個東西的**因**，那麼它一改變就會造成另一個東西改變。例如，觀察兒童入學的頭幾年會發現，字彙量多的小孩通常身高較高。但你不會因此認爲，家長如果希望小孩長高一點，就應該請家教讓小孩學會更多字彙。比較可能的情況是有暗數據沒測量到——一個能解釋兩件事爲何相關的第三因素，如孩童的年齡。當xkcd漫畫裡的那個人說「也許吧」，代表他知道自己認知改變可能是上了統計課的緣故，但也可能出於別的原因。我們之後還會看到更誇張的例子，這些都屬於第五型暗數據，**DD-T5：漏掉關鍵因素**。

我剛才又提了幾型暗數據，但還有非常多。本書目的就在揭露這些暗數據，說明如何辨識它們、觀察它們的影響、化解它們引起的問題，甚至如何善用它們，從中得益。本章結尾會列出這些暗數據，並於第十章概述其內容。

沒事，所以我們不當回事

接下來，這最後一個例子，我們會知道暗數據可以造成多大的災難，而且不是大數據集才會遇到這種問題。

三十多年前的一九八六年一月廿八日，美國挑戰者號太空梭才剛升空七十三秒，爬升了九英里，就因爲兩具推進火箭的其中一具起火而成了火球，並且解體。太空梭裡的飛行員艙又往上飛到了十二英里的高度才墜落到大西洋。七名飛行員全部喪生，包括五名太空人和兩名酬載專家。

事後美國成立總統委員會，結果發現太空總署的中階主管沒有遵照安全規定，將數據往上呈報。由於當時發射日期一延再延，從一月廿二日變成廿三日、廿五日，再延到廿六日，使得太空總署承受巨大的經濟壓力，需要按時發射。沒想到廿六日氣象預報氣溫過低，發射日期又被迫延到廿七日。到了廿七日，原本倒數計時一切順利，結果顯示器表示有艙門鎖未正確關上。等到問題排除後，風勢又太強了，發射日期再度順延。

一月廿七日晚上，火箭推進器製造商莫頓帝奧科爾公司、馬歇爾太空飛行中心的美國太空總署人員和甘迺迪太空中心人員開了三小時的電傳會議。馬歇爾太空飛行中心的賴瑞．威爾（Larry Wear）問莫頓帝奧科爾公司，低溫對固態火箭發動機可能有什麼影響，莫頓帝奧科爾的團隊表示O型環可能會因低溫而硬化。

O型環是類似橡膠的密封元件，截面的直徑長度大約四分之一吋，用來密封四個火箭推進機之間的接口。固體火箭推進器高一百四十九呎，周長三十八呎。太空梭發射時，O型環原本封住的〇．〇〇四吋的縫隙最多會擴張至〇．〇六吋（約〇．一五公分）。發射期間，這個變大的縫隙只會維持〇．六秒。

莫頓帝奧科爾公司的羅伯特．艾伯林（Robert Ebeling）之前就擔心O型環因低溫硬化後，在那〇．六秒縫隙增大〇．〇五六吋時，會無法達成密封效果。電傳會議上，莫頓帝奧科爾公司的副總裁羅伯特．隆德（Robert Lund）表示，O型環的工作溫度不能低於之前的太空梭最低發射溫度，亦即華氏五十三度（攝氏十一．七度）。會議繼續進行，三方又進行了大量討論，檯面上和檯面下不時出現激辯，最終莫頓帝奧科爾公司重新考慮後，建議照預定時間發射。

太空梭升空後五十八．七九秒，右側固態火箭發動機的最後接口起火燃燒。火焰迅速變成焰流，弄斷了連接固態火箭發動機和外部燃料箱的數根支柱。發動機開始旋轉，先是撞上太空梭的機翼，接著撞擊了外部燃料箱，導致焰流撲向這個裝滿液態氫氧燃料的燃料箱。升空後六十四．六六秒，燃料箱表面破裂，九秒後，挑戰者號太空梭就變成了一團火球，解體成數大塊。[8]

繼續討論前，有件事要提醒各位，那就是太空飛行充滿了風險。就算一切完美，也沒有哪一次飛行任務能免於風險。風險不可能降爲零，而且永遠有不同的需求互相衝突。

此外，所有這類事故的「原因」都非常複雜。是因爲預算緊縮導致主管承受過多壓力而違反了安全規定，還是出於媒體壓力？譬如之前哥倫比亞號太空梭七次延後發射，每次都受到媒體嘲弄。挑戰者號太空梭四度推遲發射後，美國哥倫比亞廣播公司當家主播丹．拉瑟（Dan Rather）於一月廿七日週一的晚間新聞這樣說道：「眞令人難堪，太空梭又一次延後發射了，這回是艙口螺栓故障和晴天打雷的錯。」還是政治壓力造成了這個遺憾的結果？因爲這回太空梭上多了一位「平民」，擔任高中老師的克莉絲塔．麥考利夫（Christa McAuliffe），使得民眾對這次發射比以往更感興趣，而且美國總統預定於一月廿八日傍晚發表國情咨文。

這類事故通常都是多種因素交織造成，複雜隱晦的交互作用可能造成意料之外的後果。不過，挑戰者號太空梭爆炸還涉及另一項因素，那就是暗數據。

事故發生後，政府指派前國務卿威廉・羅傑斯（William Rogers）出任特別委員會主席，結果發現太空梭發射前那場電傳會議上討論的圖表中，並未計入O型環沒有發生收縮的航班（亦即暗數據**DD-T3：只選擇部分情況**，但也包含**DD-T2：我們不知道漏掉的數據**）。委員會在調查報告中（第一四六頁）指出：「主管只比較了以溫度爲變項時，O型環因爲低溫收縮的航班，卻沒有計入所有航班發生O型環收縮的頻率。」[9]而這正是問題所在：**有些航班的數據沒有納入分析中**。我前面已經舉過幾個例子，說明遺漏數據時可能導致哪些問題。

調查報告接著指出：「由於（只使用有限數據進行）比較，使得圖表上看不出太空梭發射時，當接點溫度介於華氏五十至七十五度（攝氏十一・七至二十三・九度）之間，O型環『收縮』的分布會出現異常。」意思就是，溫度和出現收縮的O型環數量之間沒有明顯關聯。然而「一旦納入所有航班，包括O型環未有磨損或漏氣的『正常』航班，比較結果就大爲不同」。換句話說，一旦納入所有數據，結論就不一樣了。事實上，氣溫較高時，發射的航班更少發生問題，而這部分正是圖表遺漏的暗數據。既然氣溫愈高，太空梭發射愈不會出問題，那麼反過來說，氣溫愈低就愈容易出狀況。根據推算，挑戰者號太空梭發射時，周圍溫度只有華氏三十一度（攝氏負〇．六度）。

調查報告提出結論：「若將之前所有發射的溫度考慮進去，就會發現只要發射氣溫低於華氏六十五度（攝氏十八．三六度），O型環收縮就**幾乎百分之百**（粗體是我加的）會發生。」

上述討論可以從圖一清楚看出來。圖一(a)是電傳會議上討論的圖表，顯示的是發射時的華氏氣溫對照出現收縮的O型環數量。因此，過往最低發射氣溫爲華氏五十三度，有三個O型環收縮，最高發射氣溫爲華氏七十五度，有兩個O型環收縮。發射氣溫和出現收縮的O型環數量並沒有明顯關聯。

然而，一旦納入遺漏的數據，也就是加入O型環未發生收縮的那幾次發射，就會得到圖一(b)。從這個圖表看，模式就很明顯了。**所有**發射氣溫低於華氏六十五度的太空梭航班，都會出現O型環收縮。圖表顯示氣溫愈低，風險愈高。更糟的是，根據推算，事故發生時的發射氣溫遠低於過往紀錄（**DD-T15：類推到數據之外**）。

遺漏的數據對於瞭解實際狀況至關重要。

這起事故有一段很有意思的插曲。雖然官方調查了數個月才得出結論，但太空梭爆炸當天，莫頓帝奧科爾公司的股價重挫了一一．八六％。在此之前，上市公司股價波動很少超過

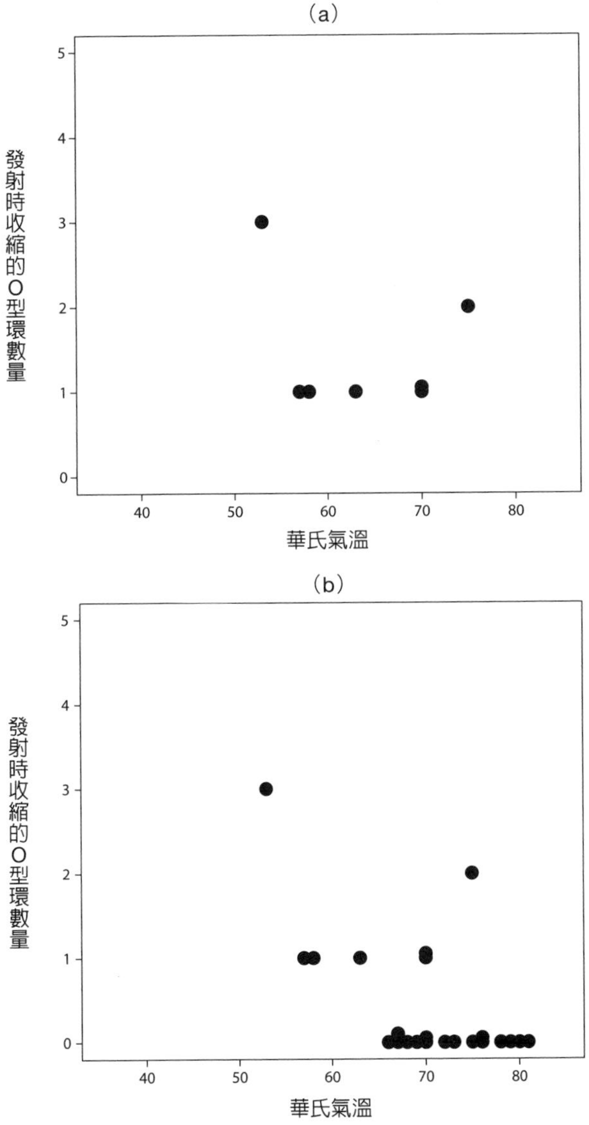

圖一：(a)挑戰者號太空梭發射前電傳會議時檢視的數據；(b)完整數據

四%，而其他參與太空梭建造的公司股價於事故後雖然也有下跌，幅度卻遠小於莫頓帝奧科爾公司，感覺就像股市知道事故該由誰負責似的。難道又是暗數據發威？

暗數據的威力

挑戰者太空梭這個例子充分顯示，忽略暗數據可能導致多大的災難。感覺起來，暗數據果然很危險。但其實情況並沒有那麼悲觀。瞭解暗數據反而可以讓我們從中得益，就像用數據科學玩柔道一樣。我們有幾種方法可以做到這一點。本書第二部分會詳細介紹，這裡先說明其中一種。

我們在第二章會提到隨機對照實驗，並在第九章從另一個角度檢視這類實驗。以醫療爲例，最簡單的隨機對照實驗，就是一組受試者接受某種療法，另一組受試者接受別種療法。然而，這樣做有一個風險。當研究者知道哪一組接受何種療法時，研究便可能受影響。研究者可能會對其中一組受試者更加照顧。例如，某項研究想比較一種未經測試的新療法和標準療法的效果，研究者可能（或許自己也沒意識到）會更仔細檢驗新療法的副作用，或者更詳盡測量治療結果。因此進行這類實驗時，爲了去除這種可能的偏誤，哪一組受試者接受何種療法不會讓研究者知道（**DD-T13：刻意弄暗的數據**），並且稱之爲「盲」實驗，以凸顯其中包含暗數據。

另一個暗數據對我們有益的例子，來自樣本調查。我們可能想知道市民對某件事的看法，或顧客對某家公司產品的觀感，但詢問所有市民與顧客又貴得不可能做到。意見調查顯然非常費時，而且意見可能會隨時間而改變。另一個作法是不問所有人，只問其中某些人。這時，沒被問到的人的意見就是暗數據。這樣做感覺風險很高，很像TARN資料庫的例子。然而，只要用審慎明智的方法挑選受訪者，還是能得到準確且可靠的答案，而且比訪問所有人更快、更實惠。

第三種藉由暗數據從中得益的例子，是所謂的數據**平滑**（smoothing），本書將在第九章介紹。數據平滑能讓未被觀察和不可觀察的暗數據（**DD-T14：編造與合成數據**）顯露出來，幫助我們做出更準確的估計與預測。

第九章還會介紹其他使用暗數據的方式。這些方式大多有著很古怪的名字，其中有一些廣泛應用在機器學習和人工智慧之類的領域。

暗數據無所不在

我們已經見到暗數據無所不在，隨時隨地可能出現。而暗數據既然是暗數據，就代表有些時候，我們可能不知道它們**並不**存在，這是它最危險的一點。換句話說，我們必須時時警惕，小心自問：**我們遺漏了什麼**？

我們是不是忽略了許多詐騙案，因爲被警察逮到的都是本事差的，眞正厲害的都逍遙法外？伯納德．馬多夫（Bernard L. Madoff）一九六〇年就創立了馬多夫投資證券公司，但直到二〇〇八年才被逮捕，於二〇〇九年被判處徒刑一百五十年。當時他已經七十一歲，差一點就一輩子得逞了。

我們是不是遺漏了許多或許有藥可治的病人，只因爲較嚴重的疾病症狀很明顯，較不嚴重的通常沒那麼多症狀？

建立在現代社群媒體上的社群網路是不是很危險，因爲這些媒體只反映我們已經知道與相信的事物，而不會挑戰我們，讓我們看到舒適圈以外的事實與事件？

更糟的是，人們選擇放在社群媒體上的貼文可能給我們一種錯誤印象，覺得其他人的生活都是多采多姿，讓我們陷入沮喪，因爲兩相對照，我們的生活是那麼充滿荊棘。

我們常認爲數據都是數字，其實不然。因此，暗數據也不一定是數字，例如底下這個故事中遺漏的關鍵訊息就是一個字母。

一八五二年、五七年和七五年的北極探險隊，都攜帶了**艾索普北極啤酒**（Allsopp's Arctic Ale）。這是釀酒商山謬．艾索普（Samuel Allsopp）特製的一款啤酒，冰點特別低。一八八九年，艾弗列．巴爾納德（Alfred Barnard）試喝了這款啤酒，形容它有著「優雅的棕褐色澤，除了葡萄酒香，還有堅果味，嘗起來就和剛釀成時一樣甘醇……由於它依然保有大量未發酵萃取物，肯定被視爲極有營養的珍貴食物。」[10]聽起來簡直是北極探險的必備佳釀。

二〇〇七年，拍賣網站eBay上出現一瓶一八五二年產的艾索普北極啤酒，底價是兩百九十九美元，至少目標價格如此。那位賣家已經擁有那瓶啤酒五十年，不料卻拼錯了酒的名字，漏了一個p，變成Allsop，使得所有陳年啤酒收藏家在eBay上都沒搜尋到這筆拍賣，導致只有兩人出價。最後這瓶啤酒就由二十五歲的丹尼爾．伍德爾以三百零四美元得標。伍德爾想知道這瓶酒到底值多少錢，就立刻將它放回eBay拍賣，不過這回他沒寫錯酒名。結果共有一百五十七筆出價，最後得標價高達五十萬三千三百美元。

少了一個p顯然有差，差了五十萬美元。*這說明了遺漏的資訊可能影響重大。事實上，本書之後會提到，比起其他遺漏資訊所造成的損失，五十萬美元根本不算什麼。遺漏資料可能損害生命、弄垮公司，甚至（像挑戰者號事故那樣）害人喪命。總歸一句，遺漏資料不是小事。

---

* 結果得標價只是個玩笑，出價者並無意付錢。但伍德爾無疑還是坐擁金山：蘇格蘭一位收藏家最近才出價三千三百英鎊（約合台幣十三萬元）標得一瓶一八七五年產的艾索普北極啤酒。

就艾索普北極啤酒的例子而言，只要謹慎一點就沒事了。疏忽當然是暗數據出現的常見原因，但還有許多其他因素。遺憾的是，就如同本書將會闡明的，數據變暗、消失的原因實在太多了。

我們很容易把暗數據想成可以觀察到、但因爲某種緣故而沒觀察到的數據。這種數據當然是最明顯的暗數據。調查時因爲某些人拒絕透露收入而遺漏的薪資數值，這當然屬於暗數據，但沒有工作、因此無可奉告的無業者的薪資數值也是暗數據。量測誤差會混淆實際值，數據摘要（如平均值）會掩蓋細節，不正確的定義會**曲解**（misrepresent）你想知道的事。更一般地說，母群體的任何未知特性都可以看作是暗數據（統計學家通常稱之爲**參數**）。

由於暗數據的可能成因近乎無限，因此知道應該留意**哪些**東西就很有用，能幫助預防失策與犯錯。這就是本書介紹DD-Tx（各型暗數據）的目的所在。DD-Tx不是暗數據的基本成因（例如未納入只短暫接受研究的病人的最後結果），而是一套適用範圍更廣的分類法（例如我們知道遺漏的數據以及不知道遺漏的數據的差異）。察覺DD-Tx的存在，有助於避免由於不知道自己不知道什麼而導致的錯誤、偏差與災難。本書將介紹以下十五型暗數據：並於第十章摘要總結：

DD-T1：我們知道漏掉的數據（Data We Know Are Missing）

DD-T2：我們不知道漏掉的數據（Data We Don't know Are Missing）

DD-T3：只選擇部分情況（Choosing Just Some Cases）

DD-T4：自我選擇（Self-Selection）

DD-T5：漏掉關鍵因素（Missing What Matters）

DD-T6：可能會如何（Data Which Might Have Been）

DD-T7：隨時間而異（Changes with Time）

DD-T8：數據的定義（Definitions of Data）

DD-T9：數據的摘要（Summaries of Data）

DD-T10：量測誤差與不確定（Measurement Error and Uncertainty）

DD-T11：反饋與玩弄（Feedback and Gaming）

DD-T12：資訊不對稱（Information Asymmetry）

DD-T13：刻意弄暗的數據（Intentionally Darkened Data）

DD-T14：編造與合成數據（Fabricated and Synthetic Data）

DD-T15：類推到數據之外（Extrapolating beyond Your Data）

2 發現暗數據：我們蒐集什麼、不蒐集什麼

怎麼看都是暗數據

數據不是一開始就有的。數據並非太古就已經存在，只等著人來分析。必須有人蒐集，數據才會存在，而且（你顯然想到了）蒐集方式不同，就可能產生不同的暗數據。

本章將討論數據集的三種產生方式，以及每種方式所衍生的暗數據問題；下一章則會探討發生在許多狀況下的其他暗數據。

產生數據集的三種基本方式如下：

一、蒐集和你探討主題有關的**所有人**或**所有事**的數據。

這就是人口普查戮力追求的目標，也是公司或工廠盤點的目的，希望詳盡確定倉庫或儲物區裡的所有庫存。倫敦動物園的動物盤點需要一週左右，二〇一八年的盤點顯示園內共有一萬九二八九頭動物，從菲律賓鱷魚、松鼠猴、洪氏企鵝到雙峰駱駝應有盡有（螞蟻和蜜蜂等群居昆蟲則以「群」計算）。上一章提到過，超市蒐集的是**所有**售出商品的數據。繳稅明細、信用卡交易和公司員工的數據也是如此。運動競賽紀錄、圖書館藏書和商店裡的商品售價等，也都可以全數蒐集。在這些例子中，不論蒐集的項目是物件、人或其他東西，數據集都含括所有項目的細節。

二、只蒐集母群體裡**部分**樣本的數據。

除了人口普查，還有一種數據蒐集方式是只蒐集其中一群樣本的資料。這時調查抽樣就很重要，本書稍後會詳細介紹這種方式，以及它衍生的暗數據問題。其中一種較不正式的作法是蒐集可取得的數據。例如想瞭解消費者的購物行爲，你可以觀察今天的來店顧客；想知道你每天通勤時間多久，可以連續一個月記錄每天所花的時間。有時採取這種方式，是因爲量測所有的項目不切實際。想瞭解食物價格如何隨時間而變動，我們不可能蒐集所有人每次採購食物的資料；想知道一粒沙的平均重量，不可能量測每一粒沙。此外，就像本書第一章提到過的，「量測**全部**」這個想法有時根本沒有意義。你無法記錄自己身高的所有可能數據，只能記錄自己量過的身高値。

幾年前，隨時可得的大數據集還不存在，我和研究同仁匯集了五百一十個眞實的小型數據集，出版了一本《小型數據集手冊》（*A Handbook of Small Data Sets*），[1]方便統計學老師舉例說明統計概念及方法。其中只有少數幾個數據集是完全母群體，包括骰子投擲兩萬次的結果、眼角膜厚度、懷孕期和神經衝動持續時間等。

三、改變條件。

前兩種數據蒐集方式都是「觀察式」的，純粹觀察並記下物件或人的資料，不會更動觀察條件，只照實量測。你不會給受試者藥物，記錄反應如何，也不會要受試者執行某項任務，記錄花費多少時間。你不會更換肥料，看作物產量是否增加，也不會改變泡茶的水溫，看味道是否受影響。只要蒐集數據的環境或條件**有所**改變，就叫作**介入**，蒐集到的就是「實驗」數據。實驗數據非常重要，因爲它能讓我們得到第一章提到的反事實狀況的資訊。

雖然這三種數據蒐集方式有許多共同的暗數據問題，但也各有各的狀況。讓我們從完全數據集講起。

數據廢氣、數據選取與自我選取

電腦徹底改變了我們生活的各方面。有些改變清楚可見，例如我用來寫這本書的文字處理軟體或買機票使用的旅遊服務系統，有些則隱而不顯，例如控制汽車引擎與煞車的電子設備，或是列表機和影印機裡的電腦。

但不論電腦是隱是顯，都會接收數據，如量測、信號或指令，然後處理數據，做出決定或執行動作。一旦動作完成了，照理說處理程序就能停止，但往往並未結束。數據通常會送到數據庫裡存放，儲藏起來。這些都是**衍生**（spin-off）數據，屬於**數據廢氣**（data exhaust），儲存下來留待日後瞭解與改善系統，或者出狀況時破解問題。飛機上的黑盒子就是最有名的例子。

當這些數據記錄的是人，通常稱爲**行政數據**（administrative data）。[2]行政數據的優點在於它記錄的是**人們做了什麼**，而不是（如民調）**人們說自己做了什麼**。行政數據能告訴我們，人們買了什麼、在哪裡買的、吃了什麼、在網路上搜尋什麼。有些人認爲行政數據比問人們做了什麼跟會怎麼做，更能逼近社會的眞貌。因此，政府、企業和許多組織蒐集了大量關於我們行爲的資料，形成巨大的數據庫。這些數據庫無疑是豐沛的寶藏，也是貨眞價實的金礦，擁有龐大的潛在價值，可以讓我們對人類行爲得出各式各樣的洞察，進而改善決策、提高企業效能、制定更好的公共政策——當然前提是這些洞察都正確無誤，沒有被暗數據污染才行。而且，有些數據我們並不希望化暗爲明，因爲一旦被外人知道就會妨害隱私。我們稍後會探討隱私的問題，但這會兒先來看看未讓人起疑的暗數據。

行政數據在更高的層次上有一個明顯的不足，就是儘管它確實可以讓我們知道人的實際行爲——這點非常有用，但有時我們實際想知道的是人的想法與感受。發現員工對公司的運作方式不滿意，可能跟瞭解員工在主管監督下、面對公司日常業務的限制與要求時會如何反應，一樣重要。想知道員工感受，就必須主動從他們身上蒐集數據，例如問卷調查。不同的問題，需要不同的數據蒐集方式，進而遇上不同的暗數據挑戰。

我自己頭一回和暗數據正面遭遇，是在消費金融領域，也就是信用卡、金融卡、個人貸款、車貸和房貸的世界。信用卡交易數據是極爲龐大的數據集，每年有數百萬用戶進行數十億次交易。二〇一四年六月至二〇一五年六月，Visa信用卡交易就高達三百五十億次。[3]每一次信用卡交易都會記下許多細節，包括金額、所用貨幣、交易日期時間和賣家資訊等，事實上多達七、八十項。這些數據當中有許多必須先蒐集到，交易才能進行，帳戶才會撥款。那些數據是交易不可或缺的一部分，因此很難省去，甚至不可能省去，比如不知道金額多少或由誰撥款，交易就不可能進行。但有些數據就不是那麼必要了，可能不會被記錄下來，像是發票號碼、產品代碼和單位價格都不會影響交易。這些數據顯然就是我們提過的**DD-T1**：

我們知道漏掉的數據。

更糟的是（至少就暗數據而言），有些消費者會使用信用卡交易，有些消費者卻可能使用現金。換句話說，如果想記錄**所有**的購買與交易，那麼信用卡數據庫就存在著大量隱形的暗數據，因爲有**DD-T4：自我選擇**。而且，信用卡營運商不只一家，其中一家蒐集到的數據可能無法代表所有的信用卡用戶，遑論所有的消費者。因此，行政數據雖然前景看好，卻也可能潛藏暗數據的問題，只是乍看認不出來。

我遇到的問題是銀行請我設計一套「計分制」，利用統計模型來預測申請者是否可能拖欠還款，以協助銀行決定是否貸款。銀行給了我一個大數據集，裡頭包括過去客戶的申請資料，以及這些客戶當中有哪些人確實拖欠還款。

基本上，這項任務相當單純。我只要找出一些特定模式，足以區分拖欠還款和準時還款的客戶即可。這樣未來銀行遇到申請者，就能夠依據他們比較像拖欠還款者或準時還款者，加以歸類。

問題是銀行希望預測**所有**未來的申請者，可是我拿到的數據顯然並不像未來申請者的母群體，因爲這些數據已經篩選過了。之前拿到貸款的申請者，照理說都是根據舊有篩選機制（不論是統計模型或銀行經理的主觀判斷）認定爲低風險的人，而被認定爲高風險的人都沒有拿到貸款，因此我對他們是否會拖欠還款一無所知。事實上，我根本不曉得之前有多少申請者被拒絕，因而不在數據集內。總之，我拿到的數據是扭曲的樣本，不曉得受到多少選擇機制或選擇偏誤的影響。任何依據這個扭曲數據所建立的統計模型，拿來預測所有未來的申請者，都可能造成嚴重的偏誤。

其實問題比這嚴重多了，涉及好幾重的暗數據，例如：

誰真的申請了？之前銀行可能寄信給潛在客群，問他們是否需要貸款。其中有些人會表示有需要，有些則不會回覆，因此銀行的數據只包含心動回信的人。而收信者會不會回覆，又要看廣告信的措詞、貸款方案內容、利率和許多我不清楚的因素而定。沒有回覆的人都是暗數據。

誰拿到了許可？銀行會評估回覆者，其中有些人會拿到貸款許可，有些不會。但由於我不知道銀行的評估依據，因此這裡頭對我而言又有更多的暗數據。

誰真的貸款？除了前兩個篩選關卡，在所有拿到貸款許可的申請者之中，有些人會真的貸款，有些則不會。這又是一層暗數據。

由於這三重暗數據，使得我很難確定自己拿到的數據和我所要解決的問題（建立模型評估新的申請者）到底有多少關聯。多重暗數據可能使得我手上的樣本（貸款後確實拖欠還款或未拖欠的客戶），跟銀行打算使用我建立的模型來預測的母群體完全不同。忽略這些暗數據，可能損失慘重。（那家銀行還活著，所以我想我做出的模型應該還不錯！）

行政數據無所不在——想想有多少數據庫儲存著關於你求學、工作、醫療、嗜好、金融交易、購物、房貸、保險、旅遊、網路搜尋及社群媒體上的資料。直到不久前，這些數據絕大多數是自動儲存，你既不知情也無從置喙。不過，歐盟「一般資料保護規範」改變了這個狀況，而你肯定也有感覺，因爲網站開始請你勾選瞭解並允許他們儲存你的個資。不過，你有時還有別的決定權，例如美國居民的個資就受到聯邦法律和州法的保障，依性質而定。

二〇一三年，英國國家健康服務（NHS）啓用新制，將家庭醫師的診療資料按月匯入衛生與社會照護資訊中心的醫院紀錄中。新的整合數據集具有龐大的潛在價值。由於它結合了數百萬民眾的健康狀況及醫療紀錄，我們得以從中進行資料探勘與數據挖掘，不僅能瞭解民眾的健康狀況，包括預防疾病、監控病情和治療效果，還能瞭解健保制度的執行效能及需要改進之處。此外，新的數據集還採用「擬似匿名」系統，將姓名、健康服務號碼和其他可能透露身分的資料替換成代碼，儲存在數據集之外的獨立檔案中，以確保隱私。

很可惜，這套制度（以及它對醫療與民眾健康的好處）未能好好呈現給大眾。不少人憂心自己的數據可能被賣給商業第三方，如藥廠或保險公司，藉此盈利。還有人擔心數據遺失或被駭，自己的身分遭到**再識別**（re-identified），個人醫療紀錄的隱私因此受到侵害。由於這些因素，加上部分媒體推波助瀾，這套制度儘管允許民眾不參加，拒絕將個人資料匯入新數據庫，卻仍受到民眾的大力反彈。

二〇一四年二月，英國政府宣布新制暫緩，之後又歷經幾次嘗試失敗，最終當局於二〇一六年七月發表一份大幅的檢討報告，建議使用八點同意制以分享病人數據，並允許民眾拒絕個人病歷用於醫療之外，例如研究。

讀到這裡，你可能已經察覺這樣會出問題。允許民眾拒絕分享個資，就代表數據庫並不完全，只囊括部分病人的資訊。更糟的是，由於讓民眾自行選擇是否分享數據（**DD-T4：自我選擇**），使得數據庫呈現出的母群體樣貌大有可能偏頗或扭曲。

二〇〇九年，加拿大麥克馬斯特大學的米雪兒．郭（Michelle Kho）等人對此進行了研究。[4]他們借助整合分析，探討知情同意是否會影響民眾參與研究的意願。郭和她的研究同仁以使用醫療紀錄的研究為樣本，比較了同意和拒絕參與者的年齡、性別、種族、學歷、收入及健康狀況，發現兩群人確實不同。但值得警惕的是，他們也發現知情同意的「效果大小及方向缺乏一致性」。換句話說，同意者和拒絕者雖然不同，但不同的方式無法預測，使得我們難以做出修正。

不加入（opt-out，有權不被納入數據庫）至少得費力讓自己被排除在外。許多人遇到這種情況都很懶，直接選擇同意，就這樣被納入數據庫中。另一個比較認眞的作法是讓民眾**選**

擇加入（opt-in），主動表態想**納入**數據庫中。這時人的懶惰天性可能就會讓事情雪上加霜：要求民眾主動表態肯定會讓回應減少。

醫療紀錄涉及的行政數據非常明確，但並非所有事情皆是如此，例如未通先斷的緊急電話就是很好的例子。

所謂**未通先斷**（abandoned call）是指某人撥打緊急電話，但在接通前就掛斷了。二〇一七年九月，英國廣播公司網站報導，二〇一六年六月至二〇一七年六月，打入英國警察控制室的未通先斷緊急電話數量增加了一倍，從八千通變爲一萬六千三百通。[5]不少人提出理論解釋這個現象，例如警力不堪負荷導致接通時間過長，或是民眾將手機放在口袋或手提袋裡，因誤觸而自動撥打緊急電話。

如果誤觸是唯一的理由，美國應該不會發生同樣的問題，至少不會那麼嚴重，因爲美國緊急電話號碼是九一一，需要按兩個不同的數字，不像英國是九九九。但美國的緊急電話未通先斷率也提高了。根據林肯緊急通訊中心二〇一三年四月至六月的紀錄顯示，未通先斷的緊急電話比例從〇．九二%增加到了三．四七%。

未通先斷的電話顯然屬於**DD-T1：我們知道漏掉的數據**。而麥克．詹斯頓（Mike Johnston）則是替我們找到了一個**DD-T2：我們不知道漏掉的數據**的精彩案例。他在《線上攝影師》[6]的專欄寫道：「我每次聽到有人讚揚美國拓荒時期的木屋蓋得多好、多美、多堅固，就忍不住想笑。其實更有可能的情況是九九．九％的拓荒者木屋都蓋得很糟，只是它們都倒了，少數留存下來的都是蓋得好的。但這不表示所有拓荒者的木屋都蓋得很好。」由於倒塌或爛掉的木屋都沒有紀錄，因此全屬於暗數據。

DD-T2：我們不知道漏掉的數據特別容易欺人耳目，因爲我們通常沒有理由疑心。例如二〇一七年十二月廿九日，我在英國《泰晤士報》上讀到，「據警方統計，計程車司機性侵乘客的報案數，三年內增加了五分之一。」我們心裡可能馬上浮現一個直覺的解釋，就是性侵事件增多了。但其實還有另一個可能，跟暗數據有關，那就是性侵發生率沒變，但**報案**比例提高了。原本隱形的暗數據，可能因爲習俗和社會規範改變而浮出水面。這讓我們得到一個教訓：當你見到某個數值因爲時間流逝而突然變動，有可能是現實狀況變了，但也可能是蒐集數據的程序改變。這就是第七型暗數據**DD-T7：隨時間而異**。

DD-T2：我們不知道漏掉的數據和**DD-T7：隨時間而異**聯手發威，還能找到一個更複雜的例子，就是投資基金。投資基金的母群體是不停變動的，隨時有新基金出現，舊基金消失。不難想見，通常會消失的是表現欠佳的基金，會留下的都是表現好的。因此，如果沒將消失的基金納入考量，那麼表面上看投資基金的平均表現，就相當不壞。

指數代表投資基金的整體或平均表現。雖然個別基金只要表現太差，就會被排除在指數之外，我們還是能回頭找到一些關於這些基金的數據，使得它們從**DD-T2：我們不知道漏掉**

的數據變成DD-T1：我們知道漏掉的數據，進而估算將它們排除在數據之外可能造成的影響。根據艾咪・巴瑞特（Amy Barrett）和布倫特・布羅戴斯基（Brent Brodeski）二〇〇六年的研究，「將表現最弱的基金從晨星基金數據庫剔除後，〔一九九五年至二〇〇四年〕十年間的**年平均**報酬率提高了一・六%。」[7]二〇一三年，美國先鋒集團發表一份報告，陶德・史朗格（Todd Schlanger）和克里斯多夫・菲利普斯（Christopher Philips）分別檢視了包含和不包含五年、十年、十五年內下市基金的整體基金表現，[8]結果發現差別大得驚人。排除十五年內下市的基金之後，整體基金的表現幾乎是不排除下市基金的兩倍。這份研究還讓我們看見暗數據的影響幅度：只有五四%的基金熬過十五年沒有下市。

我們比較熟悉的金融指數也有同樣的現象，例如道瓊和標準普爾五百指數皆然。表現欠佳的公司會被這些指數排除在外，因此最終的表現值只包含營運相對出色的公司。若你投資的正好是那些表現不錯的公司，那還無所謂，但若你投資的不是那些公司，影響就大了。由於我們很難（有些人甚至認爲不可能）判斷哪些公司會成功、哪些會失敗，使得指數很容易造成誤導。

面對金融指數，除了要小心所謂的倖存者偏誤，還有更複雜的變數。例如，以避險基金來說，表現欠佳的基金當然可能會下市，排除在指數之外，但處於天平另一端的基金也是一樣：表現特優的基金很可能讓新投資者不得其門而入，最後導致這些公司掉出股價指數外。

你永遠不知道暗數據會在哪裡作怪。

此外，本書第三章將會提到，根據「均值迴歸」現象，過去表現再好的基金未來仍有可能一敗塗地。換句話說，基金購買者必須非常小心過往績效的評分方式。一如其他行業，投資人必須自問眞相是否被隱形的暗數據所掩蓋了。

任何事物只要會隨時間改變，就逃不過倖存者偏誤的威脅。在新創圈裡，雖然大多數新創公司都以失敗告終，但我們聽到的成功故事永遠比失敗故事多。有些研究者認為新創公司的失敗率只有五成，有些則表示高達九九%。當然這要看你抓的時間多長（一年？五十年？）和「失敗」的定義為何而定。就拿社群網站Bebo來說吧。這個二〇〇五年創立的網站曾是英國最熱門的社群網站，擁有將近一千一百萬用戶。「美國線上」（AOL）二〇〇八年以八億五千萬美元將它收購，顯示Bebo那三年非常成功。但那之後，Bebo的用戶開始減少，紛紛投向臉書的懷抱，使得美國線上短短兩年後就將它轉賣給克萊特里恩資本公司。後來一次電腦故障重創了Bebo的名聲，最終導致它於二〇一三年申請破產保護。同年七月，柏區夫婦（Michael and Xochi Birch）以一百萬美元購回了自己當年創設的公司。所以這算成功還是失敗？雷曼兄弟公司又怎麼說？這家一八五〇年創立的公司一路竄升到美國第四大投資銀行，卻在二〇〇八年破產。它和Bebo一樣死於非命，只是時間更久。這算成功還是失敗？

新創圈的人自然**喜歡**聽成功故事，而非失敗故事。理由很簡單，因爲他們想模仿的是成功，而非失敗。但這裡又牽涉另一型暗數據。創業家應該尋找的是**區別**成功和失敗的因素，而不是碰巧和成功有關的因素，因爲這些因素也可能和失敗有關。而且就算這些因素更常和成功連結，而非失敗，也不保證這樣的關聯就是因果關係。

漫畫網站xkcd有一則關於倖存者偏誤的漫畫。[9]主角建議我們不斷地買樂透，說他自己每次都輸，但還是繼續買，甚至多兼幾份工作來買樂透，最後終於成功了（如果這樣能算「成功」）。只是我們沒看到那些傾家蕩產買樂透，直到離世都沒有中獎的人。

一般而言，行政數據能帶來極大的益處，前提是我們意識到暗數據的風險。不過這事還有不是那麼美好的另一面，讓人更添疑慮。

以個人來說，留存在行政數據庫的數據廢氣是**數據殘影**（data shadow），是我們傳送電郵或簡訊、在推特貼文、在YouTube留言、刷卡、使用悠遊卡、打電話、更新社群媒體應用程式、登入電腦或iPad、使用提款機、開車經過車牌辨識攝影機留下的細微痕跡。有太多行爲會留下數據殘影，而且我們往往毫無警覺。儘管這些數據蒐集起來可能有利於社會，卻也必然會透露我們的許多個人細節、好惡、習慣與行爲。和我們有關的數據可能對我們有益，讓我們接觸到可能感興趣的產品和人事物，使得旅遊更簡便、生活各方面更輕鬆，卻也可能用來操弄行爲。獨裁政權可以鉅細靡遺地窺知人民的一切，進而施行嚴密監控。其實這是必然的，因為把資料交出去好讓自己得到協助的壞處就是……把資料交出去。

由於民眾對數據殘影的疑慮漸深，不少服務應運而生，幫我們減少數據殘影。以本書的角度來說，就是替數據熄燈，將數據變暗。基本步驟包括停用社群媒體（臉書或推特等）帳號、刪除舊電郵帳戶、清除搜尋紀錄、將無法刪除的帳戶改用假個資（例如假的出生日期或姓氏）、取消訂閱和通知等等。當然，藉由隱藏數據來保護個資也有副作用，就是原本的好處可能會受到損害。畢竟我們得先知道民眾的收入及納稅金額，才能決定誰能減稅。

由少至多

對於我們感興趣的人與事，蒐集**所有**個體的數據（例如顧客在超市購物所產生的行政數據）是非常強大的工具，可以讓我們取得加深理解、做出更好決策的資訊。但這些數據不一定總能解答我們可能想知道的問題。最明顯的例子就是，能直接解答問題的行政數據集沒辦法自行產生。遇到這種情況，一種作法是使用我們所能找到最接近的數據集，但這樣做有其風險。另一種作法是另起爐灶，直接針對問題對所有個體蒐集數據，也就是進行普查。遺憾的是，普查通常又貴又慢，而且耗費大量時間、金錢，結果延誤了時機，就算得到完美解答也是白費力氣。

第三種作法是抽樣調查。

抽樣調查是現代人瞭解社會的主要工具。它的長處在於讓我們無須詢問某個母群體或團體裡的所有人，就能掌握其樣態。抽樣調查的原理來自一個非常強大的統計現象，叫作**大數法則**（the law of large numbers）。大數法則指出，只要從母群體中（隨機）取得的樣本夠大，這些樣本的平均值極可能非常接近母群體的實際平均值。

例如我們想知道某個國家的人民平均年齡。這個數據相當重要，因爲有了它才能判斷該國目前（和未來）工作納稅的年輕人口夠不夠多，是否足以支持年長的退休人口。只要想想西非尼日十五歲以下的人口占總人口的四〇%，日本只占一三%，就知道人民平均年齡這項數據的重要性與影響力。

假設我們手上沒有出生紀錄，也沒錢普查所有國民的年齡，又因爲暗數據的問題，不放心那些需要填寫出生日期才能使用的服務所擁有的數據庫，這時抽樣調查就能確保我們只需詢問**部分**國民的年齡，即可得出相對準確的估計值。你可能會立刻起疑：不知道其餘國民的年齡顯然有可能孳生暗數據。但大數法則告訴我們，只要抽樣得當，得出相對準確的估計值是可能的。而且大數法則背後的數學原理還告訴我們，樣本數不用太大，一千人可能就夠了。取得一千人的數據，跟取得數百萬總人口的數據，完全不能相提並論。

上面這段描述有兩件事輕輕帶過，就是抽樣必須「隨機」和「得當」。如果我們只到夜店或養老院訪查，得出的總人口平均年齡估計值可能就不大準確。我們必須對樣本能否充分代表我們研究的母群體有足夠的信心，而要做到這一點，最好的方法就是列出母群體裡的所有成員，也就是**抽樣框架**（sampling frame），然後從中隨機抽樣，詢問這些人的年齡。完整的抽樣框架通常能從行政數據裡取得，例如選舉人名冊就常用來建立抽樣框架，過往的普查紀錄也是。

隨機抽樣詢問年齡，乍聽之下可能很怪，因爲這表示每次得出的結果都不會相同。這點確實如此。但儘管隨機抽樣不能**保證**樣本不受暗數據扭曲（例如樣本中的年輕人比例低於實際比例），卻能將扭曲的**機率**控制在一定程度以內。換句話說，隨機抽樣能讓我們這樣說：「絕大多數（如九五％）的樣本平均值和實際平均值的誤差都在兩歲以內。」樣本愈大，我們的信心水準就能從九五％提升到九九％，甚至我們認爲適合的任何水準。時間長度也是如此，不論是兩年、一年或我們想要的任何數值都可以。你可能會在意隨機抽樣無法取得百分之百確定的結果，但我必須提醒你，人生本來就**沒有**百分之百確定的事——或許除了死亡和繳稅例外。

大數法則有一點很有意思，就是估計值的準確度，基本上跟樣本占母群體的比例大小沒有關聯，至少當母群體很大，樣本所占比例甚小時是如此。準確度只和樣本大小有關。其他條件不變的情況下，從一百萬人抽樣一千人得出的估計值，跟從十億人抽樣一千人得出的估計值，通常差不多準確，即使一個樣本占母群體的千分之一，另一個樣本只占母群體的百萬分之一也不例外。

只可惜，抽樣調查不是萬靈丹。世上（幾乎？）所有事情都有好有壞，抽樣調查也不例外，那就是抽樣調查通常仰賴主動參與。換句話說，受訪者可能會回答某些問題，拒答某些問題，甚至拒絕受訪。這又進到了暗數據的世界：**DD-T4：自我選擇**。

表一是「不回應」的例子。可以見到樣本裡有些數值不存在，以問號表示（通常寫作N／A，意思是「不適用」），並上色標明。這十筆紀錄取自KEEL網站的行銷數據，[10]是美國舊金山灣區一家購物中心的問卷調查結果，目的在建立模型，以依據特定的變項來預測顧客收入。模型使用的變項包括A＝性別、B＝婚姻狀態、C＝年齡、D＝學歷、E＝職業、F＝在舊金山居住時間、G＝雙薪、H＝家庭成員數、I＝未滿十八歲成員數、J＝家戶狀態、K＝住宅形態、L＝種族、M＝語言，以及最後一行的待預測變項——N＝收入（網站對各變項的意義與範圍有詳盡說明。爲了舉例方便，我在這裡用英文字母表示）。完整的數據集一共有八千九百九十三筆紀錄，而非表一的十筆，但其中有兩千一百一十七筆留有問號，就跟表一那三筆紀錄一樣。表一其中的一筆紀錄不只有問號，而且有兩個。所有問號顯然都是**DD-T1：我們知道漏掉的數據**，因爲從表上可以看出問號處應該有數值，可是缺了。

M那一行是語言。問卷的問題是「你家裡最常使用哪種語言？」而答案有三個，分別是

表一：市調數據摘錄

	A	*B*	*C*	*D*	*E*	*F*	*G*	*H*	*I*	*J*	*K*	*L*	*M*	*N*
紀錄1	2	1	3	6	6	2	2	4	2	1	1	7	1	8
紀錄2	2	1	5	3	5	5	3	4	0	2	1	7	1	7
紀錄3	1	4	6	3	?	5	1	1	0	1	1	7	?	4
紀錄4	2	1	5	4	1	5	2	2	2	1	1	7	1	7
紀錄5	2	3	3	3	2	2	1	2	1	2	3	7	1	1
紀錄6	2	1	5	5	1	5	2	2	0	1	1	7	?	9
紀錄7	2	1	5	3	5	1	3	2	0	2	3	7	1	8
紀錄8	1	5	1	2	9	?	1	4	2	3	1	7	1	9
紀錄9	1	3	4	2	3	4	1	2	0	2	3	7	1	2
紀錄10	2	1	4	4	2	5	3	5	3	1	1	5	2	9

資料來源：Website Knowledge Extraction Based on Evolutionary Learning, http://www.keel.es。

1＝英語、2＝西班牙語、3＝其他。由於三個選項只會有一個選項成立，而且三個選項涵蓋了所有可能（例如家裡要是最常講德語，就選3＝其他），因此每位受訪者應該都能回答（不是1、2就是3），只是其中兩位受訪者沒有作答。

不過，紀錄不完整有時是因爲**根本沒有數值可填**，因爲答案不存在。例如當表格問到配偶年齡，未婚的受訪者就只能留白。這會造成一個很有意思的問題，那就是該如何處理這類遺漏的數據。未婚而留白顯然跟已婚、但沒填寫答案不同，但這有差嗎？如果將這兩種不反應等同視之，會不會造成錯誤的結論？

紀錄有缺自然表示有東西少了（**DD-T1：我們知道漏掉的數據**），但完全拒絕回答問題的人呢？他們屬於**DD-T4：自我選擇**。受訪者可能太忙、覺得侵犯隱私，或純粹只是聯絡不上（正好出城去了），所以沒有回答。這些屬於已知的未知，因爲我們知道他們是誰（在聯絡名冊上），而且他們要是有意願或情況許可**就會**作答。只是由於我們沒有他們的回覆，所以數據就「暗」掉了。

這個問題有個經典的例子，就是一九三六年的美國總統大選。《文學文摘》（*Literary Digest*）之前數次依據民調成功預測了大選結果，因此一九三六年又故技重施，預測共和黨候選人蘭登會拿到五分之三的票數而勝出。然而，最後卻是民主黨候選人小羅斯福獲得壓倒性的勝利，拿下五百三十一張選舉人票中的五百二十三張，贏得六二%的普選票，以及四十八州中的四十六州。

講到那次大選和《文學文摘》預測錯誤，許多人往往主張錯在民調，認爲民調的設計導致暗數據出現，尤其以電話簿（雖然說法略有不同，但主旨不變）作爲抽樣框架來選擇受訪者，更是罪魁禍首。因爲當時電話是奢侈品，通常比較富裕的人家才會有，而這些人更常投給共和黨，因此導致樣本高估了共和黨支持者的比例。

上面這項解釋跟以夜店和養老院爲樣本推測一國人口的平均年齡一樣，都認爲暗數據出現的原因不在有人拒答，而是一開始挑選受訪者時就出現了問題。

然而，統計學家莫理斯・布萊森（Maurice Bryson）仔細分析後指出，這個簡單的解釋並不正確。[11]首先是它低估了《文學文摘》的民調專家爲了確保選民抽樣代表性所做的努力。這些專家很清楚哪些因素可能導致抽樣偏誤。其次，雖然當時只有大約四成的家庭擁有電話，這些家庭卻也是最可能投票的族群。因此，儘管電話民調就全體人口而言可能造成大量的暗數據，但就**投票人口**而言，問題就沒那麼嚴重了。而對選舉來說，重要的當然是投票人口。順道一提，這點有時影響很大。例如二〇一六年英國脫歐公投時，自稱「對政治不感興趣」的選民當中有四三％投了票，二〇一五年大選時只有三〇％。民調顯示某人說他**會**投票支持X，必須要他**真的**投票支持X才算數。

這樣看來，一九三六年大選預測錯誤，雖然「電話理論」廣受採納與流傳，其實這項解釋並不正確。

那麼，民調預測究竟爲何失準？

原因還是出在暗數據，只不過是更單純、常見的那種。隨著網路民調興起，這型暗數據變得格外重要，那就是民調專家寄出一千萬份問卷，收到的人只有四分之一左右會花時間回覆，也就是兩百三十萬人，其餘四分之三直接當作沒這回事，於是他們的看法就成了暗數據。假設（而且事實似乎如此）共和黨選民比支持小羅斯福的選民更在乎選舉，他們就更有可能回覆問卷。如此一來，民調就會給人蘭登支持者占大多數的印象，而這正是《文學文摘》得到的錯覺。等到選舉眞的進行，這個自我選擇的扭曲就消失了。

因此，這樁民調預測大災難雖然是暗數據惹的禍，但是暗數據之所以產生並非出於民調設計錯誤，而是出於共和黨和民主黨選民回覆問卷的機率不同，是**自發性回應**（**DD-T4：自我選擇**）的後果。

由於民調執行者很清楚誰能投票，使得抽樣框架非常明確，因此只要進行足夠細緻的分析，或許就能加以調整。這點第九章會再說明。但是當抽樣框架定義不夠明確，調整就會困難許多，甚至完全不可能。一旦抽樣框架不存在，我們就從**DD-T1：我們知道漏掉的數據**進入到**DD-T2：我們不知道漏掉的數據**。本書之後會談到，網路民調特別容易遇到這種情況。

通常只要遇到有人沒有回答，比如蘭登和小羅斯福的民調，問題就很難處理。拒答者和回答者很可能存在關鍵差異，單是拒絕參與調查這件事就顯現了他們的不同。對民調主題特別感興趣的人可能比較會作答，一九三六年大選的民調就是如此。對民調主題比較瞭解的人也可能比較會作答。荷蘭一份住宅需求研究發現，需求較大的民眾更常答覆問卷，因此調查很可能造成錯誤的印象。[12]被害調查也是如此：家暴之類的**連續事件**（series event）由於不具明確的開頭與結束，很可能被只關注個別事件的調查所忽略。此外，受訪者若是覺得太花時間，也可能不想作答。總之，抽樣調查之類的活動特別容易受到暗數據的毒害。

選前民調很有用，但由於政府和企業大量使用抽樣調查蒐集資訊，使得回應率不良的效應可能牽連甚廣。而且抽樣調查的回應率不斷探底，舉世皆然，這點從英國勞動力調查的一張圖表就看得出來。[13]圖二爲二〇〇三年三到五月至二〇一七年七到九月每季同意受訪者的比例變化，可以發現同意率從六五％降到了四五％以下。除非改善回應率，否則依照這個直線下滑的趨勢，未來調查得出的結論都很難維持夠高的信心水準。

這個現象不是英國勞動力調查獨有，而是全球各式抽樣調查遍存的問題。美國消費者態度調查是一項針對消費與經濟的電話訪查，其參與率從一九七九年的七九％降到一九九六年的六〇％，再下滑到二〇〇三年的四八％。美國國家學院二〇一三年發表的一份報告舉了更多例子。編纂人羅傑・圖藍袞（Roger Tourangeau）和湯瑪斯・普留士（Thomas Plewes）指出：「政府和民間做的家戶調查向來提供了豐富的社會科學研究資料，但其回應率在富裕國家不斷下滑。」[14] 圖三為美國全國健康訪問調查一九九七年至二〇一一年的家戶回應率變化，其下滑程度小於英國勞動力調查，卻還是相當明顯。

同樣的現象在流行病學研究裡一樣明顯。美國行為風險因子監測系統是一套研究風險因子、健康篩檢和醫療照護可及性的全國機制。該系統的參與率中位數，從一九九三年的七一％降到了二〇〇五年的五一％。

關鍵問題是：回應率要低到多少，抽樣調查才會沒用？暗數據要占到多高的比例，抽樣調查結果才不能作為母群體的可信反映？回應率九〇％得出的結果可靠嗎？如果可靠，那八〇％、五〇％和二〇％呢？那些用來修正「不回應」的調整方法（我們在第八章會提到），又有多大效果？

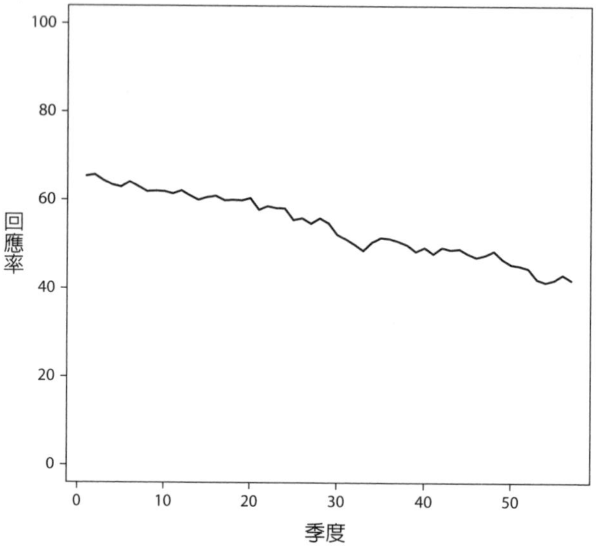

圖二：二〇〇三年三至五月至二〇一七年七至九月英國勞動力調查同意受訪者比例。

很遺憾，這些問題沒有單一解答，必須看調查內容、提問項目，以及數據如何、爲何遺漏而定。有時就算遺漏的紀錄很少，取得的數據也無法代表整個母群體。一項研究民眾對變性手術的態度的抽樣調查，要是問卷裡某些題目對跨性別者太過冒犯，使得他們全數拒答，而其他族群不受影響，這樣即使不回應率很低，仍可能得出偏誤的結果。另一方面，有時就算紀錄漏掉很多，結論也幾乎不受影響。事實上，我們之前談過樣本大小和隨機抽樣的重要性，只要不回應者沒有特定的共同點，不回應率很高可能根本沒關係。

總之，從這些例子可以看到，以「不回應」形態存在的暗數據似乎不斷

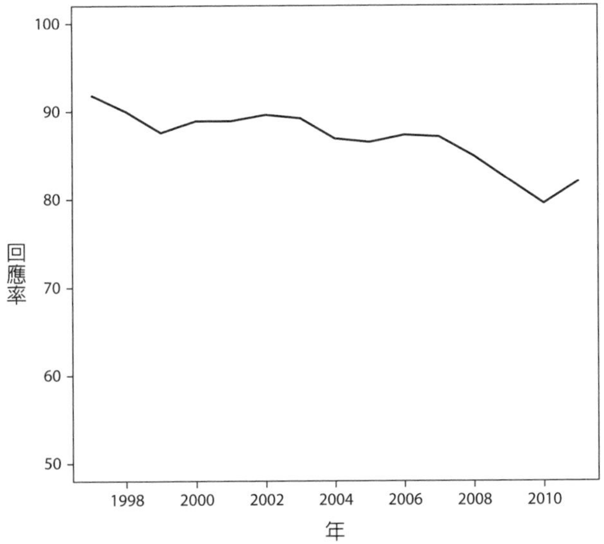

圖三：一九九七年至二〇一一年美國全國健康訪問調查家戶回應率。

在增加。這些暗數據或許不會影響結論，但有時會造成嚴重的後果。假如你是一國元首或企業總裁，你敢相信「或許不」嗎？

網路開創了一個令人興奮的可能性，就是廉價民調，因爲網路能觸及大量受眾，進而取得龐大的樣本。不過，缺點也伴隨而來，尤其無法掌控回應者是誰。基本上，回應者都是自我選擇的，自己決定是要參與調查，還是隱沒在暗數據中。這對任何調查來說都非常危險，因爲這代表回應很可能跟是否作答有關（還記得第一章提到的那個雜誌調查問題，「你有回覆本刊的調查嗎？」），更別說還有「誰會看到這個網頁」所造成的扭曲。

另一方面，回應者可能多次回應同一份網路民調。我甚至聽過更糟的。在我撰寫本書期間，某位仁兄跟我說，他只要看到手機民調，就會交給他的五歲兒子作答。此外，網路民調還有一個根本問題，就是並非所有人都能觸及網路——想想蘭登和小羅斯福大選的電話理論。收錄於二〇一三年《國際網路科學期刊》的一篇荷蘭論文指出：「年長者、非西方世界移民和獨居者比較不會接觸網路。」[15]更慘的是，網路可及性會隨著人口年齡和科技進展不斷改變。

面對「不回應」現象，我們要問：民眾**為什麼**似乎愈來愈不願意接受民調？圖藍裘和普留士對此進行研究，發現不回應的理由並未隨著時間而有太多改變。[16]主要的理由包括對主題不夠感興趣、太忙或訪談太費時，其他理由則包括顧慮隱私和看不懂問題。這些拒答者有時會做出負面的反應，包括掛電話、關門、口出惡言或恐嚇行爲。你看當訪談者有多危險！有人認爲民眾只是受夠了，因爲這類調查實在太多，大家都被沒完沒了的問題煩透了。加上商業促銷行爲經常僞裝成民調，使得情況雪上加霜。在這種種反彈背後，最根本的理由就是自我選擇——是否參與調查是由受訪者決定的。

不回應不一定是受訪者造成的，也可能是訪談者並未盡力接觸調查對象。其實，我們知道有些不老實的訪談者會編造數據（**DD-T14：編造與合成數據**）。英語世界甚至發明了curbstoning一詞來指稱這個現象。curbstone是路緣石，諷刺普查人員不去訪查民眾，而是直接坐在人行道上自己編答案。[17]值得一提的是，進階的統計方法通常能揪出這類造假，以及其他數據詐欺。此外，語言隔閡和數據遺失也可能導致數值遺漏。

敏感的調查問題（跟性生活、財務狀況或健康有關）有時特別容易導致回答遺漏或不完整。研究者爲此發明了一些相當聰明的數據蒐集方法，讓受訪者匿名作答或無須透露個資就能整合出統計結果。本書第九章會再詳細介紹。

實驗數據

我們已經討論了本章開頭提到的兩種數據蒐集方法：一種是記錄「所有」數據，一種是數據抽樣。此外，我們也檢視了這兩種方法各自會產生哪些暗數據。

現在我們要來談談第三種數據蒐集方法——實驗法，也就是受試者（或民眾）接觸到的環境、處置方式或**暴露變量**（exposure）都受到嚴格控制的數據蒐集方式。

假設有兩種療法，療法A和療法B，而我們想要知道哪一種比較有效，最直接的作法就是讓病人接受這兩種療法，然後看哪一種比較管用。

這樣做的前提是兩種療法病人都能接受。譬如研究舒緩花粉熱的療法效果時，我們可以讓病人一年接受療法A，一年接受療法B，或是順序相反（假設這兩年的花粉數都一樣）。

但許多時候，病人無法兩種療法都接受。例如研究哪種療法更能提高預期壽命時，我們幾乎不可能讓病人從頭來過、嘗試第二種療法，因爲我們必須等到病人過世了，才能確定第一種療法的效果。

這時，唯一的替代方法就是讓一位病人接受療法A，另一位病人接受療法B。這樣做當然會遇到一個問題，就是並非所有病人對同一療法都有相同的反應。某位病人在接受療法A之後病情好轉，不代表其他人也會如此。更麻煩的是，同一位病人在不同時期接受同一種療法，效果也可能不同。

於是，我們更進一步。首先，我們不再針對個別病人，而是觀察多位病人接受同一種療法的**平均**反應，也就是療法A對病人的**平均**效果如何，療法B對病人的**平均**效果如何，然後加以比較。其次，我們希望在分配病人接受何種療法時，能確保治療結果不受療法以外的因素干擾。譬如，我們不會讓接受療法A的都是男性，接受療法B的都是女性，因爲如此一來，我們就無法確定治療結果的差異是來自療法，還是性別。同理，我們也不會讓接受療法A的都是病情較重的患者，接受療法B的都是病情較輕的人。

因此，我們可以平均分配。例如半數男性接受療法A，半數接受療法B，女性患者也如法炮製，或是半數病情較重的患者接受療法A，半數接受療法B。如果需要控制的變項不多，這樣做是可能的，比如我們可以平均分配性別、年齡和病情輕重。但我們很快就會發現，要做到這點近乎不可能：我們也許找不到一個身體質量指數二十六、有高血壓和氣喘病史、會吸菸的二十五歲男性，來對照生理狀況一模一樣的二十五歲女性。更麻煩的是，顯然還有各式各樣的因子我們根本沒想到。

爲了解決這個問題，受試者會被**隨機**分配到兩個療法組，這就是**隨機對照實驗**。如此就能確保我們想避免的不平均現象，發生**機率**非常低。你應該還記得，之前討論抽樣調查時提過爲何要隨機抽樣的道理。這裡也是一樣，只是從選擇哪些人受訪換成分配哪些病人接受何種療法。

以這種方式比較兩個受試組一點也不難。這套方法有時稱爲A／B試驗，因爲兩組分別標記爲A組和B組，有時又稱爲衛冕者／挑戰者試驗，因爲是新方法或新療法（挑戰者）和標準方法（衛冕者）做比較。它的用途非常廣泛，從醫療、網路實驗到製造業都可以派上用場。這類研究的優點在於，我們可以比較「萬一是別種情況」的結果，從而避開反事實暗數據的問題。

這種控制暗數據的方法已行之有年。在近代隨機對照實驗當中，有一個影響深遠的例子，那就是一九四八年用鏈黴素治療肺結核的研究。英國醫療保健服務專家艾恩・查默斯爵士（Sir Iain Chalmers）甚至說：「英國醫學研究委員會在一九四八年發表的鏈黴素治療肺結核隨機試驗報告，內容之詳盡清晰，堪稱臨床試驗史上的里程碑。」[18]

然而，和其他許多事情一樣，隨機試驗的構想（至少構想的根源）也可以回溯到更久以前。一六四八年，法蘭德斯醫師凡赫芒（Jean-Baptiste Van Helmont）在討論放血和瀉吐的療效時，曾建議將病人隨機分組：「讓我們從醫院挑出……兩百或五百名發燒、有胸膜炎的可憐人，將他們分成兩組，再抽籤決定讓其中哪一半交給我，哪一半交給你。然後我不用放血或瀉吐治療他們，但你會使用放血或瀉吐……最後看我們各辦幾場葬禮。」[19] 抽「籤」（lot）這個說法很老派，你可能不熟，但你一定聽過「樂透」（lottery）這個詞。

到目前爲止，一切順利。之前討論的那兩種方法，只蒐集人們如何行動的數據，亦即「觀察數據」；新方法卻不一樣，主動決定誰接受何種療法。只要所有病人遵守治療計畫，按時服藥，並持續到試驗結束，這套作法就沒問題。只是很可惜，這類試驗經常因爲**退出者**而產生暗數據。

退出者就是退出研究的受試者。有可能是這些人過世了、療法產生嚴重的副作用、他們搬到別處、病情沒有改善或其他之前沒遇過的原因，使得他們繼續接受療法的意願降低。重點是量測需要長期進行，或是需要等待一段時間，而這會導致一個風險，就是試驗的不同組別可能以不同的方式受到暗數據的影響，包括**DD-T7：隨時間而異**和**DD-T1：我們知道漏掉的數據**。

例如，在活性藥物與安慰劑（不具活性成分的「治療」）的療效比較研究中，副作用更常發生在活性藥物組，因爲按照定義，安慰劑組根本不會服用活性成分。這就表示活性藥物組可能更常出現退出者。更糟的是，要是病情沒有好轉、甚至惡化的受試者更傾向退出，那麼研究到了最後只會不成比例充斥著**好轉**的受試者。一旦將退出者排除在外，關於活性藥物的療效就很有可能得出偏誤的結論。這又是倖存者偏誤的例子：持續到試驗最後的「倖存者」以偏概全，讓人以爲這就是所有受試者的反應。

臨床試驗的道德規範讓事情雪上加霜（但對病人有益！）。第二次世界大戰之後確立的紐倫堡公約第九條規定，臨床試驗參與者能隨時退出，研究者不可強迫受試者繼續試驗。

現實中的試驗往往比剛才舉的兩組對照更複雜，可能包括多個診間和多「臂」試驗，同時比較數個療法。以圖四來說，這是取自一項研究**布地奈德**（budesonide）對氣喘病患療效的臨床試驗數據。[20]試驗包括五組病患，一組接受安慰劑（零劑量），其餘四組分別接受兩百、四百、八百和一千六百微克的布地奈德，並於試驗開始及第二、第四、第八和第十二週量測肺功能。圖中線條代表每週續做試驗的病患數，其餘都是退出者。我們可以看到趨勢非常明顯，每次量測都有更多退出者，而且退出率驚人，只有七五%的病患試驗到最後。還有一點或許更值得擔心，那就是試驗各臂的退出率看來並不相同。最高劑量組的九十八人只有十人退出，安慰劑組卻有五十八人退出，將近全組的三分之二。我們可能因此推想藥物有效，是因爲只有病情較輕的病人續做試驗，但這只是推想。遺漏的數據顯然讓我們難以清楚

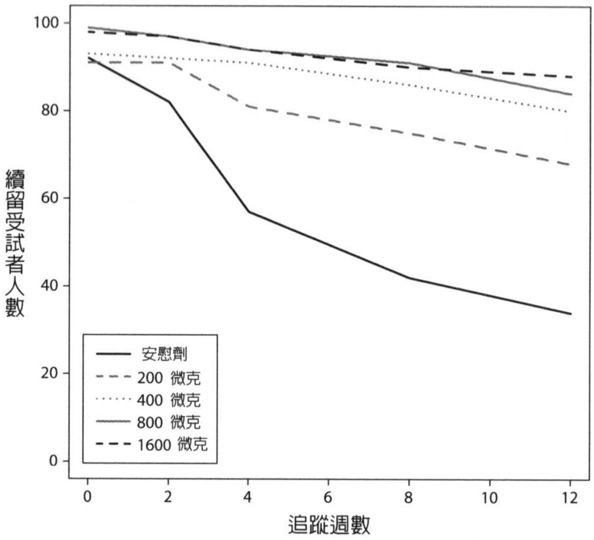

圖四：氣喘試驗中續留受試者的人數變化。

分析和推論，要是只根據既有數據下結論，極有可能產生偏誤。

我這裡只用醫療舉例，但隨機試驗的用途不只於此，還遍及社會及公共政策領域，如教育和犯罪防治。其實，隨機試驗運用在社會和公共政策領域早已不是新鮮事，只是歷史沒有醫療領域那麼久。比如一九六八至八二年，美國研究人員就曾使用隨機試驗，來瞭解民眾要是無條件獲得滿足生活所需的基本收入，會不會懶於工作（結果受試者確實會減少工作時間，但縮短很少）。[21]

隨機試驗用在教育領域有個很有意思的例子，就是研究觀看電視節目《芝麻街》對兒童字彙及認知能力的影響。這項研究凸顯了社會科學使用隨機試驗會遇到的一個難題：除非眞的禁止某些小孩觀看《芝麻街》，否則永遠無法確保他們不看。後來，研究人員想出一個權宜之計，就是選擇《芝麻街》只在有線頻道播放的城市，然後隨機挑選家庭，提供他們有線頻道，結果發現觀看《芝麻街》確實會提升兒童的字彙能力。安德魯・雷伊（Andrew Leigh）在出色的著作《隨機試驗至上：激進研究者如何改變世界》（*Randomistas: How Rudicals Are Changing Our World*）除了提到這項經典試驗，還提到其他許多雙組隨機試驗，[22]並敘述自己如何利用隨機試驗找到最適合他那本書的書名：書出版前他挑了十二個書名，讓四千名讀者隨機看到其中一個，然後測量各組有多少比例的人會點進出版社的網站閱讀更多資訊。

至於犯罪防治，我們都知道民眾認爲自己會遇上刑事犯罪的風險往往高於實際，因爲對事情不瞭解可能讓某件事感覺比實際嚴重——這又是暗數據在搞鬼。英國國家治安促進局做過一項研究，探討提供犯罪及治安資訊會增進民眾好感，還是會加深民眾對犯罪的恐懼。[23]他們讓四組參與者瀏覽犯罪及治安資訊，其中包含的暗數據程度各有不同：第一組看到居住地區的犯罪率地圖，第二組看到居住地區一帶的治安措施，第三組兩者皆有，第四組完全不給任何資訊，也就是數據全暗。研究結果相當正面：「本研究破除了一項迷思，就是提供資訊會增加大眾『對犯罪的憂慮』，其實不然。提供資訊反而改善了民眾對居住地區的警察及治安情況的觀感。」

當然，試驗結果不一定永遠正面。事實上，隨機試驗的主要功用之一，就是證明一些普遍被視爲「自明之理」的迷思其實並不正確。因此，研究人員有時必須很有勇氣，才能進行隨機試驗，挑戰普遍被視爲眞理的信念。

例如，健全的刑罰政策短期內確實能減少犯罪，但不一定是因爲罪犯知錯了，也可能只是他們被關進監獄了。而且前科對於罪犯重回社會和找到普通工作都沒有幫助，使得短期刑可能毫無用處，甚至長期下來會導致犯罪增加。因此，我們必須妥善進行試驗，以確定這項政策的效益。這個例子還凸顯了在眞實環境進行隨機試驗的另一項難題，那就是幾乎不會有法官同意（民眾可能更不用說）爲了試驗而隨機判刑。不過，這類試驗還是有人做了，方法是隨機挑選罪犯予以減刑。[24]

就算結果並非正面，仔細挖掘還是能找出乍看未察覺的事物。安德魯．雷伊舉了四項隨機試驗，研究提供教科書給學校是否會提高學生考試成績，其中沒有一項試驗顯示這樣做能提高成績，但四項試驗給予的理由各不相同。第一項試驗提出的原因是教科書擺在書店，沒有直接分送；第二項是因爲免費贈書反而讓家長減少教育開銷；第三項是因爲教師沒有誘因使用教科書；第四項試驗是教科書對大多數學生沒有幫助，因爲他們根本不識字。要是這些解釋沒被挖掘出來，而是成爲暗數據，光憑這四項試驗的結果，可能就會做出偏頗的結論。

隨機試驗是絕佳的科學工具，但並非永遠適用。譬如你不會爲了知道有降落傘和沒降落傘跳出機外、哪個更能順利降落而進行比較試驗。[25]此外，有些細微之處也要注意。假設我們想要研究降低失業率的可能政策。某項作法或許能提高我找到工作的機會，但如果這表示某人會因爲我而得不到那份工作，這項作法就無法降低失業率。同理，若某項作法的結果是讓少數全職員工被許多兼職員工取代，這樣即使能讓就業人數增加，能否視爲政策成功，還得看失業率如何定義。

然而，麻煩的不只這些，還有「霍桑效應」（Hawthorne's effect）：人們一旦知道自己成爲觀察對象，就會覺得需要改變言行。因此，我們似乎應該偷偷研究受試者，不讓他們知道事實，但這顯然違背了知情同意的道德規範。紐倫堡公約第一條就規定臨床試驗時，「**受試者的自願同意是絕對必要的**。」

統計學有一門分支，專門思考如何分配受試者，好讓事後的數據分析對療法效果做出最準確的推斷，這門分支就叫**實驗設計**。雙組隨機對照試驗，大概是研究療法、政策或介入有沒有效果時，最簡單也最多人用的實驗設計。前面提過，研究者從雙組對照試驗出發，很快就類推出多組試驗，讓每組各接受一種療法，同時將可能影響結果的多重因素考慮進去，做出謹慎平衡過的實驗設計。本書第八章將用塑膠汽車零件注射成型實驗來說明。這類精巧複雜的實驗設計通常名字都很古怪，像是部分因子設計或希臘拉丁方格設計。

實驗設計的原則在英國頂尖統計學家羅納德・費雪爵士（Sir Ronald Fisher）的手上，

有了長足的發展。他在英國赫特福德郡的羅森斯得農業試驗所工作，那是全球歷史最悠久的農業研究機構。一九三五年，費雪爵士出版了劃時代鉅作《實驗設計》（*The Design of Experiments*），說明如何分配「實驗單位」最好，如肥料、土壤種類、灌溉和氣溫，還有如何探討不同的**處理**（treatment）組合最恰當。如今這個主題已經發展成一門非常先進和數學的學問，提出諸如**適應式分配**（adaptive allocation）之類的策略，依據實驗取得的結果來選擇療法。例如試驗進行一段時間，開始累積一些結果，我們可能發現數據特別支持其中一種療法。這時我們就會問，是否要分配更多單位（臨床試驗的話就是患者）給那種療法，因爲目前看來那種療法最有效，還是要分配給其他療法，以便對結論更有信心。

網路出現之後，使用隨機試驗研究某些種類的**社會介入**（social intervention），變得非常容易，只需隨機分派受試者，讓他們讀到不同訊息、見到不同版本的網站或收到不同方案即可——還記得安德魯·雷伊是怎麼用隨機試驗選書名的吧？網路公司自然不會放過這種手法，每天自動執行數以千計的實驗，以便找出公司的最佳策略。不過，以這種方式使用暗數據也可能惹火上身。因爲想這樣做就必須將客戶蒙在鼓裡，而客戶要是發現了可能會不高興。例如隨機設定的如果是商品或服務的價格，那麼價格變來變去很可能讓顧客困擾不安。二〇〇〇年十月，美國消費者發現亞馬遜網站隨機更改商品售價，以刺探他們對價格的敏感度。[26]《華盛頓郵報》隨後報導了消費者的反應。其中一位顧客說：「我以爲正確的作法是先吸引顧客，然後想辦法留住他們。他們這樣做，絕對不可能讓顧客死心塌地。」還有一位反應更激烈：「我再也不會跟他們買東西了！」

隨機變動價格、以瞭解顧客的購買意願就算了，其他網路實驗比亞馬遜的作法更遊走在道德邊緣。二〇一四年，臉書的一項實驗引來了強烈反彈。該項實驗想要瞭解「用戶暴露在情緒下，會不會改變貼文行爲」。[27]爲此臉書操弄了七十萬用戶個人首頁上的資訊，隨機減少首頁上正面和負面貼文的數量，然後觀察用戶會變得更正面或負面。這項研究揭露之後，被許多人斥爲齷齪、可怕、令人不安和不道德，甚至有可能觸法。這樣做顯然違反了紐倫堡公約第一條，實驗參與者必須自願同意。

當心人性弱點

本章檢視了三種蒐集數據的基本方法。這些方法得出的數據能撥雲見日，讓我們窺見全新的世界。但構思和執行數據蒐集策略的是人，詮釋和分析結果的也是人。從哪些數據需要蒐集，到分析結果代表什麼，我們的判斷都取決於過去的經驗，因此可能無法代表世界未來的樣貌。甚至說得更深一點，我們的判斷都取決於演化對我們的塑造。因此我們會犯錯，會無法正確地平衡證據，經常未能選擇最理性的作法——簡單說，就是我們會被各種潛意識偏見所左右。

可得性偏差（availability bias）是指人常常根據自己容不容易想到實例，來判斷某件事的可能性。例如最近新聞才報過飛機墜毀的消息，我們就會覺得飛機墜毀的可能性很高。廣告經常利用這種心理歪曲，極力誘使你購買自己最容易想起的品牌的產品，而無視或幾乎不會想起其他品牌。不過，這個效應也解釋了（至少部分解釋了）另一個現象，那就是每當社會注意到某個疾病或虐待行爲，該疾病或虐待行爲的診斷率就會暴增。例如我們將在第三章提到，美國自閉症診斷率自二〇〇〇年開始大幅提高，部分原因便是出於可得性偏差。當你成天聽見某種疾病，對相關徵狀特別敏感也就不足爲奇了。的確就有研究指出，當鄰居有小孩是自閉症患者，家長會更積極瞭解自己的小孩是否有自閉的狀況。

可得性偏差跟**基本率謬誤**（base rate fallacy）有關。假設你去檢查自己是否罹患某種罕見疾病，發現有病時的檢驗正確率爲一〇〇%，沒病時的正確率爲九九%。要是你的檢驗呈陽性，代表你罹患了這種病，你會怎麼想呢？你乍知結果時，可能覺得這表示你幾乎可以肯定自己有病。但這樣想可能有錯，因爲正確答案取決於基本率，也就是總人口有多少人罹患這種疾病。假設這種病非常罕見，一萬人中只有一人得到，那麼每一百零一位檢驗呈陽性的受試者只有一人（平均哦！）確實罹病。即使檢驗極少將沒得病的受試者判斷爲有病，但由於沒得病的人遠多於罹病者，使得幾乎所有檢驗出有病的人都是誤判。要是我們忘了或沒想到絕大多數的人都沒有得這種病，就會鑄下錯誤。曾經有人拿這個問題去問哈佛醫學院的學生，結果有超過五六%的學生答錯。值得擔心的是，其他研究顯示執業醫師答錯的比例也差不多。因此，基本率是暗數據，至少對那些學生和醫師是如此。

人們會犯下基本率謬誤，是因爲沒察覺或忽略了相關數據。類似的現象還會導致**合取謬誤**（conjunction fallacy）：人往往認爲條件愈詳盡的可能性愈高，愈簡略的可能性愈低。底下我就來舉個很典型的例子。

我朋友佛瑞德是歷史系教授，教學主題包括英國維多利亞時代、十九世紀美國與世界貿易。閒暇時他喜歡閱讀大部頭傳記，休假時到考古或歷史遺跡尋訪。好了，你覺得以下兩個選項，哪個比較可能？（一）佛瑞德有鬍子，（二）佛瑞德有鬍子，而且是當地歷史博物館的理事。

許多人會選（二），但只要稍微想一下就知道不可能。因爲（二）是（一）的子集，因此（一）絕對比（二）更可能。一般人會犯這個錯，理由似乎和可得性偏差很像，就是根據（一）和（二）是否符合我所描述的佛瑞德來判斷。有佛瑞德那樣特質的人，應該很有可能是當地歷史博物館的理事。

確認偏誤（confirmation bias）是另一個類似的麻煩。基本率謬誤和可得性偏差都起自忽略有關母群體性質的數據，而確認偏誤卻是主動（只不過是無意識地）尋求不符合母群體性質的數據，尤其偏愛支持自己觀點的資訊，並且無視不支持自己觀點的訊息。就拿珍妮・狄克森（Jeane Dixon）來說吧。本名莉迪亞・艾瑪・品克特的她是全美國最知名的靈媒，許多報紙同步刊載她的專欄，而她的傳記《預言的天分：非凡的珍妮・狄克森》（*A Gift of Prophecy: The Phenomenal Jeane Dixon*）更是賣出超過三百萬冊。她做過大量預言，其中許多事後都證實是錯的。但她始終相信自己有預言能力，或許是因為她只記得自己說對的預言，而忽略了說錯的。許多人相信她的能力，顯然同樣是基於她正好矇對的預言，而忽略了錯誤的，以致主動屏蔽了某些數據，將那些數據弄暗，也就是**DD-T3：只選擇部分情況**。心理學家會讓受試者觀看多個案例，實驗結果證明，一個人相信什麼會影響他記得什麼。

確認偏誤的另一面，就是人遇到違反自己信念的證據時，事後往往會**忘記**那些證據。

因為忽略部分數據（可能是潛意識忽略）而得出偏頗結論的例子，還包括：**負向偏誤**（negativity bias），人天生傾向記得不愉快的事，多過愉快的事；**默從偏誤**（acquiescence bias），回應者傾向說出他們認為訪談者想聽的話；**從眾效應**（bandwagon effect），人傾向順從多數；**信念偏誤**（belief bias），回應者會根據某個回應有多可信而決定是否如此回應；**怪異效應**（bizarreness effect），驚人的事物比平淡的事物更常被記住。這樣聽起來，我們還能掌握到真相簡直是奇蹟！

可以想見，本章描述的這些現象往往會讓人過度自信：如果你只能想起支持某個立場的證據，自然就會確信那個立場是對的。而所謂的**回聲室效應**（echo chamber）又會讓問題進一步惡化。本書第五章會再提到。

或許你認爲，只要察覺到這些人性弱點，就能避開它們。某個程度確實如此，然而這些弱點往往趁人不備之際出現。研究告訴我們，問卷的措詞可能導致回答不一致。用正面措詞和反面措詞問同一個問題（「你喜歡這部電影嗎？」和「你討厭這部電影嗎？」）也有類似的效果。假設未提供「沒意見」這個選項，那麼第一個問題答「否」和第二個問題答「是」的人數應該一樣，然而往往並非如此。作答者心底深處總是埋著某些量測偏誤，導致**真值**（true value）被掩藏。

3 定義與暗數據：你想知道什麼？

雖然可能是廢話，但還是必須強調：數據要有用，必須一開始就蒐集對的數據，而且過程中沒有扭曲或偏頗。這兩項條件的任一項都會受到暗數據威脅。事實上，由於潛在的暗數據風險實在太多了，全部列舉根本不可能。儘管如此，學會留心某些情境還是極爲重要，能讓我們解決暗數據的問題。本章將從暗數據風險的角度出發，檢視你想蒐集的數據，以及蒐集到的數據有多好。

定義不同，量錯東西

在所有暗數據裡頭，有一型基本的暗數據來自定義不當，或者來自搞不清楚自己在說什麼。讓我們來看幾個例子。

移民

抽樣調查都是針對**目標問題**（target question）而設計，行政數據卻可能完全出於別的理由而蒐集，因此可能不適合回答目標問題。例如，英國最近對於長期國際移民統計數據的準確性起了爭議。國家統計局根據國際旅客調查的數據指出，截至二〇一五年九月，歐盟有二十五萬七千人移民至英國。然而，同時期註冊英國國民保險號碼的歐盟居民卻有六十五萬五千人。由於任何人只要在英國工作，都會取得國民保險號碼，以便政府徵收稅款與國民保險費（換取健保服務及退休金），因此兩個數字兜不起來實在很怪。感覺國家統計局的數字錯得離譜。英國議員奈傑爾·法拉吉（Nigel Farage）爲此就說：「國家統計局是在掩人耳目。國民保險號碼清清楚楚、簡簡單單反映了目前有多少移民待在這個國家，因爲沒有國民保險號碼就不能合法工作，享受權益。」[1]

英國國際旅客調查涵蓋了英國陸海空所有的進出口岸，從一九六一年統計至今，每年進行七十至八十萬份的訪談。雖然訪談人數比起每年進出英國的總人數顯得微不足道，卻能用來推算移民人數。但由於只是推算，必然包含不確定性。國家統計局其實有說偏差值爲加減兩萬三千人，表示移民總數在二十三萬四千人至二十八萬人之間，而實際人數落在這個區間的信心水準為九五％。國家統計局的估算偏差不小，但顯然還是無法解釋它和國民保險號碼推算出來的移民人數落差。

於是，國家統計局決定深入瞭解兩個數字為何相差懸殊，[2]結果發現落差的主因來自短期移民，也就是「停留本國……一至十二個月的移民」。長期移民必須在英國居住十二個月以上。短期移民可以工作和申請國民保險號碼，但二十五萬七千人指的是長期移民。國家統計局進而指出「兩個數據的定義根本不同，無法以會計上的運算，單憑將國民保險號碼推得的數據的某些部分『加加減減』，就使其符合長期移民的定義……。國民保險號碼註冊人數並非推算長期移民的恰當依據……。」簡單來說，為了某個理由而蒐集的行政數據並不一定適用於其他目的。定義不當或不適合，反而會強力掩蓋數據。這就是第八型暗數據**DD-T8：數據的定義**。這裡千萬要記得：數據是暗是明，完全要看你想知道什麼而定。

犯罪

因定義不同而產生暗數據還有一個例子，就是犯罪統計。英國英格蘭和威爾斯的犯罪數據主要來自兩個相當不同的來源：一個是英格蘭和威爾斯犯罪調查，另一個是警方刑事紀錄。英格蘭和威爾斯犯罪調查相當於美國的國家犯罪受害者調查，一九八二年設立時名為英國犯罪調查，主要詢問民眾前一年經歷過的犯罪事件，而警方刑事紀錄則是整合英格蘭、威爾斯和英國交通警察共四十三支警隊的數據，再交由國家統計局分析。

這兩種資訊蒐集方式性質不同，馬上給人可能孳生暗數據的預感。根據定義，英格蘭和威爾斯犯罪調查主要詢問國民的犯罪受害經驗，因此不包含謀殺和持有毒品，也不包含看護中心或學生宿舍之類的集居住戶，針對商業組織與政府機構的犯罪也被排除在外。因此，這份調查雖然明確定義了涵蓋範圍，卻仍然可以想見會孳生大量的暗數據。

警方刑事紀錄也有暗數據，只是和英格蘭和威爾斯犯罪調查的暗數據不大一樣。根據定義，未報案的犯罪事件不會進到警方的刑事紀錄。不報案可能是因爲受害者認爲警察什麼也不會做。這點影響很大，因爲儘管不同種類的犯罪報案率差別甚大，但據估計十起犯罪事件只有四起左右會報案。此外，會進到警方紀錄裡的犯罪事件，都是歸類爲通常能送往法庭受審的「應通報犯罪」，只有少數例外。另外一個暗數據來源是反饋機制（**DD-T11：反饋與玩弄**）。例如持有毒品的案件數取決於警察執法力度，而警察執法力度則要看警方認爲這類犯罪多常發生，但警方的看法又受到過去這類案件數是多是少的影響。

定義不同可以解釋這兩個機構得出的犯罪率爲何不一致。譬如一九九七年，警察刑事紀錄得出的犯罪數字爲四百六十萬起，而英格蘭和威爾斯犯罪調查的數字是一千六百五十萬起。定義不同，還可以解釋媒體名嘴及一般大眾百思不解的一件事，那就是根據警察刑事紀錄，一九九七年至二〇〇三年犯罪數字是增加的，從四百六十萬起增加到五百五十萬起，但根據英格蘭和威爾斯的犯罪調查，犯罪數字卻是下降的，從一千六百五十萬起降到一千兩百四十萬起。[3]所以犯罪是增加還是減少了？想也知道媒體會選哪一邊。

醫療

定義可能造成我們想納入的情況或事件沒被納入，導致暗數據孳生。這樣的例子不勝枚舉，移民和犯罪只是其中之二。這種狀況有時會有出人意料的功用。例如現在死於阿茲海默症的人比過去多，就能用定義造成的暗數據來解釋。

阿茲海默症是最常見的失智症。它的發作是漸進的，起初通常是輕微失憶，最後變成意識混亂、無法瞭解周遭狀況和人格改變。據估計全球有五千萬人罹患阿茲海默症，而且數字還在增加，預計二〇三〇年會達到七千五百萬人。暗數據至少可以從兩方面來解釋罹病人數爲何增加。

首先，一九〇一年以前沒有人死於阿茲海默症。因爲那一年才首度有專家（德國精神科醫師艾羅斯．阿茲海默〔Alois Alzheimer〕）描述這個疾病，這個疾病後來也以他命名。此外，起先只有四十五至六十五歲出現失智症狀的病人，才會被診斷爲阿茲海默症。要到二十世紀最後二十五年，阿茲海默症的年齡區間才放寬，而定義放寬，顯然會改變確診爲阿茲海默症的人數。之前被視爲無關的數據就此由暗轉明。

另一個用暗數據解釋阿茲海默症患者增加的方式，乍聽可能很反直覺，那就是因爲醫學進步了。由於醫療進步，從前應該英年早逝的人現在都可能活到很大歲數，成爲阿茲海默症之類慢性失智症的潛在目標。這點引發了各式各樣的深刻議題，尤其延長壽命是否一定比較好的辯論。

美國自閉症診斷率自二〇〇〇年以來增加了一倍，基本上也能用**DD-T8：數據的定義**來解釋。[4]上一章曾提到，可得性偏差（有更多人知道這個疾病）是診斷率增加的原因之一。但還有一個也很重要的原因，就是自閉症的定義與診斷**方式**。雖然自閉症早在一九八〇年就納入了《精神疾病診斷與統計手冊》，但診斷方式從一九八七年至九四年不斷改變，判斷標準持續放寬。標準放寬代表更容易符合，也就代表會有更多患者滿足確診要件。

此外，美國教育部一九九一年決定孩童罹患自閉症有權接受特殊教育，美國兒科學會則在二〇〇六年建議，所有孩童在接受定期兒科檢查時檢查自閉症。數據使用方式一旦不同，不難想見數據蒐集方法也會隨之改變。本書第五章會詳盡討論這個反饋現象。同樣的現象也在大西洋彼岸出現。二〇〇九年二月，英國爲了提高國民對於失智症的警覺，特地推出國家失智症策略，希望提高診斷率和失智症的醫護品質。結果似乎不難想見，失智症診斷率應聲上揚，據估計從二〇〇九年至二〇一〇年增加了四％，至二〇一一年增加了一二％。[5]

經濟學

通常當定義隨著時間而改變，蒐集的數據的性質顯然也會跟著改變。這不僅會讓回溯比較變得困難，也可能冒上被控不誠實的風險。失業率的定義就是一個明顯的例子，只要定義一改，政府的表現就可能瞬間大幅改善。

另一個來自經濟學的例子是測量通貨膨脹。通貨膨脹的定義來自記錄某些商品和服務的價格（統稱爲一「籃」商品和服務，但當然不是眞的籃子），然後觀察這些商品和服務的平均價格如何隨著時間變動。然而，這其中有許多複雜之處，全跟第八型暗數據**DD-T8：數據的定義**有關。首先是平均價格如何計算，因爲統計學家有許多計算平均的方式，例如算術平均、幾何平均及調和平均等。英國最近更換了通貨膨脹指數計算方式，基準從算術平均換爲幾何平均，以便和大多數國家一致。定義不同代表看事情的角度改變了，自然就會看到（和看不到）數據的不同面。

除了改變計算方式造成的影響，暗數據還可能出現在通膨指數更根本的層面。要想計算通膨指數，就必須先決定哪些商品和服務要放進「籃子」裡，以及如何得到這些商品和服務的價格。如同之前提過的許多例子，只要在數據蒐集過程中需要做選擇，通常就要小心暗數據。哪些商品和服務要放進通膨籃子裡，這件事可能會產生麻煩，因爲社會在變，而通膨指數必須從某方面反映生活費用。這裡說「從某方面」是刻意模稜兩可，因爲指數不同，測量的通膨面向也不同，有些是測量價格變動如何影響個人生活，有些則是測量價格變動如何影響整體經濟。無論如何，重點是籃子裡的東西必須**有意義**（relevant），必須是民眾確實會購買的商品與服務。然而，只要想想兩百年前物價指數包含哪些東西，現代物價指數又包含哪些東西，肯定就會明白難題在哪裡。兩百年前，蠟燭是必須放進籃子裡的重要商品，現在通常不是多數人的日常用品，手機和車子才是。因此，我們原則上知道哪些東西可以放進籃內，但不會想要全部放進去。儘管政府專家殫心竭慮思考到底該記錄哪些物品的價格，但顯然永遠會有幾分模稜兩可，甚至任意。

至於決定籃子裡的物品之後，怎麼得到那些物品的價格，標準作法是抽樣調查，派出研究員到店家和市場記錄價格。美國勞動統計局每個月會調查兩萬三千家公司行號，記錄八萬種消費產品的價格，以便計算消費者物價指數。其他國家作法也大同小異。

你可能察覺到了，這種作法忽略了網路購物。由於目前網路購物已經占英國零售總額的一七％[6]和美國的一〇％左右，[7]因此感覺有許多應該被納入的物品價格並未納入（必須補充一點，由於網路購物成長飛快，這裡提供的只是「本書寫作期間」的數字）。有鑑於此，許多國家正用網路爬蟲抓取線上商品的價格，以便開發新的量測工具。這些工具並不打算複製標準作法，因爲籃子裡的東西不同。本書第十章將介紹其中一種量測工具。

社會不斷在變，而且現在可能更勝以往，因爲電腦和伴隨電腦而來的科技（如監測、資料探勘、人工智慧、自動交易和網路）不斷造成影響。就暗數據而言，如此快速的改變對資料分析的意義非同小可，因為對未來的預測總是建立在過去發生的事情之上。用術語來說，數據在時間中的變化（可想而知）就叫數據的**時間序列**（time series）。由於數據蒐集方法和科技變動之快，使得所需要的時間序列往往不用回溯太遠。新的數據種類必然歷史短暫，可取得的序列只存在於相對短暫的過去，再往前回溯便是一片黑暗。

不可能什麼都量

數據集永遠是有限的，就案例的數量而論必然如此，例如群體的總人數或某物被測量的次數，都有明確的數字。然而，針對某個主題要測量**什麼**和蒐集**什麼數據**也是如此。研究人類時，我們可能會搞清楚他們的年齡、體重、身高、資歷、喜歡的食物和收入，但永遠還有數不完的特質不確定。這些特質注定成為暗數據，帶來各式各樣的影響。

因果

當人口研究顯示肺癌和吸菸有關時，統計學大師羅納德·費雪立刻指出這不代表吸菸會導致肺癌。可能的解釋有很多，例如（費雪說）肺癌和吸菸的傾向可能都是另外某個因素所引起，像是遺傳背景。若是那樣，就是典型的第五型暗數據**DD-T5：漏掉關鍵因素**。某個未被測量的變項同時導致肺癌和菸癮，使得兩者儘管沒有因果關係，還是彼此相關。這也顯示了暗數據有多難被察覺。

其實，本書開頭就遇過類似的情況。我在第一章提到，剛入學的孩童身高和字彙能力成正比。因此，假如你抽樣調查五至十歲孩童的身高和字彙量，就會發現平均而言，身高較高的孩童的字彙量比較矮的孩童多。你可能因此做出結論，多教孩童生字就能讓他們長高。事實上，你要是真這麼做了，先測量某群孩童的身高，然後讓他們密集學習生字，學年末再測量他們的身高，可能會發現他們真的長高了。

然而，讀者一定能看出其中的問題所在。孩童的身高及字彙能力確實相關，卻不是因為兩者有因果關係。事實是兩者都和可能我們沒想到要測量的第三變項有關，那就是孩童的年齡。年齡是這個研究的暗數據變項，沒有測量年齡，可能讓我們對數據的意涵產生極為偏頗的印象。

這種情況，跟有些人（或更一般來說，有些研究對象）少了某些項目的數值不同，也跟有些人（研究對象）**所有的**項目都沒有數值不一樣。在上面的例子裡，數據庫裡的所有**案例**都少了某個或某些項目的數值，如果有欄位的話，都被記為空白或不適用。例如抽樣調查時可能疏忽了，忘了將「回應者年齡」這個問題納入，導致沒有任何年齡資訊。也可能我們認爲年齡不相關，以致根本沒想到要問。這些都不是天方夜譚。由於抽樣調查太冗長，回應率就會受到影響，因此必須謹慎選擇納入的問題。

悖論！

當**DD-T5：漏掉關鍵因素**出現時，數據裡有些變項或性質會完全遺漏。有時這會造成令人相當困惑的現象。

大家都曉得鐵達尼號的悲劇——不沉的客輪沉了。但仔細檢視乘客和機組員的存活率會發現一件怪事。[8]表二(a)顯示，九百零八名機組員只有兩百一十二人倖存，比例是二三・三%，而住在客輪最底層、最難逃生的六百二十七名三等艙乘客，則有一百五十一人倖存，比例是二四・一%。雖然存活率相去不遠，但乘客活下來的比例略高於機組員。

然而，讓我們來看看船上男性和女性的存活率，見表二(b)。

首先是男性。機組員中有八百八十五名男性，其中一百九十二人存活，比例爲二一・七%。三等艙乘客中有四百六十二名男性，七十五人存活，比例爲一六・二%。因此，男機組員的存活率比男乘客高。

其次是女性。機組員中有二十三名女性，二十人存活，比例爲八七%整。三等艙乘客中有一百六十五名女性，七十六人存活，比例爲四六・一%。因此，女機組員的存活率也比女

表二：鐵達尼號倖存機組員和三等艙乘客比例：(a)全體；(b)男性和女性

(a)

機組員	三等艙乘客
212/908=**23.3%**	151/627=**24.1%**

(b)

	機組員	三等艙乘客
男性	192/885=**21.7%**	75/462=**16.2%**
女性	20/23=**87.0%**	76/165=**46.1%**

乘客高。

這是怎麼回事？分成男性和女性時，機組員的存活率比三等艙乘客高，但全體機組員的存活率卻比三等艙乘客低？

這不是把戲，數字就是如此，但感覺實在很弔詭。而這個現象還眞的常被稱爲**辛普森悖論**（Simpson's paradox）。一九五一年，英國統計學家愛德華．辛普森（Edward H. Simpson）在論文裡指出這個現象，雖然至少五十年之前就有人提過，但還是以他爲名。

這個問題可能很嚴重。萬一我們沒有記錄船上人員的性別，或這部分的資料沒了，我們就會天眞地指出分析的結論是三等艙乘客的存活率比機組員高。但若我們研究的對象是船上的男性，這結論就是偏頗的，因爲情況正好相反。同理，若研究的對象是女性，結論也同樣是偏頗的。換句話說，不論我們研究的對象是誰，這結論都一樣有問題，因爲船上的人員非男即女。

我們稍後會說明這個悖論是怎麼產生的，但它造成的後果顯然非同小可。鐵達尼號上的人員有太多特質沒有記錄下來，只要其中任何一項可能翻轉我們的結論，那麼忽略或刪掉那項特質、使它成爲暗數據，就可能得出偏頗的答案。這點在鐵達尼號事件上可能影響不大，因爲那已經是過去的事了。但底下這個例子就不同了。

假設我們延續上一章的臨床試驗，想比較藥物A和藥物B。爲了比較療效，我們提供藥物A給一組受試者、藥物B給另一組受試者，而各組的受試者年齡不一。爲了討論方便，讓我們姑且以四十歲爲界，分成「年輕」和「年長」兩種，同時假設藥物A組有十位年輕者和九十位年長者，藥物B組有九十位年輕者和十位年長者。

現在讓我們檢視試驗結果。假設分數愈高代表療效愈好，表三是假想的試驗結果。

假設如表三(a)所示，我們發現A組年輕者平均得分爲八，B組年輕者平均得分爲六，這代表藥物A對年輕者比較有效，因爲八大於六。

同理，根據表三(a)第二列，假設我們發現A組年長者平均得分爲四，B組年長者平均得分爲二，那麼對年長者而言，藥物A比藥物B有效。

雖然不論A組或B組，年長者的平均得分都比年輕者低，但藥物A對年輕者和年長者顯然都比藥物B有效，因此我們應該推薦藥物A。

然而，這兩種藥物的整體療效呢？藥物A組所有受試者的平均得分爲（8×10＋4×90）/100＝4.4，藥物B組所有受試者平均得分則爲（6×90＋2×10）/100＝5.6，如表三(b)所

表三：藥物A和藥物B的平均得分：(a)年輕者和年長者；(b)全體

(a)

	平均得分	
	藥物A	藥物B
年輕者	8	6
年長者	4	2

(b)

平均得分	
藥物 A	藥物 B
4.4	5.6

示。由此可知，若忽略年齡，藥物B的整體得分高於藥物A。

換句話說，假若我們沒有記錄受試者的年齡，或是這部分的資料遺漏了，那麼即使藥物A對年輕人比藥物B好，對年長者也比藥物B好，事實上對**任何受試者**都比藥物B好，我們還是會得出藥物B比藥物A有效的結論。

面對這種情形，肯定有人會說一開始蒐集數據就要記錄年齡。這是沒錯，但問題還是沒變，那就是我們能記錄的變項太多，根本沒有盡頭，而且其中任何一個變項都可能造成同樣的逆轉效果。但我們不可能記錄**所有可能的**變項，因此有些變項注定會成爲暗數據。

要解開這個謎團，關鍵就在於全體平均是如何計算的。在藥物試驗的例子裡，A組裡的年長者遠多於年輕者，B組則正好相反，結果就導致全體平均逆轉。雖然八大於六、四大於二，但只要計算八和四的平均時四的分量夠重，計算六和二時六的分量夠重，結果就會反轉。

這下我們就看出來問題在哪裡了——兩組年輕者所占的比例不同。年輕者在藥物A組只占一〇%，在藥物B組卻占九〇%。只要兩組年輕者所占的比例相同，問題就不會發生。由於藥物試驗是實驗，各組分派多少病人由我們決定，因此只要讓兩組擁有同樣比例的年輕者，問題就能解決。

這個作法要管用，受試者分配到哪一組就必須由我們決定。但這在鐵達尼號的例子裡卻做不到，因爲乘客就是乘客、機組員就是機組員，我們無法調整與選擇。

以下是我們無法決定誰分配到哪一組的另一個例子。

美國佛羅里達州於一九九一年進行了一項研究，想瞭解種族是否會影響謀殺犯的死刑判決。數據顯示，四百八十三名高加索美國人被告中，有五十三人被判死刑；一百九十一名非裔美國人被告中，則有十五人被判死刑。[9]因此，高加索美國人被告的判死率（一一・〇%）高於非裔美國人（七・九%），如表四(a)所示。

但只要加入**被害人**的種族來分析，就會再次得出令人困惑的不同結果。如表四(b)所示，當被害人爲高加索美國人，四百六十七名高加索美國人被告中，有五十三人（一一・三%）判處死刑，四十八名非裔美國人被告中，有十一人（二二・九%）判處

表四：獲判死刑者比例：(a)全體；(b)被害人種族

(a)

被告	
高加索美國人	非裔美國人
53/483=**11.0%**	15/191=**7.9%**

(b)

		被告	
		高加索美國人	非裔美國人
被害人	高加索美國人	53/467=**11.3%**	11/48=**22.9%**
	非裔美國人	0/16=**0.0%**	4/143=**2.8%**

死刑；當被害人爲非裔美國人，十六名高加索美國人被告之中沒有一人（○％）判處死刑，一百四十三名非裔美國人被告中，則有四人（二・八％）判處死刑。因此，當被害人爲高加索美國人，非裔美國人被告似乎比高加索美國人被告更常被判死刑，比例爲二二・九％比一一・三％；當被害人爲非裔美國人時，**情況也一樣**，非裔美國人被告比高加索美國人被告更常被判死刑，比例爲二・八比○％。但就整體而言，非裔美國人被告比高加索美國人被告更少被判死刑，比例爲七・九％比一一・○％。

和上個例子一樣，問題還是出在兩個群體比例不均。全體高加索美國人被告的判死率（一一％），來自四百六十七名高加索美國人被害者和十六名非裔美國人被害者的平均，而全體非裔美國人被告的判死率（七・九％），來自四十八名高加索美國人被害者和一百四十三名非裔美國人被害者的平均。前者是高加索裔多、非裔少（四六七比十六），後者正好相反（四十八比一四三），以致扭曲了全體平均。

你可能還是會理直氣壯地問：「沒錯，兩種分析的結果不同，背後的緣由也很清楚，**但兩種分析感覺都很合理，所以到底哪個才是對的？**」

答案是看你想知道什麼而定。也就是說，當兩個群體比例就是如此，你是想知道整個母群體的狀況，還是想做群體內的比較？若是前者，那麼忽略「種族」這個切分變項就無所謂；但若是後者，顯然就必須納入。

值得一提的是，藥物試驗和我們剛才討論的兩個例子略有不同。藥物試驗時，各組內的年輕者和年長者人數通常不是既定或事前給定的，而是由試驗者決定。鐵達尼號和死刑判決的例子則非如此，人數就是母群體全體——鐵達尼號上的所有人和被判死刑的所有人。因此在這兩個例子中，以母群體來討論很合理，但在藥物試驗的例子裡，由於年輕者和年長者的比例由試驗者決定，試驗者可以自行改變比例，因此以母群體來討論就不一定合理了（不過，有些試驗可能想瞭解某種療法對整個母群體的效果，那麼年輕者和年老者的比例就會是母群體裡這兩群人的實際比例）。

總結而言，首先我們必須對自己要問什麼非常清楚，其次數據是暗是明，全看我們要問什麼而定。這聽起來像是廢話，但我們需要蒐集哪些數據、進行哪些分析、會得出什麼結果，都看**我們想知道什麼**而定。

群體之間或之內

辛普森悖論之類的問題還會以其他形式出現，例如**生態謬誤**（ecological fallacy）講的就是全體關聯和群體內關聯的悖反。社會學家威廉．羅賓森（W. S. Robinson）曾在一九五〇年提出一個經典的例子。[10] 一九三〇年，美國四十八州的外國出生人口比例和識字人口比例的相關係數爲〇．五三，代表外國出生人口比例較高的州，識字人口比例也可能較高（更多人口識字，至少能讀美式英語）。表面上看，這顯示外國出生的人更可能識字。但若只看各州內部，結果就很不同了。州內外國出生人口比例和識字人口比例的相關係數是負〇．一一，負值代表外國出生的人**較不**可能識字。要是州內的數據不存在或無法取得，是暗數據，我們就會對出生國籍和識字程度的關聯做出錯誤的結論。

另一個相關狀況叫作**遺漏變數偏誤**（omitted variable bias），常出現在比較複雜的統計技術裡。**多元迴歸**（multiple regression）是探討多個預測變項和一個應變項之間關係的統計工具。雖然有些特殊情況不適用，但遺漏任何一個預測變項，通常都會導致其他預測變項和應變項之間的關係改變。加上之前提過，我們不可能納入**所有可能的**預測變項，必然會刪去或忽略掉一些，於是這些暗數據就可能使得我們做出偏頗的結論。當然，統計學家很清楚這類問題，發展出不少工具，以減低其影響。

篩檢

在我的統計生涯初期曾經參與過一項計畫，希望找出較易罹患骨質疏鬆症的女性。骨質疏鬆症是骨質流失、以致骨骼脆弱易斷的一種疾病，也是老年人跌倒爲何如此危險的原因之一。測量骨密度有各種複雜的方法，例如使用簡稱爲DXA的中軸形雙能X射線吸收儀。但那些方法通常很繁複，也不便宜，因此不少人都想研發出一套篩檢程序，找出可能罹患骨質疏鬆症的病患。我參與的那項計畫希望設計出一份簡單的問卷，依據已知的風險因子爲受訪者打分數，評估受訪者罹患骨質疏鬆症的機率，而且必須是手寫問卷，無需專家操作儀器就能做到。

我們的問卷和其他篩檢機制一樣，不可能完美區別有和沒有骨質疏鬆症的人。但就算某個測量方式不完美，只要能夠適度區別這兩個群體，辨識出絕大多數的高危險群和低危險群，還是大有用處，有助於醫療機構鎖定最有可能罹患骨質疏鬆症的人，再使用更精確、更昂貴的程序替他們做檢驗。

不完美的篩檢系統可能出現兩種錯誤。一是未能辨識出具有症狀的人，以骨質疏鬆症來說，就是有骨質疏鬆症卻不具標準的風險因子；二是沒有症狀卻被辨識爲可能擁有症狀的人。很顯然，這兩種錯誤的發生率愈低，篩檢機制就愈有效。要將第一種錯誤的發生率降爲零，最直截了當的作法就是將所有人判定爲具有症狀，但這樣一來篩檢就毫無意義了，而且更糟的是會提高第二種錯誤的發生率，因爲所有沒症狀的人都會被歸類爲有症狀。同樣地，我們也可以將所有人判定爲無症狀，讓第二種錯誤的發生率降爲零，但這樣做依然毫無意義。只要機制不完美，就必須取個平衡點，也就是接受有些人就是會被歸錯類。

凡是篩檢機制判定爲可能擁有疾病或症狀者，都會接受更詳盡的檢驗。以骨質疏鬆症來說，這些人可能會接受中軸形ＤＸＡ的檢查，其中包含沒有症狀卻被歸爲有骨質疏鬆者，最終檢驗會判定他們其實沒有得病。然而，其餘有症狀、但被篩檢機制判定爲沒得病的人，卻不會得到更詳盡的檢驗。如此一來，我們就無從得知哪些人被誤判了，至少要等到他們症狀惡化之後才會曉得。我們或許希望（若篩檢機制還算有效）這樣的人別太多，但這些人的狀況就是暗數據。

將有症狀的人誤判爲健康，有時後果非常嚴重，尤其那些可能致命、但其實很好治療的疾病。不過，將沒症狀的人誤判爲有症狀也不是什麼好事。例如告知某人得了愛滋或癌症之類的重病，就算事後發現是錯誤一場，顯然也會造成嚴重的心理衝擊。此外，更精確的檢驗（如骨質疏鬆症做的ＤＸＡ檢驗）也會造成不必要的開銷。捷爾德．蓋格瑞澤（Ｇｅｒｄ

Gigerenzer）是研究人如何理解機率與統計的專家，他曾舉過一個乳癌篩檢的例子。[11] 接受篩檢的一千名女性中，約有一百人被誤判為需要進一步檢驗，結果接受了令人痛苦不安的侵入式檢驗。就算對確實檢驗出乳癌的人來說，這樣的結果可能也比沒有被檢驗出來更糟。蓋格瑞澤說得好：「這些罹患乳癌，但無惡化或惡化緩慢的女性原本可能一輩子都不會感覺到異狀，現在卻得接受對她們毫無益處的乳房腫塊切除、乳房部分切除、有毒的化學治療或其他介入治療。」有時，暗數據永遠不見天日或許更好。

時間愈長，要測量篩檢機制的效度就愈複雜。之前提到過，阿茲海默症患者大幅增加，至少部分起因於人的壽命延長，以至於阿茲海默症再也不是暗數據，不是「倘若你活得夠久就可能遇到的疾病」，而是「實際發生在你身上」的明數據。

篩檢機制還可能受到**時距偏誤**（length-time bias）這種不易察覺的暗數據影響。以下是個虛構的例子。

假設有兩種疾病，一種持續一天，另一種持續一年，兩種疾病的患者於染病期間一切正常，但時間一到就會死亡。為了討論方便，讓我們再假設兩種疾病每天各有一人感染（我說過是虛構的例子了）。若我們想知道這兩種疾病各有多少患者，一個簡單（但錯誤！）的作法就是隨便挑選一天，然後計算兩種疾病分別有多少人感染。我們會發現短期疾病患者只有一人，亦即當天染病的患者，而長期疾病患者卻有三百六十五人，也就是從一年前到計算當日前一天染病的所有患者。乍看之下，感染長期疾病患者人數是感染短期疾病患者人數的三百六十五倍，然而實際上卻遺漏了一年來感染短期疾病的那三百六十四人，因爲他們都已經死亡了。

這個例子可能聽起來很假，但癌症篩檢眞有可能遇到這種狀況。惡化緩慢的癌症出現症狀的時間比較長，使得患者存活時間也比較長。這時如果用上述的研究方法，就會推斷慢性癌症患者比急性癌症患者多，導致我們對這兩種癌症在人口中的發生率得出偏頗的結論。

你不妨將篩檢想成一種將人正確歸類（如有病或無病）的機制，但其實還有許多情況也是同樣的結構。我們之前談過信貸評分的例子，評分的目的在於將申請者分成會或不會拖欠還款的人。人員甄選（挑選人才擔任某項職位）也是如此。求職者眾，公司會依初步瀏覽履歷和求職表格的結果來去蕪存菁，然後要獲選者前來面試。初步瀏覽就是篩選機制。前來面試、但未獲錄取的求職者可以視爲僞陽性，也就是從履歷看相當合適，但進一步檢視發現並非最恰當的人選。然而，同樣會有一群求職者在履歷這一關被刷掉，但其實是完美人選。用醫學術語來說，這些人就是僞陰性，也就是暗數據。

依據過去表現來選取

郵寄包裹時，我們可能會依據之前哪一家公司速度最快來選擇。買車時，我們可能會參考過去的安全紀錄。外出用餐時，我們可能因爲之前在某家餐廳吃得很愉快而選擇再次光臨。根據過去表現來預測未來是很合理的作法，而且很多時候，我們也沒有別的選擇。只不過很可惜，用過去預測未來有時並不牢靠。狀況有變時當然更不用說，例如經濟轉壞、車廠推出新車款或餐廳易主，自然無法用過去預測未來。但就算狀況**沒變**，表現還是可能下滑，甚至應該**預期**它會下滑。

這個奇特的現象——就算所有條件不變，還是應該預期好表現會變壞，壞表現會變好，就叫作**均值回歸**（regression to the mean）。它是**DD-T3：只選擇部分狀況**的一種表現。當你知道有這種現象，就會發現它無所不在，底下就是一個例子。

根據英國一九七〇至七三年十二個農產區的小麥產量，[12]表五以公斤爲單位，記錄了那三年各農產區的產量是增是減。我們可以看到一九七〇年產量最低的六個農產區中有五個於三年後產量增加了，產量最高的六個農產區中有五個於三年後產量減少了。這個趨勢非常清楚而驚人，代表我們如果在一九七〇年只選擇產量高的農產區，預期這些農產區到了一九七三年依然會有相同的表現，肯定會失望多於滿意。

表五：英國十二個農產區一九七三年相較於一九七〇年的小麥產量變化

		一九七〇年產量	
		低	高
一九七〇至七三年產量變化	**增加**	5	1
	減少	1	5

要瞭解爲何會出現這樣的現象，讓我們以學生考試來舉例。假設有一群學生雖然能力相當，也同樣努力，但每回考試總有些人因爲一些偶然的因素考得比較好，像是考前睡得很好、心裡沒有被別的事情占據或猜題正好矇對了。我們可以依照考試成績排序，將分數高的學生歸類爲優秀生。

但下一回考試會發生什麼事？

由於我們假設所有學生的能力相同，因此第一次考試拿到最高分的學生純粹是出於機緣湊巧。這些機緣湊巧（以及其餘學生的運氣欠佳）不大可能再次發生，因此表現最好的學生第二次考試可能不會那麼好，表現最差的學生可能表現還不壞。

會有這種狀況，問題出在第一次考試成績（即過去的數據）其實是學生能力**加上**機運的結果。學生的眞實能力被隨機因素給掩蓋了。

當然，現實中很難找到一群能力相同也同樣努力的學生，每位學生都各有長處。儘管如此，第一次考試特別出色的學生還是可能在第二次考試表現下滑，因爲他們頭一回拿到的高分至少有部分出於機運。因此不論公司招才或研究所招生，如果只挑選成績最好的學生，很可能會發現他們進來之後表現不是那麼出色。

這個例子給了我們什麼教訓？是叫我們不該挑選過去表現最優秀的人嗎？非也，因爲他們未來可能還是表現得很好，只是不如根據他們過去表現所推想的那麼出色而已。一般而言，落差的程度（好的變差或差的變好）取決於測量方式當中隨機成分與眞實能力的比例。當隨機成分造成的不確定占比不低，落差的現象就會非常明顯。別忘了不確定是看不見的，我們只能測得不確定和能力的結合，因此不確定和眞實能力都成了一種暗數據。

「均值回歸」是英國維多利亞時代博學家法蘭西斯．高爾頓（Francis Galton）發明的術語。他發現平均而言，高個子家長的小孩雖然身高還是高於平均，卻不若父母親高，而矮個子家長的小孩雖然身高低於平均，卻不若父母親矮。

本章檢視了當我們對自己想知道的事物不夠仔細或想得不夠清楚時，會遇到哪些被意料之外的暗數據誤導的情況。下一章我們將會介紹，就算我們清楚自己想知道什麼，還是可能被暗數據帶偏。

4 無心造成的暗數據：言行不一

全貌

測量無法無限精確。家中孩童或海上船隻之類的數量很好計算，因爲是整數，但長度之類的度量就只能精確到一定程度，如公分、公釐、微米（百萬分之一公尺）、十分之一微米等，無法精確到小數點後**無限位**。換句話說，我們不可能掌握所有細節，只能抓個大概（即使這個大概非常小！），而這必然使得細節成爲暗數據。

只要瀏覽數據表格，就會看到**捨入**（rounding）無所不在，例如70.3、0.04或41.325之類的數字，以及76.2±0.2這類的數值。其中±0.2代表精確度，表示實際數字就落在這個區間。這個表示法清楚告訴我們，其中有暗數據存在。

捨入是必要的，而且太過普遍，以致我們常常根本沒意識到它隱藏了數據。例如年紀通常只取到年，即使大家都知道年紀不只包括活了幾年，還要加上天數，甚至小時和分鐘等。而且到最後還是無法精確，因爲出生需要一段時間，而不是一瞬間，因此不可能精確到底。報年紀時無條件捨去取到年，就代表年紀只會以整數區分，所有人的年紀都比實際年齡小。

有時，我們會將年紀四捨五入，甚至只區分成青年、中年和老年，以二十五歲和六十五歲爲界。雖然這樣的分類方式有時完全恰當，卻顯然會丟失資料，掩蓋了各年齡層內的狀況。要凸顯這個問題，最簡單的作法就是走極端，只將人按年紀分成兩組，比方說三十五歲以下是年輕組，超過三十五歲是年長者。按照這個分類統計數據，我們就能找出年長者和年輕者是否在哪些部分不一樣。例如，我們可以觀察年長者的平均收入是否高於年輕者，或結婚比例較高。但我們卻也失去了探知更細微關係的能力。例如我們可能無法判斷平均收入是否從年輕時開始增加，中年時達到高點，老年時開始減少。由於數據變暗、變「粗疏」，使得我們無法得到這些可能的發現，被簾幕遮去了我們的部分視線。

當數據直接由人蒐集，數據就可能以極爲隱晦的方式因捨入而變暗，甚至導致錯誤的決定與行動。西蒙．德．路希農（Simon de Lusignan）和研究同仁檢視了八萬五千個血壓值。[1]原則上，我們沒有理由相信在實際血壓值裡，會有哪個尾數特別常出現。換句話說，我們應該預期有一〇％的尾數是零，有一〇％是一，一〇％是二，依此類推。但路希農等人發現六四%的收縮壓值（心臟收縮時的血壓）和五九%的舒張壓（心臟舒張時的血壓）的尾數是零。不僅如此，他們還發現在尾數不爲零的血壓值裡，尾數爲偶數的血壓值遠多於尾數爲奇數的血壓值，而尾數爲奇數的血壓值裡，又以尾數五最多。實際的血壓值不可能這麼詭異地只集中在某幾個尾數。量測者記下的數值反映出人有將數值捨入成爲簡單數字的習慣。

這樣做有差嗎？英國高血壓治療準則針對高血壓設定閾值，高過該數值就建議服藥治療。[2]其中一個閾值是收縮壓一四〇毫米汞柱以上，但由於量測人員習慣將尾數捨入爲零，例如將一三七記成一四〇，使得許多實際收縮壓不到一四〇的病人被記成了這個數字。

在血壓的例子中，捨入顯然是測量儀器本身的性質所致。如果血壓計使用的是像學校量尺一樣的刻度計，那我們往往會把數值捨入成簡單的數字。然而，當數值是由電子螢幕顯示，量測者記下的數字就可能包含較多位數（儘管仍是有限位數字，不過數值更精確）。這表示現代儀器走向自動化，數位讀值更精確，至少從暗數據的角度來看是好事一樁。

上面的例子透露了一點，告訴我們什麼時候該留意捨入會出現。那就是，只要由人讀取測量儀器（如直尺、量角器或指針等）的數值，就要特別當心，而且就連計數也不例外。小約翰．羅伯茲（John Roberts Jr）和戴文．布魯爾（Devon Brewer）詢問吸毒者，[3]過去六個月曾經和多少人分食毒品，結果回答九人的只有兩個、回答十一人的只有四個，回答十人的卻有三十九個。同樣地，回答二十人的有二十一個，卻沒有人回答十九或二十一人。這些回答都很可疑。很難想像吸毒者分食毒品的人數都會那麼剛好，而且重複性之高完全出於巧合。更可能的解釋是，受訪者只是十個一數抓個**大概**。

我們稱這個現象叫捨入，但人蒐集數據時的這種習慣還有其他名稱，像是四捨五入、化零爲整、峰值、離散和數字偏好等。

捨入還有一種狀況，就是刻意替可能出現的數字設定上限或下限。例如薪資調查有時會把最高一級設爲「十萬美元以上」，使得某些原本可能拒答的人願意回答，這個策略就叫**截頭**（top-coding）。如果設定的是下限，就叫**去尾**（bottom-coding）。

遇到這種數據，忽略截頭去尾的事實，可能導致嚴重的偏誤。例如直接將薪資調查的數據平均，顯然就很偏頗，因爲我們忽略了「十萬美元以上」可能高出十萬**非常多**，甚至高出幾千萬。此外，將數據截頭、然後當成原始數據看待，也明顯會讓我們低估數據的變異度。

摘要

光是觀察大量數字構成的表格，通常看不出什麼。爲了克服這道難題，我們必須將數值**摘要**（summarizing）。說得更仔細一點，就是**分析**數據，濃縮成匯總和摘要，好讓人一目瞭然。例如我們會計算平均值和值的範圍，或進行更複雜的摘要統計，像是相關係數、迴歸係數和因素負荷量等等。然而，根據定義，匯總和摘要就代表犧牲細節，將數據弄暗。這就是第九型暗數據：**DD-T9：數據的摘要**。

若我告訴你，美國二十歲以上男性平均體重爲一百九十五・七磅（相當於八十八・八公斤），這個資訊顯然很有用。[4]你可以拿這個數值跟之前幾年的數值比較，也可以拿自己和這個數值比較。但你無法判斷有多少人超過某個體重以上，也無法判斷這個平均值是由少數體重極重的人拉高了許多體重偏低的人，還是確實有許多人體重高於平均值，更無法判斷有多少人體重四捨五入到個位數，正好是平均值。這些和其他問題都無法回答，因爲只用平均值來代表群體，會隱去個別數值，讓數據變暗。

這告訴我們幾件事。首先，單單一個摘要統計數字，甚至幾個以不同方式摘要數據的統計數字（例如平均值加上離散度，再加上數值分布的偏度），都無法告訴你數據的**全貌**。摘要會將數據弄暗，可能因此掩蓋了關鍵資訊，你必須提防這一點。

其次，選擇摘要統計數字必須小心，才能回答你想知道的問題。某家小公司裡有九人年薪一萬美元，有一人年薪一千萬美元，則薪資平均（算術平均）超過一百萬美元。這在許多情況下都算是偏頗的資訊，對所有申請進入這家小公司的人幾乎肯定是如此。有鑑於此，收入和財富分布通常都以中位數（半數高於該值、半數低於該值），而非算術平均來表示。更好的作法是提供更多關於分布形態的資訊，納入更多摘要統計，如年薪一萬美元的人數或最高年薪。

人爲錯誤

我們之前談到的人爲捨入其實不算是「錯誤」，而是一種逼近，隱去了一些細節，而且沒什麼規律（例如不是**所有**血壓値的個位數都會捨入爲零）。但人爲錯誤有時會導致嚴重的暗數據。

二〇一五年，英國諾桑比亞大學兩名大二學生艾力克斯·羅塞托（Alex Rosetto）和路克·帕金（Luke Parkin）參加了一項研究，測量咖啡因對運動的影響。然而，研究發生了「數據錯誤」，兩人攝取的咖啡因量不是一杯咖啡的三倍，而是三百倍，大約三十公克——我將數據錯誤用引號標出來，是要強調出錯的不是數據，而是記錄者寫錯了。如果你不曉得三十公克是多是少，以下訊息可以供你參考：曾經有人攝取了十八公克咖啡因而喪命。可想而知，艾力克斯和路克立刻被送往加護病房進行血液透析，去除咖啡因。

這起事故出自一個常見的錯誤：小數點寫錯位置，導致數據誤導了行爲。

這種錯誤很常見嗎？愛爾蘭青年卡爾·史密斯（Karl Smith）十九歲生日過後兩天，銀行帳戶收到了一萬九六三六歐元，而非他預期的一百九十六·三六歐元。遺憾的是，他經不起誘惑把錢花了，結果鋃鐺入獄（不得不說，之前十七起類似案件並沒爲他爭取到多少同情）。無獨有偶，北約克夏建築工人史蒂芬·伯克（Steven Burke）的銀行戶頭原本預定入帳四百四十六·六英鎊，結果因爲小數點位置錯誤，平白入帳四萬多英鎊。而他同樣受不了誘惑花了兩萬八千英鎊，最後被判緩刑——感覺這兩起事件在告訴我們同樣一個教訓：要是你哪天發現銀行帳戶餘額突然大增，**千萬別花那筆錢**！

二〇一三年十二月，阿姆斯特丹市政府照例發放住房補助給將近一萬名市民，但金額不是以**分**（cent）爲單位，而是元，等於小數點往右移了兩位，結果讓市府多支出了一億八千八百萬歐元。二〇〇五年，雷曼兄弟公司一名交易員誤將交易額輸入爲三億美元，而不是三百萬美元。二〇一八年五月廿六日，《泰晤士報》報導什羅普郡一家藥局賣出一款售價六十·三英鎊的藥，結果拿到六千零三十英鎊，而格林威治的藥局則是賣出售價七十四·五英鎊的止痛藥，結果拿到七千四百五十英鎊。[5]

也有正好相反的例子：二〇〇六年，義大利航空公司推出多倫多至賽普勒斯的商務艙機票，定價三千九百美元，結果數字不慎「點」錯了，變成三十九美元，最終造成七百二十萬美元的損失。又是小數點惹的禍。

照理說，這些例子都只是無心之過，我當然也這麼希望。然而當我得知倫道夫·邱吉爾勛爵（Lord Randolph Churchill）的故事，心裡就沒那麼樂觀了。倫道夫·邱吉爾是知名二戰首相溫斯頓·邱吉爾（Winston Churchill）的父親，有一回看到含有小數點的數字資料，竟然說自己「從來也沒搞懂這些該死的小黑點是什麼意思」。問題是他可是當時的財政大臣，相當於美國的財政部長。

小數點錯置這類基本的數據輸入錯誤，有時又稱作**烏龍指**（fat fingers）。類似的例子不勝枚舉。譬如二〇〇五年，瑞穗證券公司誤將每股六十一萬日圓的J-com公司股票以每六十一萬股一日圓賣出，損失超過三億美元。另外，二〇一八年四月，三星證券公司原本要發給兩千名員工每股〇·九三美元的分紅，總金額約二十億韓圓，結果卻發出了二十億**股**，超過公司總股數的三十倍，金額高達一千零五十億美元。

通常這類錯誤一發生就會趕緊修正，但往往來不及。以三星證券爲例，他們花了三十七分鐘才修正錯誤，那時已經有十六名員工趁機大賺意外之財，賣出了五百萬張股票，導致三星證券股價下挫了將近一二%，即使在本書撰寫期間，股價還是跌了一〇%，公司市值損失三億美元。

若你以爲一千零五十億美元已經夠糟了，那是你還不知道東京證券交易所在二〇一四年犯下的大紕漏。一名股票經紀人在交易價值十九·六億日圓的豐田股票時，誤將數字輸入到股數那一欄，使得總金額變爲六千一百七十億美元。看來這種錯誤很容易犯？我當然也有填錯欄位過，但幸好後果沒那麼嚴重。而在東京證交所這個例子裡，還好在釀下大錯前就取消下單了。

另一種人為錯誤是數字錯置，包括兩個數字寫顛倒了（如八十九寫成九十八）、某個數字誤寫成另一個（如二寫成七）及重複輸入（如二按太久變成二二二）等等。

這些都是單純的手誤。遺憾的是，人為犯錯的方式實在太多，數也數不完。例如，度量單位有時會搞錯，就像一九九八年火星氣候探測者號事故，由於未將力的單位由英制轉為公制，導致衛星太過靠近火星而解體。又或者像一九八三年加拿大航空一四三號班機的墜毀事故，因為加油時誤以磅為單位，而不是公斤，導致飛機失事。

美國太空總署創世紀號的採樣探測任務發生的是另一種人為錯誤。太空船成功於月球軌道之外捕捉到了太陽風樣本，也成功將樣本送回地球，卻於最後的著陸階段墜毀在美國猶他州。原因是，太空船的加速度計裝反了，導致數據出錯，讓系統以為自己在減速，其實是加速撞向地面。

除此之外，還有一個更麻煩的問題，就是數據可能隨著時間愈來愈沒用。這不是說數據會像水果一樣眞的會壞掉，而是因為世界會改變。你可能以為自己的存款帳戶利息有三％，但要是不關心，可能會發現利息已經在你不留意時調整了。和人類有關的數據特別容易過時（**DD-T7：隨時間而異**），因為人類經常在改變。

更糟的是，本書隨後幾章就會談到，數據甚至可能遭人刻意扭曲。美國普查局一九八六年的一份調查估計，有三%至五%的普查員因爲懶得實際蒐集資訊而自行編造數據，也就是第二章提到的「在人行道上瞎掰」。[6]美國統計學家威廉・克魯斯克爾（William Kruskal）說：「任何一個知覺敏銳、擁有常識和數字頭腦的人，不論面對什麼條理井然、有憑有據的數據集或統計資料，通常不出一小時就能找出幾個感覺很怪的數字。」[7]媒體研究分析專家湯尼・泰曼（Tony Twyman）甚至杜撰一條現在稱爲**泰曼法則**的定律，指出凡是看起來很有意思或與眾不同的數字，通常都是錯的。[8]此外，現代社會每天記錄的數字量非常驚人，誤記自然難以避免，例如二〇一四年全球每日金融交易次數就達到將近三百五十億次，之後更是有增無減。我在拙作《不大可能法則》解釋過，當數量如此之大，誤記只會多不會少。

同樣地，研究資料探勘（在大數據集裡尋找有意思或有價值的異常處的學科）的學者指出，大數據集裡出現異常結構的原因有幾個，按重要程度排列如下：（一）數據有問題（可能是數據蒐集時發生毀損、扭曲或遺漏）；（二）偶然變動導致結構異常（眞的只是偶爾發生的罕見值，沒什麼重要意涵）；（三）事前就該知道的結構（發現人經常同時購買乳酪和蘇打餅乾）；（四）無趣的結構（發現英國結婚人口約有半數是女性）。任何異常結構都必須排除這四項原因，才是貨眞價實、有趣，甚至有價值的異常結構。這帶給我們的教訓是，最明顯的發現往往都不是眞確的發現，而是數據發生小差錯所造成的錯覺。

看完上面的討論，再看到ＩＢＭ的說法，應該就不意外了吧。ＩＢＭ估計，「數據品質欠佳每年造成美國的經濟損失高達三・一兆美元。」[9]但這項估計值是正確的嗎？

首先，這得看你對壞數據的定義是什麼。IBM估計的數字，包含修正錯誤、檢查數據裡是否還有問題，以及壞數據連帶造成的錯誤的費用嗎？其次，你還得和美國國內的生產總額相比較。比起美國國內生產總額二十兆美元，三・一兆感覺大得驚人，讓我不禁懷疑這項估計值本身是否也是壞數據。

儀器侷限

人爲錯誤雖然常見，但不是只有人類會出錯，測量儀器故障也可能導致意料之外的暗數據問題。至少如果儀器故障沒有立刻發現，可能就會持續給出零或零以外的某個數字。醫療電視劇經常可以看到心電圖突然變成一直線。要是病人身上的感應電極被拔走，就會出現這個現象。

我有一位研究所學生做過一項計畫，研究惡劣天候（如強風豪雨）對通訊網路的影響。他的數據來自通訊網路故障、維修和氣象站的紀錄——其實這叫鏈結數據集（linking data sets），下一節會再介紹。這位學生很聰明，分析數據之前總會先做研究，用這種或那種圖形呈現資訊，尋找異常值，結果眞的發現一件怪事。有許多天晚上的原始數據顯示當天半夜有強風，但這相當詭異，因爲沒有人記得那些晚上有強風，氣象局更是沒有半點強風的紀錄。這當中一定有什麼蹊蹺。

於是，我這位研究生繼續挖掘，結果發現某幾夜晚，風速計一到半夜就會自動重置，而且有時會讓風速值瞬間飆高。但這些數字完全是機器造成的。要是我學生不瞭解分析前必須先檢查數據，那麼他只會得出無意義的結論。由於他有確實檢查，因此察覺到了問題，並及時修正。

儀器運轉不正常可能造成高昂的代價。二〇〇八年，美國空軍一架B-2隱形轟炸機在關島墜毀，因爲感應器受潮後傳送了錯誤的數據。機組員以爲轟炸機以一百四十節的起飛速度飛行，實際上卻慢了十節。

上一節我們談到人們刻意截頭去尾，只保留上下限之間的數據，使得部分數據隱匿的作法。然而，測量儀器本身往往就會製造出這種效果。

例如，體重計能顯示的體重值有其上限。體重高過上限值的人知道自己超過了體重計的量測範圍，但他們的實際體重成了暗數據，無從得知。這個情況和之前談過的截頭策略很類似，卻非量測者的自主選擇，因此稱爲**天花板效應**（ceiling effect）。同理，有些情況則是類似下限值，低於某個閾值的量值不會被記錄到，但純粹是因爲那些量值等於或低於測量儀器所能測得的底限。想當然耳，這個類似去尾策略的情況就叫**地板效應**（floor effect），比如低於水銀冰點的溫度無法用水銀溫度計記錄到。天花板效應和地板效應都會導致**DD-T1：我們知道漏掉的數據**，因爲我們知道一定有量值，只是由於它高過或低於某個界限，所以不曉得確切是多少。因此，這兩種效應也屬於第十型暗數據**DD-T10：量測誤差與不確定**。

天花板和地板效應有時會以意想不到的方式出現。例如，科學家估計宇宙中有10^{24}顆星體——就是一的後面二十四個零。但我們肉眼可見的大約只有五千顆，再加上地球本身永遠遮住一半的天空，因此任何地點能見到的星體大約只有兩千五百顆。這表示在望遠鏡發明之前，有關天體的大部分資訊都是暗數據，因爲大多數星體的亮度都低於人眼視力的地板值。因此，只憑觀測和分析這幾千顆可見星體，很容易得出偏頗的結論。

伽利略大概在一六〇九年開始用望遠鏡研究天體。他的望遠鏡放大倍率大約三十，結果見到之前沒人認爲存在的星體。自此之後，科技進步不斷擴大我們對宇宙的認識。儘管如此，最根本的難題依然無解，亦即星體距離愈遠愈暗，愈難被看見。這個問題無法解決，導致了所謂的「馬姆奎斯特偏誤」。一九二〇年代，瑞典天文學家貢納·馬姆奎斯特（Gunnar Malmquist）率先探討了這個現象，因此以他爲名。這個偏誤有許多細微之處。例如，儘管星體和銀河的可觀測亮度極值相同，星體卻更容易高過閾值而被測得，因爲它們的光源更集中。一般而言，忽略這個暗數據效應，將導致我們誤解宇宙的結構。

望遠鏡這個例子告訴我們，科技進步能讓我們看見過去不曾想過的世界（這在望遠鏡的例子裡不是比喻，而是眞讓我們看見了新世界），有如一道光芒驅走了遮蔽數據的暗影。其他領域也有一些儀器立下同樣的功勞。顯微鏡與醫療掃描技術讓我們看見人體過去不爲人知的面向；地球空拍讓我們看見古代的城牆與建築；地震和磁場偵測儀器讓我們窺知地球內部。這些儀器和其他無數設備拓展了人類的感官，揭露了過去晦暗不明的數據。

鏈結數據集

有時一個數據集就已經擁有造福人類的無窮潛力，但是當數據不是只有一個來源，而是鏈結、合併或整合了多個數據集，就有可能帶來綜效。這些數據集裡的紀錄可能相輔相成，分別提供不同的資訊，也可能互相補充，解答其中任何一個數據集無法單獨解答的問題，還可能藉由多重檢核與插補提高精確度，也就是其中一個數據集裡遺漏的數值，可以利用另一個數據集裡的資訊來補足。

不難想見，法務統計學家和偵測詐欺的執法單位經常使用這種作法，但它的應用範圍其實非常廣。英國行政資料研究網路就展現了鏈結數據集的威力。[10]這個網路結合了英國四個構成國（譯註：指英格蘭、威爾斯、蘇格蘭和北愛爾蘭）的國家統計局和多所大學，目的在促進行政數據的鏈結與分析，以協助社會科學和公共政策的研究。其中一項計畫，匯集了數個來源的數據，希望瞭解住房補助是否會影響街友的健康及街友使用健保的狀況。另一個合併數據集，希望瞭解**能源貧窮**（fuel poverty）對健康的影響，還有一個合併數據集，則在檢視販酒場所多寡和人口健康的關係。

有個例子可以讓你見識到這種作法的威力。美國洛杉磯郡有六個社服單位整合了各自的數據，清楚掌握了郡內街友的狀況，進而制定了一項二十億美元的計畫，興建一萬棟房舍供患有精神疾病的街友居住。[11]

鏈結數據集潛力無窮，充分展現了現代數據科技造福社會的本事。但鏈結與合併數據並非毫無挑戰，而且還有暗數據的風險。數據集要能合併，就必須有共同的識別符或識別符組，使得不同數據集裡的紀錄可以互相匹配。但不同數據集裡的紀錄往往不是以相同的格式或樣式記錄，導致無法匹配。你幾乎永遠可以在某個數據庫裡找到某些紀錄，而這些紀錄論及的人並不包含在另一個數據庫裡。此外，複製的紀錄也會造成其他麻煩。如何匹配和鏈結數據、讓暗數據盡量不要出現，已經成為重要的研究領域，而且會隨著愈來愈多大數據集出現，變得更為重要。

所以，結論是什麼？我們在第二章討論了許多種數據，第三章和第四章則檢視了數據蒐集時可能遭遇的暗數據風險，包括定義含混、變項遺漏、測量過程的隨機性、儀器侷限、數據粗疏和烏龍指等。其實還有更多。下一章我們將討論另一種完全不同的暗數據孳生方式。

5 策略暗數據：玩弄、反饋與資訊不對稱

玩弄

歐盟的**性別指令**（Gender Directive）*禁止保險公司以性別決定保費，亦即決定保費時，必須將性別當成暗數據處理。[1]原則上，這代表其他條件相同時，男性女性的保費應該相等。但加拿大並非如此。根據加拿大最高法院一九九二年的判決，保險公司可以繼續將性別納入風險評估模型中。判決出爐後，亞伯達省一名剛買下雪佛蘭中小型房車，結果被保險

---

* 歐盟頒布的「指令」只要求各成員國達成訂明之目標，但不限制各成員國達成目標的方法，而「規範／規章」則是頒布後，即刻於各成員國生效爲法律。

金額給嚇到的男子設法弄到了新的出生證明，登記自己爲女性。這位男子表示：「我是百分之百的男人，〔但〕法律上是女人。」靠著用法律隱藏眞實性別，這位仁兄每年幫自己省下了一千一百美元。

本書下一章將討論詐騙。詐騙是蓄意詐欺，藉由隱瞞某些事物使人相信與事實相反的事情。相較之下，**鑽漏洞**（gaming the system）和**操弄制度**（playing the system）這類行爲則叫**玩弄**（gaming）。玩弄是利用誤導、似是而非或意料外的一面來從中得利。玩弄裡的暗數據並非來自刻意隱藏，而是來自系統建構方式當中可以被利用的意外成分。因此玩弄往往不合法，因爲其目的在於知法玩法，利用遵守規矩來得利。玩弄屬於第十一型暗數據，**DD-T11：反饋與玩弄**。

數學裡有一個意義深刻、影響深遠的定理，由庫爾特·戈德爾（Kurt Gödel）發現，並以他命名。用最簡略的方式來表達，這個定理是說任何一個足夠強的公理系統，一定包含無法在系統內證明或反證的陳述。不過，在生活層面上，這代表任何複雜的規範系統往往免不了有漏洞。其中一個經常出現這種漏洞的領域是稅制，而合法的避稅方案，便是專門利用稅法中的曖昧或疏漏之處來規避納稅。當然，實際作法會隨著稅法不同或法律改變而有異，但底下是成功破解英國稅法的幾個避稅方案：

- 以應稅資產（如你家的房子）擔保貸款，再將貸款投資免稅財產，如林地或農地，藉此逃避遺產稅；
- 透過境外公司購買財產，因爲非英國居民和非英國公司均無須在英國納稅；
- 藉由合併或收購第二國公司之類的手法，將公司總部搬到公司稅稅率低的國家，因爲目前沒有跨國稅務機關。

當政府察覺這些稅法漏洞被個人或公司大量利用，就會加以防堵，但往往只會讓稅法結構更加複雜，並產生新的漏洞。

另一個跟玩弄密切相關的暗數據實例，就是所謂的「委託人－代理人問題」（principal agent problem）。當某人（即委託人）授權另一人（即代理人）代做決定，就可能發生這種狀況。委託人－代理人的關係很普遍，不論是員工替雇主或政治人物替選民做決定，都屬此類。然而，當代理人是出於個人利益而非委託人的利益做決定時，就會產生問題。員工可能利用只有自己知道的資訊做出對自己有利，而非對雇主有利的決定；政治人物則可能爲了個人利益而行動。獨裁者有時便是這樣誕生的。

玩弄還會發生在監管套利（regulatory arbitrage）的情形中。當某一種行爲同時適用於多個監管制度，組織（如金融機構）便可選擇（藉由將總部遷至他國）自己要受哪個監管機關管轄。可想而知，組織一定會選擇對自身最有利的監管制度，甚至不時聲稱組織的活動類別有所改變，好更換監管機關。

坎貝爾法則（Campbell's law）則是一語道盡了公共決策會出現的玩弄問題。這個法則是這樣說的：「一個量化的社會指標愈常用來進行社會決策，這個指標就愈容易失準，愈容易扭曲和破壞這個指標原本要監控的那個社會過程。」**葛哈德法則**（Goodhart's law）道理類似，只是講得比較委婉，沒那麼直接：「措施一旦成爲目標，就不再是好的措施了。」

就以學業成績爲例，成績作爲學習表現的指標，常被用作社會決策的參考。但只要長期追蹤學業成績就會清楚發現，學生的平均成績通常會隨著時間愈來愈高，也就是所謂的分數膨脹（grade inflation）。二〇一八年，麥可．赫威茲（Michael Hurwitz）和傑森．李伊（Jason Lee）調查全美高中後發現，學術評估測驗（SAT）平均成績爲A的學生比例，二十年來從三九％增加到四七％。[2] GradeInflation.com網站則是詳細記錄了美國大專院校的分數膨脹現象，例如一九八三年至二〇一三年，美國大專學生的平均成績從二．八三提高到了三．一五，而且每年以穩定幅度提高。這個趨勢有幾種可能的解釋。一是學生變聰明了，二是學生更懂得如何回答測驗問題，但也可能是這套方法失準了，以至於學生拿到更高的分數。

英國高等教育也有同樣現象，只是由於學生數目大幅增加，使得分數膨脹的情形沒有那麼一目瞭然。二十五至二十九歲擁有大學學歷的比例，從一九九三年的一三％提高到二〇一五年的四一%，[3]而二〇一七年在英國大學就讀的學生總計有兩百三十萬人。

這表示，要判斷評分標準是否改變，首先要看取得各學位等級*的學生比例，而非人數。其次，如果評分標準沒有改變，那麼取得較高學位等級的學生比例應該會比過去低。因爲照理說，各大學過去只會選擇能力最強、最能得益於大學教育的申請者入學，但是當學校開始廣招各年齡層的學生，必然會有能力較差、較不適合大學教育的新生入學，而這些學生自然較難取得較高的學位等級。但實際數字到底如何？英國前高等教育大臣大衛．威列茲（David Willetts）在發人深省的《高等教育》（*A University Education*）一書中指出，英國二〇〇〇年約有五五%的大學生以一等學位或二等一級學位畢業，到了二〇一五年卻增加爲七四%。[4]換句話說，取得較高學位等級的學生比例非但沒有降低，反而大幅提高。

所以到底是什麼導致了分數膨脹？

大學經費取決於招生人數，因此申請者愈多愈好，而申請者則傾向申請他們認爲日後有助於個人就業的大學就讀——當然成績要夠高才行。既然學位和教學表現都由各大學自行頒發及評定，校方自然有壓力要給學生高分。是這些彼此競爭又自打成績的學校，造成了分數膨脹。倘若所有大學共用一套考試方法，由同一個單位替學生評分，情況就會不同。在目前

---

* 英國高等教育系統頒發的學位等級（按優異程度）分爲一等學位、二等一級、二等二級和三等學位。

的制度下，各校的評分標準都是暗數據，而大學排名又讓情形雪上加霜。由於排名標準包括取得各學位等級的學生人數，使得申請者更傾向於申請他們自認會拿到高分的學校。

持平而論，我的說法是過度簡化了，而且這套系統也有補正機制。比如說，有一個基本上由他校人士組成的「校外評鑑委員」，負責審核教學品質及學位頒發狀況。此外，只大量授予一等學位的學校或許短期內能在排行榜上名列前茅，然而，當雇主發現在這所學校拿到「優異」學位等級的畢業生其實知識不足，就會另覓對象；外界隨之發現這間學校的畢業生難以就業，便會導致招生人數大幅下滑。

英國學制和某些國家略有不同，學生於中等學校畢業之前要參加全國會考，以決定誰能接受高等及大學教育。然而，舉行會考的單位不只一個，而且是各自舉辦全國聯考。哪個單位徵得愈多考生，那個單位就賺得愈多；哪間學校的畢業生會考成績愈高，那個學校的排名就愈好看。因此，儘管有人認爲沒有證據顯示各單位舉行的會考難度不同，這套系統同樣可能導致向下競爭，也就是爭相給予學生高分。

除此之外，學校還有權決定誰能入學，而且學生一旦入學，校方還能決定哪些學生能參加全國會考。因此，學校只要挑選能力最強的學生參加考試，就能操弄外界對其教學表現的印象。這明顯是**DD-T2：我們不知道漏掉的數據**。如果以成功率衡量組織表現，那麼一個組織只要選擇自己最容易成功的狀況，就能創造良好觀感。二〇一八年八月，瑞秋·席維斯特

（Rachel Sylvester）在《泰晤士報》寫道：「愈來愈多學校玩弄考試制度以提高學校排名，以致學生權益受損……私校經常鼓勵學生放棄預期無法拿到高分的科目，以免整體平均成績下滑。」[5]有些學校甚至會要求成績可能不好的學生退學，以提高帳面上的教學表現。席維斯特引用專責學校稽核的英國教育標準局（Ofsted）的資料指出，該年有一萬九千名十六歲的學生於中等教育普通證書考試（GCSE）前遭到退學。這個作法顯然很可能影響衡量學校教學能力及學生課業表現的指標。

凡是需要評量表現的地方，就可能發生玩弄的問題。以下是其他案例：

- 外科醫師可以藉由迴避棘手病例來提高手術成功率，因爲那類患者接受手術的結果顯然很難說。但就算不公然選擇患者，外科醫師遇到的患者群體也不盡相同，因此就算能力相當的外科醫師，手術成功率也應該不同。
- 只要重新定義急難的性質，就能操弄急難的反應時間。《英國電訊報》在二〇〇三年二月廿八日報導：「英國健康促進委員會指出，屬於國家健保局信託機構的西約克郡市區救護車服務（WYMAS），急救人員抵達現場後，若發現傷者或患者不如報案電話描述得那麼嚴重，不屬於一級急難，就會將一級急難報案電話下修爲非一級報案電話……。另外，健康促進委員會還發現，該機構從接到緊急電話到開始計算反應時間之間，明顯存在時間差。」[6]

• 本書第三章曾經提到，只要調整失業的定義，就能改寫失業率。打零工或兼職、但想轉爲全職員工的人，應該算失業人口嗎？這類操弄的一個極端實例發生在二〇一七年二月底，美國勞動統計局估計失業率爲四．七%，川普總統卻說失業率高達四二%。[7] 川普總統提供的數字是將所有十六歲以上的未就業人口算爲失業，因此在家照顧小孩的父母親、全職學生和退休的長輩們統統都在此列。基本上，經濟學家不會這樣定義失業。這種情況通常不是誰「對」誰「錯」的問題，只是定義不同（**DD-T8：數據的定義**），並且多少各自符合特定的目的。

• 警察只要下修某些犯罪的嚴重度，就能提高帳面上的治安績效。例如，英國格拉斯哥《先驅報》二〇一四年二月報導：「警方覺得必須將某些案件降階，好美化治安數字。他們將案件區分爲兩級：『犯罪』事件去年減少了一三%，『違法』事件則略爲增加。二〇一二至一三年，通報有案的犯罪事件共有二十七萬三〇五三起，違法事件的數量卻將近兩倍。」[8]

你可能很清楚，網站也可以藉由操弄，出現在搜尋結果的更前列，進而提升公司業績或增加某些部落格的關聯性。

以上這些案例，都是藉由選擇和操弄定義來隱瞞或改寫事件的樣貌。這些作法，能將一旦被外人得知就會傷害組織的資訊隱藏起來，也能揭露一些可能被忽略、但是對某人或某組織有利的資訊。

反饋

考試得高分可能讓人更努力，結果更成功，進而讓人更加努力。最後得到的數據雖然確鑿無誤，但要是沒用考試去測量，可能就不會得出這樣的結果。這些數據儘管不是完全黑暗，卻掩蓋了我們介入前的原始數據。我在這裡使用「介入」這個詞，這種介入卻非刻意改變數字，而是想知道實際數值爲何。正是這個試圖知道的作法改變了實際數字，讓我們測不到原本希望測量的數值。

以上所說的就是反饋機制的例子。我們測得的數據會回頭影響並改變原本的數值。這種機制俯拾皆是。物理系統會遇到，如音響——麥克風接收到連接的擴音器發出的聲音，將聲音傳送回擴音器，然後擴音器又將聲音傳到麥克風，就這樣反覆循環，使得聲音愈來愈大，最後震耳欲聾。生物系統會遇到，如血栓——受傷的組織會釋放物質活化血小板，血小板又會釋放相同物質，活化更多血小板。心理系統也會遇到，例如執行任務時如果有人在場觀察，就會刺激我們更努力，也就是第二章提到的霍桑效應。當反饋以金融「泡沫」的形式發生時，效果尤其驚人。

金融市場泡沫是指股價（或其他資產的價格）劇烈上揚之後，急速下滑。這種價格變化，通常不代表股票或資產的實際價值改變了，而是出於貪婪或對資產價值缺乏準確的評估，誤以爲實際價值提高了。雖然股票的實際價值會影響股價，但重點是其他投資人願意出多少錢購買。因此，知名經濟學家凱因斯才會說這就像選美比賽，「重點不是以自己的判斷爲依據，甚至不是以一般人的觀點爲依據來選出最美的人，而是要上到第三個層次，也就是絞盡腦汁推斷一般人會認爲大家會選擇誰。而我相信有人能做出第四、第五，甚至更高層次的推斷。」[9]

金融泡沫的例子古往今來簡直不勝枚舉。

十八世紀初，曾經發生一次巨大的金融泡沫。當時法國想改用紙幣，以取代過去慣用的貴金屬，結果導致劇烈的金融泡沫，最終摧毀了法國經濟。政府下回再嘗試紙幣，已經是八十年後。

一七一六年，蘇格蘭經濟學家約翰・羅（John Law）說服法國政府允許他設立新銀行，取名爲「通用銀行」（Banque Générale），並依據銀行的黃金和白銀儲備量來發行紙幣。原本這樣的作法應該相安無事，但羅的企圖心不止於此。隔年，他又說服法國政府將法國及其在北美路易斯安那和加拿大殖民地的貿易權交給他。這片法國殖民地非常廣大，從密西西比河口往北到堪薩斯、密蘇里、伊利諾、愛荷華、威斯康辛和明尼蘇達，還包括一部分的加拿大，一共綿延三千英里。爲了替自己的貿易公司籌措資金，羅出售股票以換取現金及公債。由於據傳這片殖民地富含金礦和銀礦，羅的作法吸引了不少大膽的買家。可是他並不以此爲滿足，而是更進一步取得了法國和非洲的菸草獨家貿易權，以及對中國和東印度的貿易壟斷權。接著，羅的「密西西比公司」買下了法國紙幣的印製權和法國大多數稅款的徵收權。所有這些行爲，都由密西西比公司發行額外的股票來支付。

密西西比公司成長快速，股價也一飛沖天，單是一七一九年就漲了二十倍。如此飆漲的股價引來了更多買家，有時甚至必須動用軍隊，才能控制住爭搶股票的群眾，而最後就和其他投機泡沫一樣，連無法承擔後果的人也開始投資。

不論泡沫是比喻或實物，它都有一個特色，就是註定會破滅。

一七二〇年元月，密西西比公司的命運開始逆轉，因爲部分投資人決定出售股票獲利了結。通常這種時候，起初只有少數人會賣股票，但有人賣股票就表示股價不再飆漲，甚至開始下滑，於是導致其他投資人跟進賣出，認爲股價已經達到高點，最好趁下滑太多之前獲利出場，而此舉又會引來更多人賣出股票。於是股價忽然開始崩盤，而且往往跌得比之前漲得還要更快。

羅試圖力挽狂瀾，採取各種措施，例如限制黃金支付額度以及讓股票貶值等等。但到了該年十二月，密西西比公司的股價已只剩最高點的十分之一。羅成爲眾矢之的，最終離開法國，在威尼斯潦倒而死。

十六世紀末，鬱金香從土耳其引進荷蘭。由於是新花樣，本來價格就不菲，要是顏色特別而斑駁（其實是因爲生病的緣故），價格更是翻倍。一時間，鬱金香球莖供不應求，買家爭相求購，使得預購價格不斷上揚。而市場熱絡引來了更多買家，相信之後可以賣到好價錢。搶購的現象就這樣愈演愈烈，許多人掏空存款，出售房子物業收購球莖。如此飆漲的價格顯然不代表實際價值，只要人們開始出售球莖，希望獲利了結，苦果就無可避免。球莖價格開始崩跌，許多人變得一貧如洗，甚至失去自己的房子。

這種泡沫吹起、泡沫破滅的故事很常聽見，你可能以爲只有天眞的傢伙才會受騙。但是當你置身其中，感覺就不是那麼回事了。牛頓和南海泡沫便是一個例子。就在約翰・羅的密西西比公司崛起同時，英國政府也給予「南海公司」（South Sea Company）在南海經商的壟斷權。不少人深諳壟斷的好處，開始大舉投資，使得南海公司的股價暴漲。牛頓也買了股票，並於一七二〇年初賣出，海賺了一筆。遺憾的是，由於股價繼續上揚，牛頓覺得自己賣得太早了，因此再度進場。之後，南海公司的股價又上漲了一段時間，但於年尾開始崩盤，害牛頓幾乎丟了畢生的積蓄。連牛頓都會犯這種錯誤，沒有人敢說自己不會上鉤。

這些都是過去的例子，但金融泡沫的破滅聲並非只是歷史回音而已。

網路興起引發一波對高科技公司的興趣，最終促成了所謂的達康（dot-com）泡沫。許多新創公司的股票一上櫃，公司市值就高達幾十億美元，結果造成這些公司掛牌的那斯達克綜合指數也水漲船高，於一九九〇年至二〇〇〇年上揚了十倍。雖然不及密西西比公司，但幅度還是很驚人。當投資人發現這些股票的價值被高估了，價格華而不實，並未反映股票眞正的經濟價值，股價就開始崩跌。二〇〇二年十月，那斯達克指數只剩最高點的五分之一出頭。和密西西比泡沫一樣，市場崩盤的連鎖反應非常劇烈，最後造成美國經濟衰退。

達康泡沫才剛過去，美國又發生了房市泡沫。事實上，有人認爲正是因爲投資人賣掉那斯達克股票之後亟需新的標的，才會轉向房地產，導致房價飆升。次級房貸及其他作法在在顯示這是一個泡沫，至少到了二〇〇六年泡沫果然破滅，房價衝到最高點之後開始崩盤，不到三年便下挫了三分之一，進而導致一九三〇年代以來全球最大的經濟衰退。

最後再舉一個數據遭到反饋扭曲的例子。在這個例子裡，反饋明顯被人用來隱藏部分的數據。

二〇一一年，英格蘭和威爾斯推出犯罪電子地圖系統，使用者可以在地圖上查閱任一地點附近各種犯罪的發生狀況。時任內政大臣（後來出任首相）的特蕾莎．梅伊（Theresa May）表示：「我認爲民眾會歡迎這個作法，即時掌握區域犯罪實況，不只是自家門前的那條街，還包括整個鄰里。」紐約警察局也於二〇一三年推出類似的互動地圖。如今，這類系統非常普遍。犯罪地圖明顯有個好處，就是方便民眾做出知情的選擇，知道該在哪裡買房、租房，還有夜裡該走哪條街比較安全。當然，這類系統跟其他大數據庫一樣並不完美，有時也會出現紕漏：「犯罪地圖顯示，英國漢普郡樸茨茅斯的薩里街在十二月有一百三十六件犯罪，包括搶劫、暴力和反社會行爲……但那條不到一百公尺長的街上只有一家酒吧、一座停車場和一棟公寓。」[10]看來那條街不是人人避之唯恐不及，就是數據哪裡出了問題。

然而，撇開數據錯誤不談，犯罪地圖這個構想還有更曲折複雜的一面，和暗數據與反饋有關。而這部分會被人察覺，是因爲英國直線保險集團（Direct Line Insurance Group）做了民調指出：「有一〇%的英國民眾表示，他們絕對不會或可能不會報案，因爲這樣案件就會顯示在線上犯罪地圖上，可能讓他們以後較難將房子賣掉或出租，甚至會影響房價。」[11]換言之，犯罪地圖很可能顯示的是哪裡的人比較願意報案，而非案件確實發生在哪裡，兩者並非同一回事。因此，依據這樣的數據做決定，很有可能做出偏頗的選擇。

關於反饋的最後一點，就是泡沫背後的關鍵心理推手，其實是我們之前提過的確認偏誤。確認偏誤會讓我們潛意識尋求支持自己看法的資訊，並忽略不支持自己看法的數據。而金融世界就和其他領域一樣，人們往往樂於見到支持自己想做或已經做出的決定的資訊。

學術界借用「回聲室」這個來自聲學的名詞，指稱會不斷自我反饋加強的信念、態度與意見。在社群網路世界中，這種反饋會放大邊緣信念，導致極化與偏激。箇中原理非常簡單：某人說了某件事，被其他人看到並加以轉述，最後又傳回最初的發言者那裡。這人不曉得這就是自己當初的發言，於是心想：「看吧，我就知道！其他人的想法跟我一樣！」

從假事實、假新聞到離譜的陰謀論，有許多都是靠著這個過程大力流傳。通常這樣的反饋迴圈都是無心造成的，讓謠言愈傳愈快。確實有些人會刻意利用這套機制散播假資訊，也有政府藉由此種作法顛覆其他政權或製造混亂，阻撓對方合作。不用說，以這種手法刻意製造錯誤或偏頗的資訊，比起單純隱藏事實或將事實變爲暗數據，可能造成更大的傷害。

資訊不對稱

資訊不對稱（information asymmetry）泛指兩方之中有一方比另一方持有更多資訊的狀況（**DD-T12：資訊不對稱**），反言之就是某些數據對其中一方是暗數據。這一點顯然對協商或衝突不利。以下來談談幾個例子。

一九七〇年，諾貝爾經濟學獎得主喬治・艾克羅夫（George Akerlof）發表了一篇論文〈檸檬市場：品質不確定性與市場機制〉。這標題取得非常精彩。艾克羅夫用了一個漂亮的寓言，來解釋資訊不對稱可能造成什麼惡果。論文中的「檸檬」是美國俚語，專指買來才發現品質欠佳或有瑕疵的二手車；而「水蜜桃」則是指品質良好、功能正常的二手車。

二手車買家無法事前得知自己買的車是好是壞。其他條件相同下，一輛二手車是檸檬或水蜜桃的機率各占一半，因此買家只肯以平均價格買車。但賣家知道這輛車是檸檬或水蜜桃，而且絕不會用平均價格售出水蜜桃，因此會抓著水蜜桃不放，只賣檸檬。當買家發現自己只會買到檸檬，就會壓低出價，結果讓賣家更不願意出售水蜜桃。事情就這樣負面循環下去，最後導致水蜜桃車主退出市場，而市場上的二手車價格和品質都變差。

情況惡化到最後，二手車市場可能整個崩盤，徹底瓦解。

不對稱資訊往往是軍事衝突的關鍵。例如一方更清楚另一方的佈陣，就能取得壓倒性的優勢。許多情蒐戰略都是源自這個原理，像是派遣斥候先去打探敵情、使用無人偵察機、衛星攝影和竊聽等。

間諜也是如此。敵對的雙方會互相刺探彼此試圖隱藏的數據，只要掌握這些暗數據就能重創對方。二〇一〇年，本名布萊德利・曼寧（Bradley Manning）的雀兒喜・曼寧（Chelsea Manning）將大量機密資料外流給維基解密，結果造成不少政治異議分子和其他人士身陷險境。

人們有時會設立規範以遏止不對稱的資訊。對於金融世界，政治經濟學家艾強・魯令克（Arjan Reurink）這樣表示：「爲了提供市場資訊，改善資訊不對稱問題，所有已開發金融市場的監管機關都訂立了**揭露規定**，作爲市場規範的基石。這些揭露規定要求金融工具發行者與金融服務提供者，向市場及交易對手及時揭露所有的相關資訊，並確保所有市場參與者都能取得這些資訊。」[12]換句話說，這些規定旨在強化**透明度**，將原本會成爲暗數據的資訊公開於世。

總之，本節的重點在於千萬要小心不對稱資訊，隨時問自己：**對方**是不是知道什麼是**你**不知道的？

逆選擇與演算法

微軟研究院的里奇．卡魯安納（Rich Caruana）和研究同仁舉過一個例子，某家醫院利用機器學習系統預測肺炎病患死於該疾病的機率。這套系統通常相當準確，除非病人不只罹患肺炎，還有氣喘病史。[13]這時它預測的死亡率就會比單純罹患肺炎的病人低。這項發現顯然令人意外，而且違反直覺。爲何多了一個呼吸困難的毛病，肺炎反倒可以好轉？就算這是天大的發現，有某個未知的生物機制導致氣喘可以防止肺炎，也著實令人吃驚。但話說回來，這也可能表示其中隱含未知的暗數據，誤導了我們，使我們得出不可相信的結論。

其實，只要仔細瞭解，就會發現機器學習系統**真的**錯了，而它會做出那樣的判斷，確實是暗數據害的。原因說來一點也不奇怪：擁有氣喘病史的患者是高危險群，往往會被送進加護病房接受一級治療。由於一級治療遠優於普通治療，反倒降低了這些患者死於肺炎的機率。機器學習系統不曉得這些患者接受了不同的治療，只看到罹患氣喘的肺炎患者死亡率降低，自然會建議醫師讓這些「低風險」患者出院休養。

這裡的問題關鍵在於，機器學習演算法並沒有見到所有的相關數據。在上述的例子，機器學習演算法根本不曉得氣喘病患會接受不同的治療。但演算法接觸到扭曲數據的情形其實無所不在，而且後果嚴重。接下來我們還會看到，這些慘重的後果有時完全出於好意。

我們在本章開頭就提到，許多國家都公開立法禁止保險公司針對特定族群進行差別或歧視待遇。以英國爲例，二〇一〇年政府頒布平等法，決定「採取措施，要求各部會大臣及其他政府單位做策略決策時，必須考量政策能否降低社經不平等……防止民眾因此受害；並責成相關單位執行業務時，消除歧視及其他明令禁止之行爲……以促進機會平等……」

平等法接著定義何謂「直接歧視」（direct discrimination）：「當甲方出於乙方的特定特徵而給予乙方不及一般人的待遇，即爲甲方歧視乙方。」法條還詳述幾項特定特徵，包括禁止基於族群（如性別或種族）而給予不平等待遇等。至於「間接歧視」（indirect discrimination），平等法則是這樣定義：「當甲方因爲乙方的特定特徵而對乙方採取歧視性的條款、判準或作法」，即爲間接歧視。

美國也有類似法案，明定某人因對方的特定特徵而給予較差對待時，就屬於「差別待遇」（disparate treatment）；而「差別影響」（disparate impact）則是指看似公平，實則對於某些族群較爲不利的各種作法。

各國認定的特定特徵略有不同，項目包括年齡、身爲或成爲跨性別者、已婚或爲民事件侶、懷孕或產假中、失能、性別重置、種族（含膚色、國籍、原屬種族及國家）、宗教信仰或無信仰、性別和性傾向等。平等法的基本精神就是，特定特徵必須視爲暗數據，不能左右任何選擇或決定。接下來，讓我們舉兩個平等法造成影響的例子。

我們之前提過，信用評分卡是根據統計模型爲申貸者評分，估計對方可能拖欠還款或做出其他違約行爲的機率。這類模型主要依據過去有哪些樣本客戶拖欠還款的數據來推斷。申貸者只要和拖欠過還款的客戶特質相近，就屬於高危險群。不難想見，我們在建立信用評分卡時，自然希望它愈準確愈好，例如，當信用評分卡預測具有某些特質的新申貸者之中有一〇%會拖欠還款，後來果然有一〇%的人拖欠還款；要是拖欠的人高達八〇%，公司營運的麻煩就大了。

爲了提高信用評分卡的準確度，最好是蒐集到什麼數據都用上，不要遺漏任何可能有幫助的資訊。說到這裡，各位讀者可能察覺到問題所在了。想提高準確度，最好不要遺漏前面列舉的那些特定特徵，但法律禁止我們這麼做，而且於理有據。我們不能將那些特徵納入決策過程中。

想繞過這項限制當然有辦法，例如不能納入年齡，或許就納入和年齡高度相關的特質作爲代替。但立法機關很清楚這麼做等於大開後門，讓那些特定特徵溜回到信用評分卡中。美國國會的一份報告便指出：「根據特地爲了這項研究而設計的模型所得出的結果……某些信用特徵其實足以部分取代年齡。」而且，「由於這些特徵足以部分取代年齡，使得年長者的信用評分略爲偏低，年輕者的信用評分較高。倘若這些特徵不能部分取代年齡，就不會出現這個效果。」[14]

爲了避免這種暗渡陳倉的方式，監管機關除了禁止直接使用特定特徵，也可以禁止使用和特定特徵相關的變項。可惜的是，這樣做會有兩個問題。

首先，國會報告進一步指出：「分析顯示，爲了減低上述效果而從模型中去除這些（和年齡相關的）信用特徵，必須付出代價。因爲這些特徵除了能取代年齡，還有很強的預測力。」換句話說，從信用評分卡中去掉這些相關特徵，很可能會犧牲可用且有用的資訊。

其次，其實幾乎所有事物都多少彼此相關，至少就人的事務來說確實如此。因此去掉這些特徵，最後很容易失去所有的預測力，得出一個將所有人歸爲同一類的信用評分卡。所有人不是「高風險」，就是「無風險」。

第三點更重要。就算我們有辦法移除性別，以及所有和性別相關的特徵，模型給出的男女預測結果顯示平等，也只是根據模型所使用的**那些**特徵，男女會得到相同的評分。但事實上，女性的風險就是比較低：在其他條件相同的情況下，女性比較不會拖欠還款。換句話說，硬是讓數據相同的男性與女性得分相同，反而會高估女性拖欠還款的機率、低估男性拖欠還款的機率，連帶影響女性和男性應付的保費，進而對女性不利，對男性有利。你可能認爲這很難稱得上公平。

那就得看你說的「公平」是什麼意思了。

美國一項調查顯示，男性的平均信用評分爲六百三十（滿分八百五十），女性爲六百二十一。男女之間的差別至少部分來自族群差異，譬如男性平均薪資較高，因爲薪資是納入評分的項目之一。芝麻信用（Credit Sesame）的策略長史督．蘭吉爾（Stew Langille）針對這項調查表示：「調查顯示男性和女性的信用評分差距不大，這算得上是好消息，然而給人的感覺卻不是很公平。」

信用評分不是這類暗數據唯一會出現的情況。保險和信用評分的結構相同，目標都在打造統計模型來預測某些事件的發生機率，如死亡、生病和車禍等。但和信用評分不同，歐盟境內的保險預測直到十多年前都沒對數據設限，凡是能讓人做出最佳預測的數據都能使用。但就如本章開頭提到的，歐盟二〇〇四年頒布了性別指令，以消弭性別歧視。該指令要求歐盟境內的保險公司不得根據性別來決定保費及理賠金額，性別必須如同在信用評分裡一樣，以暗數據處理之。

然而，歐盟的性別指令設有逃脫條款，允許「當基於正確的事實及統計數據、性別爲判斷風險之有效因素時，得依性別對個人保費及保險福利做出適度差異」。因此，在保險模型中，即使男性和女性的其他特徵相同，只要數據顯示男女風險不同，保險公司依然可以對男性和女性收取不同的保費。

這麼做用意良善，並且採用了之前討論過的其中一種「公平」的定義。但二〇〇八年比利時憲法法院接到一起訴訟案，原告主張逃脫條款不符合男女公平對待原則。經過漫長的法律攻防，最終歐洲法院於二〇一一年三月裁定，逃脫條款自二〇一二年十二月廿一日起失效。因此，即使數據顯示其他條件相同下、男女風險不同，依性別收取不同保費也是違法行爲；即日起，性別必須以暗數據處理之。

以汽車保險爲例，女性之前保費較低，因爲數據顯示女性較少發生車禍。但法律修改之後，這類保費差異就不再被允許。英國《電訊報》二〇一三年元月廿一日以表格顯示了修法造成的影響。[15] 修法前，男性（風險較高）平均保費爲六百五十八英鎊，修法後變爲六百一十九英鎊。反觀女性修法前平均保費爲四百八十八英鎊，修法後變爲五百二十九英鎊。風險最高的十七至十八歲組，男性平均保費由兩千兩百九十八英鎊下降到兩千一百九十一英鎊，女性則從一千三百零七英鎊躍升爲一千九百六十五英鎊。

不僅如此，保費調整還代表風險較高者（即男性）會發現自己更容易買到保險，於是更可能開車上路，風險較低者（女性）則恰好相反。這怎麼可能對社會有利？這種情況再次跟我們對「公平」的定義有關。

一般而言，保費高低是依據我們對某一不良事件發生機率的估計而定，例如某人發生車禍或生病，需要申請理賠。這些風險估計都來自過往的數據。以健康爲例，人可以按照特徵（年齡、性別、身體質量指數和病歷等）分類，而數據能夠告訴我們，每個族群中擁有相同特徵者生病的比例。根據這些比例，我們就能推算一個人如果屬於某個族群並擁有這些特徵時，他未來生病的機率有多高，並且依據這個機率決定要保人該付多少保費。凡屬同一類者，都要繳交同額保費，因爲計算顯示他們擁有相同的生病機率，而精算師的工作就在計算這些數字。

然而，我們現在來檢視時間對這群人的影響。他們會以不同的方式改變，有些人體重會增加，有些人會戒菸，還有一些人會止付保費，選擇退保等等。因此，群體裡每個人的生病風險會改變，而且改變的方式不同：有些人會比群體的平均生病機率更不容易生病，有些人則是相反。有些人會更難申請理賠，有些人則是會更容易。

較少生病的保戶會發現，因爲自己身體不錯，更換保險公司可以減少保費，而風險高的保戶則繼續支付原保費。當數據逐漸累積，保險公司發現高風險保戶支付的保費無法負擔理賠金額，便會提高保費。如此反覆循環，最後陷入所謂的保險「死亡螺旋」，費用不斷加高。還記得喬治・艾克羅夫的檸檬車市場嗎？

問題的關鍵在於保險依據的是**平均**，所有歸於同一類的人風險都視爲相同，其實不然。將所有人一視同仁，其實是將每個人的離均差視爲暗數據（**DD-T9：數據的摘要**）。

用平均取代數據，是匯總或摘要讓數據變得模糊的例子之一。這不是假設或理論上的現象。接下來，就以美國二〇一〇年簽署生效的「平價醫療法案」（Affordable Care Act，經常被稱爲歐巴馬健保）爲例說明。

平價醫療法案當中有一則條款，一般稱爲「個人強制條款」（individual mandate），要求每位美國人除非有特殊狀況，否則都該購買健康保險。根據這則條款，生病風險不高、不大可能需要昂貴醫療的健康美國人也被包括在內。於是平均而言，全體保戶的生病風險都被拉低了。換言之，保費也能跟著降低。然而，美國參議院二〇一七年通過法案，移除了這則條款，從此不是所有人都必須購買健康保險，至少從二〇一九年開始就不再需要——這些法條修改的生效時間要看當初的頒布時間而定，除非中途又有人修正！因此，我們可以預期風險較低的美國民眾退保比例，會遠高於風險較高的民眾。這將導致平均診療次數上揚，醫療支出提高，進而使保費提高。事實上，美國國會預算局就預測，個人強制條款移除後，二〇二七年以前會有一千三百萬人退出健保，導致保費每年提高一〇%。有些人不同意這個數字，例如標準普爾公司的預測值就比較低，估計十年間會有三百至五百萬人退出健保。不論如何，前景都不樂觀。

問題不只如此。譬如美國的**保險公司**可能選擇不參與健保。這也可能造成逆選擇，進而影響數據和整個保險系統。本書撰寫期間，局勢仍在變化，讓人好奇最後會如何發展。

本章討論了歧義和法規監管如何遭到玩弄，測得的數據值如何影響數據產生，不對稱資訊如何利於某一方而不利於另一方，以及暗數據的這些面向如何影響演算法。這些問題已經夠麻煩了，更糟的是它們還可能聯手出擊，保險死亡螺旋就是典型的例子。然而，操弄規則是一回事，**刻意**編造數據又是另一回事了。這將是下一章的主題。

6 刻意爲之的暗數據：詐騙與詐欺

詐騙

有些詐騙者很有名。維克多・拉斯提（Victor Lustig）和艾菲爾鐵塔毫無關聯，他還是照賣不誤。一九二五年，他找來一群廢鐵商，跟他們說由於維護經費過高，巴黎市決定將艾菲爾鐵塔當成廢鐵出售。這個說法並不離譜，因爲鐵塔當初只是暫時之舉，爲了一八八九年的巴黎博覽會而建。拉斯提神色自若地解釋道，出售鐵塔肯定會引來民眾抗議，因此必須保密，直到簽字爲止。他用僞造文件證明自己是法國郵政電報副部長，帶著廢鐵商到鐵塔瀏覽一番，然後要他們出價，藉此鎖定了一個冤大頭——安德烈・波阿松（André Poisson）。他安排自己和波阿松私下會面，刻意假裝自己有意收賄，讓對方拿下鐵塔，結果順利騙過了波阿松。賄款和鐵塔購買金到手後，拉斯提便潛逃到奧地利，後來世人都稱他爲「賣掉艾菲爾鐵塔的人」。

這起眞實事件是層層欺騙的經典之作，事情的眞貌被隱藏起來（**DD-T13：刻意弄暗的數據**）。不僅如此，連波阿松本人也加上一層欺騙：他覺得自己上當實在太過丟臉，因此死也不肯向外人透露。

拉斯提還做過一件很有名的事，就是「印鈔機」事件。他宣稱自己有台機器可以印製百元鈔票，並且找來買家當場用機器緩慢印了兩張紙鈔，讓買家都信了。可惜等到買家發現百元鈔只是從機器裡直接吐出來的眞鈔時，拉斯提早就拿著出售機器賺得的三萬美元逃之夭夭了。而受害者根本不敢報警，說他們因爲想買印製假鈔的機器而被騙。這起事件同樣涉及層層欺騙，每層欺騙都隱藏了事實眞相。

從拉斯提的這兩次騙人事件可以看出，詐騙的關鍵在於隱藏有關實情的資訊，也就是隱藏數據。但這類欺騙能得逞，往往還有賴於人喜歡驟下判斷，懶得辛苦評估證據、仔細檢視數據的天性。諾貝爾經濟學獎得主丹尼爾・康納曼（Daniel Kahneman）對人的這種傾向做過深入研究，並將成果寫進了暢銷作《快思慢想》（*Thinking, Fast and Slow*）。他將思考分成**系統一**和**系統二**，前者迅速、直覺、隨情緒而異，後者緩慢、仔細、遵循邏輯。系統一思考讓我們得以迅速回應多變的世界，當即做出希望是對的判斷。然而驟下判斷可能出錯，並且會受本書第二章提到的各種潛意識偏誤影響。反觀系統二思考則會檢視證據，權衡事實，並且在仔細評估過正、反方證據之後，才會做出結論。這種思考會考慮「數據並非表面上那樣」的可能，知道數據可能有所遺漏。

根據《新牛津英語詞典》，「詐騙」的定義是爲了取財或個人利益而做出的錯誤或違法的欺騙行爲。雖然詐騙的目的往往是金錢，卻不盡然如此，也可能是爲了權力、名聲、性關係或恐怖攻擊。而且很不幸，所有人類活動都會出現詐騙。我們接下來會看到，詐騙在金融交易領域無所不在，從信用卡盜刷到金融市場的內線交易，不勝枚舉。詐騙還出現在仿冒行爲中。仿冒的目的在於隱藏眞貌，讓我們誤以爲仿物就是本尊，從紙鈔、藝術品、藥物到手提包或衣服之類的消費品都有可能。詐騙發生在網路世界中，也發生在文學裡，亦即剽竊。詐騙還發生在選舉時，希望隱藏眞實的投票結果，以便奪權或繼續抓住權力。本書第七章會提到，連科學也會出現詐騙。動機可能是追逐名望，甚至只是強烈相信「我是對的」，即使難以找到扎實的數據支持自己。

維若妮可．凡．弗拉瑟拉爾（Véronique Van Vlasselaer）和她的研究同仁，也對詐騙另外下了定義。他們在討論美國社會安全卡詐騙的偵測工具時，將詐騙定義爲「異於平常、出於精心設計與組織、與時俱進、目的在掩人耳目的犯罪行爲」。[1] 其中「掩人耳目」這一點，再次凸顯了詐騙的暗數據特性：詐騙者會試圖掩藏行事軌跡，至少掩藏一段時間。巴特・貝森斯（Bart Baesens）等人在《詐騙分析》（*Fraud Analytics*）書中同樣提到這一點：「詐騙者經常竭盡可能融入環境之中。這讓我們想起部隊和變色龍、竹節蟲之類動物常用的僞裝技巧。」[2]因此，詐騙不是人類獨有的活動。事實上，這類行爲在動物世界相當普遍，從貝森斯提到的那些昆蟲到斑紋虎和裝飾蟹都是如此（利用周遭環境的材料來僞裝自己，雀鳥也會用這一招）。有些動物則是反其道而行，用凸顯的方式來隱藏自己，例如無毒的王蛇會模仿有劇毒的珊瑚蛇的環狀紋來欺騙捕食者。

詐騙據信是目前最普遍的犯罪。《二〇一六年度英格蘭和威爾斯犯罪報告》指出：「根據最新的〔英格蘭和威爾斯犯罪調查〕估計，二〇一六年度犯罪事件共有五百八十萬起……但這個數字並未包含詐騙和電腦濫用……若納入這兩項違法行爲，二〇一六年度犯罪事件總數估計達到一千零八十萬起。」[3]光是詐騙和電腦犯罪的數量，就等於其他犯罪的總和。二〇〇七年，（偵查到的）電子商務詐騙金額爲一億七千八百萬英鎊，到了二〇一六年已經飆至三億八百萬英鎊。二〇〇九年，我和我當時的博士生戈登・布朗特（Gordan Blunt）針對英國所有的詐騙事件估計數據進行整合分析，發現詐騙金額的估計值在七十億至七百億英鎊之間，視詐騙如何定義而異。[4]

由於網路的跨國特性，詐騙事件增加顯然不是英國獨有的現象。美國聯邦貿易委員會在《消費者哨兵網路數據簿》（*Consumer Sentinel Network Data Book*）報告中指出，美國二

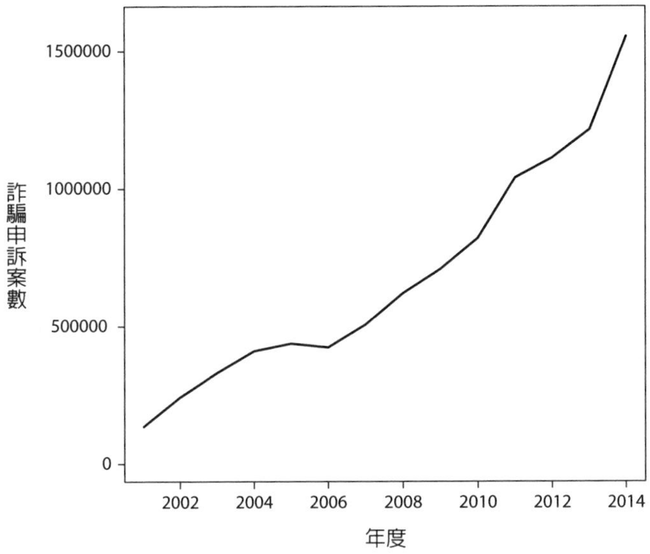

圖五：二〇〇一至二〇一四年消費者詐騙申訴案件數。

〇〇一至一四年的詐騙申訴案明顯增加，[5]從圖五可看得一清二楚。

詐騙裡的暗數據有兩個面向：詐騙者會隱藏自己的眞實身分和事情的眞實面貌（好比拉斯提和廢鐵商的例子），而我們則是會隱藏某些數據（如密碼）以免被騙。這兩個面向彼此互補，本章探討的是第一個面向，從層出不窮的案例裡挑幾個來解釋，下一章將探討第二個面向。

身分盜竊與網路詐騙

一九九三年，美國《紐約客》雜誌刊登了彼得・施泰納（Peter Steiner）的一幅漫畫。這幅有名的漫畫後來風行全球，畫裡的兩隻狗坐在電腦前，其中一隻狗對另一隻說：「網路上沒有人知道你是狗。」網際網路讓人輕鬆就能隱藏身分，使得詐騙的出場機會大增。此外，網際網路也讓占用他人身分變得非常容易。這就是身分盜用。

網際網路讓挖掘個人資訊變得非常容易，惡徒得以輕鬆假扮他人。然而，這種欺騙行爲並非始於網路。事實上，「身分盜竊」一詞最早出現在一九六〇年代。網路出現之前，取得個人隱私的方法包括打電話（這是網路發明前最常用的手段）和「垃圾桶挖寶」，也就是翻找某人的垃圾，從丟棄的帳單和薪資單中挖掘資訊。網際網路出現，不代表這些舊方法就沒人用了。電話詐騙依然猖獗，詐騙者經常誘使受害人撥打假的銀行電話，開開心心報上密碼和其他個人資訊，藉此詐取金錢。

另一個早年常見的身分盜竊手法是「豺狼末日」詐騙，名稱來自弗列德里克．福塞斯（Frederick Forsyth）的同名暢銷小說。詐騙者首先取得某位死者的出生證明，再藉此取得護照之類的身分證明文件。儘管身分被盜者不會直接蒙受其害，惡徒卻可以輕鬆利用假身分從事各種惡行。三十九歲的傑拉德．杜飛（Gerald Duffy）便是這樣偷了一九七二年死於車禍的三歲男童安德魯．拉賓（Andrew Lappin）的身分，到銀行開戶取得了信用卡。

另一個更詭異的例子：紐西蘭國會議員兼律師大衛．蓋瑞特（David Garrett）利用一名死去男童的出生證明取得了護照，卻辯稱自己是因爲讀了福塞斯的小說，想知道是否眞有其事，所以偷了男童的身分，一切只是惡作劇。

網際網路出現前，取代已死之人（甚至人還是你殺的）似乎是竊取身分的常見手法，所以我們或許應該感謝網路，讓壞人少了一個殺人的理由！

孩童身分盜竊特別麻煩，因為可能要很久之後，甚至到孩童長大了才會被發現。《紐約時報》就曾報導蓋布里耶．希門內斯（Gabriel Jimenez）的案例。[6]蓋布里耶十一歲那年擔任模特兒，母親為他報稅時發現稅竟然已經報過了，追查後才知道是一位非法移民盜用了蓋布里耶的社會安全碼。反過來說，隱藏身分也可能被歹徒用來誘拐天眞的孩童。

二〇一七年，標槍策略與研究公司調查了身分詐騙的嚴重程度，發現二〇一六年美國有六%的消費者遭到身分詐騙，總數約為一千五百萬人。[7]保險資訊研究所針對美國各州的身分盜竊案件製作了一份表格，[8]指出二〇一六年的前三名（或許該說倒數三名，因為這三州發生最多身分盜竊事件）分別為密西根（每十萬人一百七十六起）、佛羅里達（每十萬人一百六十七起）、德拉瓦（每十萬人一百五十六起）。夏威夷的身分盜竊申訴量最少，每十萬人只有五十五起。

每年都有新的身分竊盜事件發生，數據盾公司的網站上甚至列出了「史上五大身分盜竊事件」。[9]當然，符不符合史上前五大，完全看判斷標準而定，但不論如何，這五起事件都令人怵目驚心。例如菲利浦．康明斯（Phillip Cummings）案，他從前公司竊取了三萬三千個帳號及密碼轉賣給罪犯，造成受害民眾五千萬到一億美元的損失。還有麥爾坎・伯德（Malcolm Byrd）案，身爲兩個孩子父親的他因爲持有古柯鹼遭到逮捕，入獄服刑一段時間後，警方才發現他的名字遭到盜用。

身分盜竊說到底就是假扮他人，隱藏自己、改用他人的身分，而且往往必須盡可能保持低調，甚至絕不在詐騙對象面前出現。但也有例外。二〇一八年三月四日，英國《週日泰晤士報》報導，約會網站Zoosk有一位名叫馬丁的丹麥裔美國人，五十八歲，喪偶，相片和個人資料顯示他外表迷人，是單身女性的理想對象。妙的是，另一個約會網站Elite Singles有一位名叫克里斯提安的離婚男子，他的相片及個人資料簡直和馬丁一模一樣。還有臉書上一位名叫塞巴斯提安的男人，也和馬丁像到極點。其實，這些相片和個人資料全都出自同一個男性，四十六歲的史帝夫・巴斯汀（Steve Bastin）。史帝夫婚姻美滿，從來不曾造訪這三個網站。某人大費周章拿史帝夫的相片和生活經歷七拼八湊，我想可能比從頭編造一個身分來得簡單吧。不少女性中了圈套，至少被騙了一小段時間。遺憾的是，這類騙子並不少見，新聞經常報導這類上當事件，受害者通常是女性，往往給了詐騙者一大筆錢，不是讓對方去動子虛烏有的手術，就是幫忙調頭寸，直到對方拿到遺產或談成生意，結果根本沒那回事。

你可以將身分盜竊想成某人取用你想保密的個人資訊，除了對你和你所使用的服務以外，這些資料對其他人而言**應該是**暗數據。當這些暗數據浮上檯面（或許被人偷了），就會遇到身分盜竊的問題。因此，不是所有暗數據都是壞事。本書第九章將分享哪些方法可以確保你想保密的數據不被搜出，也會介紹各種你可能遭到身分盜竊的跡象，例如未訂購商品或服務卻被扣款、拿到未申請的信用卡或收到信用評分查詢通知，以及較明顯的徵兆，如戶頭少了錢。

如今，銀行和其他金融機構偵測可疑交易的方法都非常有效，只是不可能完美，永遠會受人爲因素的影響。我有一位同事相信自己的賓士轎車不可能被偷，因爲那輛車擁有最先進的防盜科技，從電子安全鎖、攝影機到GPS追蹤器應有盡有，結果還是在開門上車時被歹徒搶了。

上面這些例子全是身分盜竊，但網路詐騙五花八門，無奇不有，全都涉及隱藏資訊，其中一種你可能也遇過，那就是「訂金詐欺」。

訂金詐欺是用電郵向被害人保證，只要他們協助交易，就能拿到一大筆報償。而交易需要預付一筆費用，以繳納遞送費或交易手續費。但被害人繳費後，對方又會索討其他費用，直到被害人懷疑這是詐騙爲止。這類詐欺行爲最有名的例子，應該是奈及利亞四一九詐騙，其中「四一九」典出奈及利亞刑法法條。通常受害者會收到電郵，請求協助從某個非洲國家轉出一筆巨款。全球受騙總金額，各家機構估計稍有不同，最高可達三十億美元，全是靠隱藏及誤導資訊得逞。

個人理財詐騙

我過去研究詐騙偵測，尤其是金融詐欺。有一回參加銀行會議，我發表演講介紹偵測信用卡詐騙的方法。演講完後，一名資深銀行家上前說道：「我的銀行從來沒發生過詐騙。」事後我左思右想，覺得最可能的解釋就是他這麼說是在開玩笑。但也有可能是他刻意站在銀行的立場發言，並未期待我信以爲眞。畢竟要是外界得知他的銀行曾經發生詐騙，而且損失慘重，很可能有損銀行的信譽。至少對他來說，不提詐騙（也就是隱藏數據）有其好處，即使對客戶不盡然如此。當然還有第三個可能的原因，那就是他沒察覺自己的銀行其實發生過詐騙。這個原因更令人不安。或許他眞心相信沒發生過詐騙。換句話說，至少對他而言，數據確實是隱藏著。倘若眞是如此，那就令人擔心了，因爲所有銀行都吃過詐騙的苦頭或遇過有人企圖行騙。

艾強．魯令克對金融詐騙的定義，清楚點出暗數據在其中扮演的角色：「金融市場參與者出於蓄意或輕忽，以違反法規（包括監管規則、成文法、民法及刑法）的方式，在金融商品、服務或投資機會方面，提供錯誤、不完整或誘導性的資訊，致使其他參與者誤判或受誤導的行爲與發言。」[10] 儘管魯令克談的是金融市場，但「誤判」、「誤導」、「錯誤」和「不完整」這些詞彙，都是暗數據的標準特色。

金融詐騙的種類千變萬化，只要犯罪者想得到就做得出來。但所有金融詐騙都是藉由隱瞞眞相來誤導他人。想瞭解各種金融詐騙如何誕生，不妨從個人層面說起，也就是信用卡或金融卡詐騙。

電子支付技術不斷推陳出新。原本需要印製塑膠卡，加上個人簽名，後來改成將用戶資料儲存在卡片磁條中。到了十年前在歐洲，還有這幾年在美國，又改成塑膠卡嵌入晶片，加上用戶自行設定並默記的**個人識別碼**（PIN），最近小型交易更開始採用所謂的感應式支付——藉由射頻辨識或**近場通訊**（NFC）技術，消費者只要將卡片或手機等設備輕觸讀卡機，即可完成交易。由於不需要證明卡片確實爲持卡人所有，只要盜走卡片就可以竊取金錢（儘管額度不高），直到信用卡止付爲止——通常進行幾次交易之後就必須輸入PIN碼。

信用卡號和個人識別碼，都屬於你希望只有某些人或機器知道、但數據竊賊亟欲盜取的暗數據。卡片本身不值得偷，重要的是卡片上儲存及交易所需的資訊，而數據竊賊通常使用特定技術（如**信用卡側錄機**〔skimmer〕，只要掛在支付終端，就能讀取所有支付終端使用者的數據）和**社交工程**（social engineering，例如誘騙受害者透露PIN碼）來取得這些資訊。瞭解這些手法，能幫助你想出一些技巧降低受騙機率，譬如不讓陌生人看見你輸入PIN碼或將你的信用卡拿到你視線之外的地方。

信用卡詐騙種類不少，每當有新的防範技術問世，各種詐騙手法的重要程度就會重新洗牌。重點是儘管新的偵測防範方法或許能嚇阻某些不法之徒，卻無法嚇阻所有人，遑論組織犯罪。因此，引進偵測某種詐騙手法的工具，很可能導致其他詐騙手法增加，這就是「水床效應」——抑制某地區的犯罪，可能導致其他地區的犯罪增加。當年英國率先採用晶片及個人識別碼，之後才引入歐洲，結果就產生了這種效應。英國國內的信用卡盜刷率下降，法國的信用卡盜刷率卻提高，因爲卡片資訊統統傳到英吉利海峽的另一岸去了。

無卡支付（card not present transaction）是最常見的信用卡詐騙手法之一。顧名思義，無卡支付就是透過網路、電話或郵購進行的遠端交易，無須信用卡或持卡人在場。由於這類交易風險較高，不難理解當你透過網路在沒造訪過的網站購物時，通常會啓動安檢機制，好讓賣家降低看不到買家帶來的風險。

遺憾的是，由於人類的劣根性，科技再進步也無法終結詐騙行爲。你可能遇過朋友同事發電郵來向你求救，說他在國外錢包和證件被偷了，希望你匯錢給他、讓他回國。或者你曾經遇到**網路釣魚**（phishing），被看似可信的電郵誤導，上網連到和你銀行或信用卡網站長得一模一樣的假網站，輸入自己的信用卡資訊。不幸的是，詐騙者與防範者的對抗就像是道高一尺、魔高一丈，彼此功力愈來愈強，卻永遠誰也贏不了誰。不久前，許多電郵詐騙還很好識破，因爲拼字和文法經常出錯，但現在文法好多了（雖然有人認爲拼字出錯是故意的，因爲看不出拼字有錯的人比較好騙，但我覺得這有點太高估詐騙者的本事了）。

業者每次推出新科技，目的都在提高安全度，讓客戶更方便使用，但兩者有時會互相衝突。例如，卡片從磁條改爲晶片導致交易速度稍微變慢，有時會讓沒時間的消費者感到不耐。服務只要太麻煩，客戶就會流失，而且過程中有不少層面都會遇到這個問題。密碼、雙鍵識別和生物辨識（指紋、虹膜及聲音）都能防止帳戶資料被詐騙者盜取，卻也必然降低帳戶的使用便利度。除了這些麻煩，銀行要是偵查到可疑的詐騙行爲，還會用電話詢問用戶是否進行了該筆交易。這個作法多少管用，而且知道銀行努力保護客戶也令人安心，但太常接到電話，久了也很令人困擾。

金融市場詐騙與內線交易

二〇一一年，任職於瑞士銀行英國環球合成股票業務部的迦納籍交易員克威古・艾多波力（Kweku Adoboli）進行了一筆違規交易，造成了二十三億美元的損失。這是英國史上金額最高的違規交易損失，不過還不是全球最高。一九九〇年代，日本住友商社的首席銅期貨交易員中泰男進行了未經授權的交易，導致公司損失二十六億美元。其實過去還有金額更高的損失，只是不全然出於暗數據及意圖犯罪。二〇〇〇年代初，美國摩根史坦利公司的霍華德・胡布勒三世（Howard Hubler III）從事風險極高、但全屬合法的次級房貸交易，造成公司損失了將近九十億美元。雖然有時出事是因爲機運或風險，但胡布勒確實隱瞞了資訊，告訴同事公司財務狀況相當穩固，以致同事受到了誤導。

當然，有些惡棍交易員（rogue trader）從一開始就打算詐騙，但絕大多數出事交易員似乎並非如此。他們起先可能只是受到公司文化驅使，爲了賺錢進行超過授權範圍的交易。接著當他們開始賠錢，卻不願認賠回復原來的持股量，反而加碼進場，希望之後情況好轉，不會有人察覺他們進行了違規交易。於是風險不斷累積，雪球愈滾愈大，迫使他們進行更多明顯屬於詐騙的交易，就這樣一去不回頭。英國交易員尼克・李森（Nick Leeson）的違規交易不僅導致霸菱銀行損失了十億美元，更使得這家兩百年歷史的老牌投資銀行就此倒閉，便是最好的例子。

這些損失動輒上億，可能讓你對數字大小沒了概念。套一句經常被人誤認是美國伊利諾州參議員艾佛瑞特・德克森（Everett Dirksen）所說的話：「左一個億、右一個億，很快你就以爲眞的有那些錢了。」因此，讓我來幫各位想像一下十億美元是多少。根據美國普查局，美國國民二〇一六年的個人所得中位數爲三萬一〇九九美元。因此，摩根史坦利公司九億美元的損失，就相當於三十萬名美國人的年均所得。

所謂**內線交易**，是指在股市進行金融證券交易時，使用機密資訊取得不當利益。這裡所提到的「機密」代表公眾不知道，因此是暗數據，同時也是本書第五章提到的不對稱資訊

（DD-T12：資訊不對稱），因爲交易一方知道這些資訊，另一方卻不知道。

不難想見，偵測內線交易有時非常困難。重點在找出異常的行爲模式，比如某人多次於公告前及時做出可疑的交易等等。

歷史上最有名的內線醜聞案主角，是美國人伊凡．博斯基（Ivan Boesky）。一九七五年，博斯基成立伊凡博斯基公司，專攻企業收購的投機套利，結果大獲成功，短短十年就創造了兩億美元的財富，還登上《時代》雜誌封面。但博斯基於一九八〇年代連續多次準確命中企業收購案的結果後，便引來了美國證券交易委員會的注意，因爲他的交易時機似乎準確得驚人，往往就在股價因收購而飆漲前大買股票。事後證明，他能有這般表現，不是因爲料事如神或擁有超強的演算法，而是賄賂了投資銀行的員工，要他們提供收購資訊。換句話說，博斯基是靠著應該保密的暗數據而得利。他後來被罰了一億美元並入獄服刑，而電影《華爾街》裡的戈登．蓋柯（和蓋柯的片中名言「貪婪是好事」）顯然有部分靈感取擷於他。

不是所有內線交易金額都和博斯基案一樣大。澳洲證券經紀人雷恩．瑞福金（Rene Rivkin）有一次和衝勁航空董事長蓋瑞．麥高文（Gerry McGowan）密談，得知澳洲航空將和衝勁航空合併，便立刻買進五萬張澳航股票，結果只賺得了兩千六百六十五美元——是美元，不是百萬美元。當然，沒能靠詐騙撈到上百萬美元不是減刑的理由，可憐的瑞福金後來被判內線交易有罪，入獄服刑九個月，後來於二〇〇五年自殺。事後調查發現，他雖然被禁止從事交易，還是暗中持續進行。

以上所舉的犯罪實例，都發生在所謂的大數據或資料科學革命之前，因此當局往往得靠吹哨者、其他監管機構或交易所的提醒，才能察覺可疑行爲。但到了大數據時代，機器學習與人工智慧演算法就成了偵測異常行爲或隱匿活動不可多得的利器。二〇一〇年，美國證券交易委員會成立分析偵查中心，每天分析數十億筆交易，從中尋找異常的交易行爲。

中心成立後，已經揪出了許多罪行。例如二〇一五年九月，美國證券交易委員會根據分析偵查中心的調查結果，起訴了兩名律師與一名會計師，因爲他們三人從紐澤西州法馬賽（Pharmasset）製藥公司一名董事那裡取得機密消息，得知董事會正考慮出售公司，於是買進股票。最後這三人和另外兩名被告，同意支付將近五十萬美元的罰款，以換取和解。[11]

內線交易全靠得知別人不曉得的消息。有一種更常見的資訊不對稱就是做假帳，藉由隱藏數據和公布造假的帳目來隱瞞公司的實際狀況。這可能是金融世界裡出現暗數據最普遍的一種情況，包括對現有或可能的投資項目提供錯誤資訊、隱瞞不正當交易以誤導投資人或監管機關、在營收或利潤上造假，以及其他種種謊言。

遺憾的是，這類事件不勝枚舉，安隆就是一個知名案例。二〇〇一年，安隆能源公司宣告破產，是史上數一數二的企業破產事件——事實上，要不是世界通訊公司於隔年破產，安隆會是史上最大的案件。這家公司成立於一九八五年，由聯合北方公司和休士頓天然氣公司合併而成，不久後就由休士頓天然氣公司總裁肯尼斯．雷伊（Kenneth Lay）出任執行長。合併後，安隆成為全球最大的能源、通訊、紙漿及造紙公司，營收超過一千億美元。由於公司業務極其複雜，讓營運長傑佛瑞．史金林（Jeffrey Skilling）和財務長安德魯．法斯托（Andrew Fastow）得以上下其手，利用會計漏洞和另立公司幫助安隆規避財務風險，避免讓董事會察覺公司負債數十億美元。然而，二〇〇一年美國《財星》雜誌刊出報導，表示安隆的營收來源不清不楚，讓人難以理解其股值為何高達營收的五十五倍。接下來，其他疑問逐一浮現，而史金林在某次會議上無端攻擊一名記者，更是產生反效果。史金林辭職下台，起先表示離職是出於個人因素，後來坦承是因為公司股價下跌了五〇%。

二〇〇一年八月十五日，安隆企業發展副總裁夏倫．華金斯（Sherron Watkins）寄出匿名信，向肯尼斯．雷伊警告公司會計有可疑行為，表示：「我非常擔心公司可能爆發一連串會計醜聞。」結果華金斯一語成讖。安隆繼續咬牙苦撐，但投資人信心開始動搖，多家媒體也展開攻擊，質疑安隆營運不透明。二〇〇〇年中至二〇〇一年十一月，安隆股價從九十．七五美元狂跌至一美元，導致股東提起四百億美元的賠償訴訟。雷伊極力掙扎，但安隆的信用評等還是降為垃圾級，最終宣告破產。

我們或許會想，發生這種事應該會讓政府監管機關加強規範，使得公司更難隱瞞營運情況，可惜事實似乎不然。二〇一四年《經濟學人》雜誌刊文警告：「雖然二〇〇一至〇二年安隆和世界通訊內爆之後，不再有會計醜聞登上報紙頭條，然而這並非由於這類醜聞已經消失，而是因爲它已成爲常態。」[12]該文隨即舉了幾個例子，包括西班牙班基亞銀行在二〇一一年股票上市時，誤述財務狀況；日本光學大廠奥林巴斯隱匿數十億美元的虧損；美國殖民銀行二〇〇八年破產；以及印度科技公司薩帝揚帳上浮報現金十億美元等等。這種行爲顯然舉世皆然，不可能只發生在大公司或金額數十億的大型詐騙案上。如果連大型造假醜聞都不再登上報紙頭條，那你覺得規模較小的假帳事件，數目是多是少？

保險詐騙

我們大多數人都沒有遇過洗錢或企業詐騙的經驗，但有一個領域我們都接觸過，而且詐騙事件同樣層出不窮，那就是保險。保險騙子和羅馬神話中的門神雅努斯（Janus）一樣是雙面人：一面是詐騙保險公司，另一面是詐騙投保人。兩者都仰賴隱瞞資訊，差別在於被蒙在鼓裡的人是誰。兩者都可能是刻意爲之，也可能是臨時起意。有些人會將刻意爲之的保險詐騙稱爲「硬」詐騙，將臨時起意的詐騙稱爲「軟」詐騙。

投保人受騙有許多可能，其中一種是爲了根本不存在的保單付保費。投保人要到申請理賠時才會發現受騙，但他可能永遠不會遇到需要理賠的情況。尤有甚者，投保人還可能買到空殼公司賣出的保單。這種暗數據詐騙顯然需要計畫，不大可能臨時起意。可想而知，網路非常適合這種欺瞞伎倆。

「置換保單」（Churning，舊換新）則是另一種向投保人詐取錢財的方法，需要縝密的計畫，進行一連串沒有必要或多餘的交易，每次從中榨取佣金。以保險而言，這可能需要多個保險中介，每個人都榨取佣金。這些交易個別看來都沒有問題，只有擺在一起才會認出這是詐騙。事實上，這種各個部分看似（也確實）合情合理，整體觀之卻是詐騙的手法很難察覺，而且不只是保險業會發生。

某家大銀行曾經請我擔任顧問，研發工具，偵測房貸詐騙集團。因爲只要多人聯手操弄價格，就不是那麼容易當下看出詐騙。（如果你心動了，我可要警告你，現代偵測詐欺的數據挖掘工具愈來愈發達，是很有可能看出詐騙的！）

保險詐騙的另一面，也就是投保人向保險公司詐財，可能比保險公司詐騙保險人更爲常見。要保人時常誤報重要事項，例如過往理賠紀錄、投保前已有的健康狀態或車輛改裝紀錄等，藉以降低保費。此外，我們都聽過有人先替房子保了高額保險，然後把房子燒了。這種詐騙顯然需要計畫，至少需要事前想過。

另一個更極端的例子是投保人詐死或讓別人詐死，以獲得壽險理賠。伊莉莎白・葛林伍德（Elizabeth Greenwood）寫過一本書專講這類詐騙，估計每年都有數百起類似的案件。[13]

這類詐騙通常發生在投保人前往較容易僞造死亡證明的國家旅遊的時候。例如美國佛州傑克遜維爾市的荷西・藍提瓜（Jose Lantigua）就靠著在委內瑞拉假死，拿到了六百六十萬美元的壽險理賠，解決了財務問題。[14]他後來換了名字，在北卡羅來納被捕。英國一對母子也幹過同樣的事，只是金額少了一些。兒子宣稱母親在他們去桑吉巴島度假時出車禍過世，藉此領得十四萬英鎊的壽險理賠。[15]那位母親後來搬到加拿大，但保險調查員在外交及聯邦事務部遍尋不著她的死亡紀錄，於是起了疑心，最後在加拿大逮到她。

當然，詐死有一個麻煩，就是你得眞的消失。誠如葛林伍德所言，問題在於你能否眞的放下身邊一切人事物，以及能否取得新的身分。

這類詐騙當中，比較輕微的一種是宣稱食物中毒、毀了個人假期而要求理賠。理賠金額有時並不低，英國利物浦市的保羅・羅伯茲（Paul Roberts）和黛博拉・布利頓（Deborah Briton）去西班牙度假兩趟，就拿到了兩萬英鎊。可惜布利頓在社群媒體上提到她去度假，「度過了充滿陽光、笑聲、歡樂與淚水的兩週，跟一群也去度假的可愛朋友同樂，實在棒透了」，還說自己「愉快地度完假回到家，這眞是我去過最開心的一趟旅行」，讓你看了實在很想把這些人抓到一旁，告訴他們暗數據既然是暗數據，就要保密才管用。社群媒體似乎是揭穿這類騙局的利器，同時也讓我們瞭解這些詐騙者的常識到哪裡（至少是那些被逮到的人的常識，因爲或許有很多較聰明的傢伙，懂得不要招搖）。至於羅伯茲和布利頓，他們兩人都坐了牢。

最近這幾年，有個精心策畫的詐騙手法在英國引起了輿論注意，那就是車禍受傷申請理賠，只不過「車禍」是人爲的，也就是所謂的**撞騙**（crash-for-cash scam）。有時會有多位乘客、甚至不存在的乘客，申請受傷理賠。其中申請頸部鞭甩性傷害理賠的人特別多，因爲造假容易，平均理賠金額約爲一千五百至三千英鎊。英傑華保險公司的湯姆．賈迪納（Tom Gardiner）表示，二〇〇五至二〇一一年，英國道路交通事故減少了三〇%，申請頸部鞭甩性傷害理賠的人數卻增加了六五%，顯然有問題。[16]

假車禍不只發生在英國。爲了揪出這類騙子，美國紐澤西州的詐騙調查員一九九三年僞造了十多次公車車禍，車上所有的「乘客」都是臥底幹員。[17]聽來有點扯，但從其中一次假車禍的監視錄影畫面可以看到，從「車禍」發生到警察抵達前，共有十七個人衝上公車，就爲了之後可以宣稱自己車禍受傷。不僅如此，連醫師也參了一腳，假造看診和治療紀錄以申請給付。最後總共有一百多人遭到起訴，而這整件事讓人實在很難不對人性感到悲觀！

和事故無關卻臨時起意詐保的案例，不僅限於車禍而已。據傳美國二〇〇五年卡崔娜颶風過後，詐保總金額高達六十億美元。[18]而二〇一〇年，英國石油公司在墨西哥灣的深海地平線鑽油平台發生漏油事件之後，有一百多人因爲造假向英國石油公司要求理賠而入獄。根據《金融時報》報導：「二〇一三年，英國石油公司估計他們每週支付的詐欺索賠金額可達一億美元。」[19]

保險詐騙還有許許多多的花樣。英國二〇一六年查獲的不實理賠申請就高達十二萬五千件，總金額達十三億英鎊，據信未查獲的可疑申請也有十多萬件。[20] 根據美國聯邦調查局，美國每年健保以外的保險詐騙金額超過四百億美元——就算考慮到人口規模，美國和英國的詐保金額還是有明顯的差距。這可能是出自對詐保的定義不同，而非哪一國的國民平均而言比較老實！

從個人金融到保險，不論是何種詐騙，我們在防治時都有一個基本原則，就是防詐騙的開銷必須和防堵不利所造成的損失成比例。花費十億美元防堵一美元的損失是毫無意義的。但有些工具確實能防堵大量的詐騙，這些工具就應當使用。例如在會計領域，會計人員會對帳，以確保帳戶撥出的資金金額與支出相等，沒有錢去了不該去的地方。這是確保見到所有數據的基本方法，而你可能也會檢查自己的銀行帳戶，拿你的帳本跟銀行對帳單核對（若你沒這樣做，請馬上開始）。雖然有時數字對不上是時間差的問題，但無法解釋的出入就可能是詐騙的徵兆。同理，複式簿記也是爲了確保數字對得上，也就是讓所有的交易公開透明。這套系統可能源自十五世紀的義大利。盧卡．帕西奧利（Luca Pacioli）一四九四年出版了《算術、幾何與比例總論》（*Summa de arithmetica, geometria, proportioni et proportionalita*），據信是最早提到複式簿記的出版品，可見這套系統由來已久。

以保險詐騙而言，隱瞞數據的跡象包括：大量的理賠申請；申請理賠種類模式異常；保戶提出高額理賠申請後異常冷靜；遺失或遭竊物品清單只用手寫；申請理賠前突然提高保額；季節性勞工離職前申請醫療理賠等。當然，這些跡象只和保險有關，但對這些跡象提高警覺，也有助於察覺其他種類的詐騙。這就是我們介紹各型暗數據（DD-Tx）的用處所在。本書第十章將會指出，將暗數據分類，凸顯的不是具體案例如何發生，而是描述暗數據在更高層次上的特性。

其他

洗錢就是將非法取得的金錢洗白成爲正當，以掩蓋其來源。這些錢的來源可能是非法活動，如販毒、奴役、非法賭博、勒索或人口走私等，都是有理由將數據弄暗的不當行爲。普華永道國際會計師事務所二〇一六年的報告估計，全球每年洗錢交易總額爲一兆至兩兆美元，[21]相當於全球生產總值的二%至五%。

洗錢有三個步驟：

- **處置**：將錢放入金融系統；

- **多層化**：通常利用繁複的金融交易，讓人難以追查錢的眞正來源；
- **整合**：以合法的方式使用這筆錢，讓它和其他來自合法來源的錢混在一起，看起來乾淨，沒有問題。

前兩個步驟都會使用到暗數據，尤其是第一步。由於帳戶突然出現一大筆錢，而且無法明確解釋其來源，這種行爲顯然很可疑，因此反洗錢法令都規定高額交易必須呈報。有鑑於此，洗錢者通常會將大錢拆小，例如呈報上限是一萬美元，就分成比一萬美元還小的金額。這種將錢分小、以規避監管偵查的作法，就叫作**化整為零**（smurfing）。

業務上會合法經手大量現金的產業，就能用來將非法取得的錢財送入金融體系，只要將非法取得的錢財混入業務所得的現金裡，再宣稱是合法收入即可。最容易做到這一點的行業就是服務業，例如餐廳、賭場、酒吧和人工洗車。但交易從現金變爲感應式電子支付之後，由於交易變得可見與可追查，使用這種手法洗錢就變難了。

賭博是洗錢者常用的另一種處置策略。就算你押注贏錢的機率不高，總有押對的時候，這時就可以將髒錢當成合法贏得的賭金來呈報。至於反覆押注必然輸掉的那些小錢，不妨將它想成洗錢的代價。

你可能聽過一種投資詐騙，叫**龐氏騙局**（Ponzi scheme）。這個名字來自查爾斯·龐茲

（Charles Ponzi），因爲他在一九二〇年代使用這種手法騙人，但他顯然不是第一個想出這個主意的傢伙。事實上，狄更斯就曾在《馬丁．翟述偉》（*Martin Chuzzlewit*）和《小杜麗》（*Little Dorrit*）這兩本小說裡提到這種伎倆。龐氏騙局的核心同樣是暗數據，方法是向投資人保證會有豐厚獲利，其實根本沒有把錢拿去投資，而是將後加入的投資人的錢回饋一點給先加入的投資人，讓他們以爲確實有獲利。這套作法最後必然會崩解，只要找不到新的投資人，或是投資人（或許因爲經濟不好）開始想把資金拿回去。這時，無情的現實就會揭露這家公司及其投資伎倆的眞面目。本書第一章提到的馬多夫詐騙案就是龐氏騙局露餡的實例：二〇〇八年金融風暴導致許多投資人撤回資金，結果發現錢早已化爲泡影。預防這類騙局，除了需要透明，更需要法令規定投資人能看見資金的去向。

我們討論過了內線交易，但**內賊**（insider theft）是更常見的詐騙，而且是出了名的難以察覺。所謂內賊，就是能接觸到帳戶的員工將公款私用。這些員工可能因爲發現自己能動用巨款，無法抗拒誘惑。事實上，內賊案件經常發生在員工遭遇財務困難的時候。他們在主管不知情的情況下「借用」公司的錢，打算等財務危機解除就還錢，卻發現事情始終沒有好轉，於是愈陷愈深，最後往往以入獄收場。

但內賊也可能規模不小，以集團的形式犯罪，甚至橫跨數年。我就遇過一個精心策畫的不幸案例。我有一位家境清寒的學生，拿到一個小型基金會提供的獎學金，除了負擔學費，還支付房租。學生畢業後，基金會替他在銀行找了一份工作。這名學生非常努力也很可靠，在銀行裡一路升遷，後來升到某個職位，掌管巨額資金。這時基金會就聯絡他，要求轉一大筆錢到某個帳戶。這筆交易乍看完全合法，但那個基金會隨後就和那筆錢人間蒸發了，留下這位老實無辜的員工面對殘局。

藉由暗數據進行的金融詐騙種類不勝枚舉，形態千變萬化。除了本章討論過的幾種，另外還包括逃稅（非法漏報稅，但是和第五章提到的避稅不同，不是用精巧的手法合法避稅）和**鍋爐室詐騙**（boiler room scam，詐騙者猛打推銷電話給投資人，提供「本小利大」的投資機會，騙他們買下價格過高的股票或垃圾債券）。

這些詐騙都涉及隱匿數據，但由於花樣太多，需要許多不同的策略才能遏制詐騙發生，包括使用先進統計技術，詳盡檢查帳目；透過機器學習和數據挖掘工具，掌握客戶行爲模式以偵測反常交易；以及某些交易形態出現時，舉報可疑事蹟。至於暗數據，我們學到的教訓還是同一個：當某樣東西好得不像眞的，就可能不是眞的。它可能隱瞞了眞相。

7 科學與暗數據：發現的本質

科學的本質

科學旨在發現事物的本質與運作原理，點亮未知，但科學研究也深埋著暗數據。科學研究的根基是科學哲學家卡爾．波普（Karl Popper）提出的「可驗證性」和「可否證性」，簡單而言，就是科學家會針對研究的現象提出解釋（理論、假說或假設），然後根據該解釋進行推論或預測，再看推論或預測的現象是否眞的發生，以檢驗自己提出的解釋。用本書的術語來說，就是當我們知道假設理論爲眞時，未知的數據會是什麼，然後用實驗產生數據，和我們的預測相比對。若數據顯示理論的預測不符合現實，我們就更換、修改或補充理論，讓理論不只能預測過去的觀察，還能預測未來。因此，這屬於**DD-T15：類推到數據之外**，但科學的類推是有憑據的，遵循著理論，並且有檢驗的標的。

科學理解的進展曾一度受到阻礙，因爲我們（顯然下意識）會拒絕蒐集可能否證理論的數據，至少在科學革命之前是如此——其實之後無疑也是，只不過我們希望沒那麼明顯。換句話說，科學領域的進展因爲我們不願意讓暗數據曝光而受阻。畢竟如果理論相當穩固，或許被世人接納了幾百年（例如疾病的瘴氣說，主張傳染病是腐物散發的毒氣所造成，從古代一直流傳到十九世紀，許多歐洲人、印度人和中國人都深信不疑），又何必尋找和理論相違背的數據？

在所有看出這個問題的歷史人物中，我最喜歡十七世紀哲學家法蘭西斯．培根（Francis Bacon）。培根曾經這樣寫道：「人的理智只要採納了某個意見……就會找各式各樣的理由來支持及認可它。儘管相反立場的例子也有許多，且很有分量，但不是遭到忽略與蔑視，就是被駁回與反對。」培根舉了一個例子來說明忽視數據的危險：有人指著一幅畫給某位男士看，告訴男士畫裡的那些人遇到船難，但因爲禱告而大難不死，所以後來見證禱告的力量。培根提出質疑，那些禱告了卻淹死的人的畫像呢？

蒐集數據以檢驗理論有個經典的例子，非常精彩，那就是愛丁頓爵士（Sir Arthur Eddington）和法蘭克．戴森（Frank Dyson）爲了檢驗愛因斯坦的廣義相對論而進行的觀察。愛因斯坦的廣義相對論推測光線接近大質量物體時會彎曲，而太陽是標準的大質量物體，因此太陽附近的星體的星視位置如果產生偏移，就表示星體射向地球的光線在接近太陽時彎曲了。問題是太陽光亮度太高，會蓋過星光——除非陽光被月亮擋住。於是，愛丁頓爵士在一九一九年率領一支遠征隊到西非外海的普林西比島，戴森率領另一支遠征隊到巴西，觀察五月廿九日的日蝕。兩支遠征隊分別拍下並測量了日蝕時星體的星視位置，結果證實了愛因斯坦的預測。牛頓力學只是簡化或近似，愛因斯坦的廣義相對論才更符合眞實。這眞的是個點亮未知的實驗哪！

剛才描述的科學歷程給了我們一個極爲重要的啓示，就是**我們永遠無法確定自己是否發現某個現象背後「真正」的機制**。科學提供解釋，而當理解隨之拓展，解釋就更有力，但解釋永遠可能被新的實驗證據證實爲誤。不過，每當一個新理論出現，這個新理論必須解釋的過往實驗證據就愈多，難度也愈高。科學的這種「暫時」性，這種允許理論因更多數據出現而改變的特質，就是它與許多不以證據爲依歸的事物（如宗教）不同之處。不過，爲了討論方便，我偶爾還是會用「眞」和「正確」來描述科學理論。只是各位必須記得，理論永遠可能被後來的證據否證，因而改變。

因此，科學是一個**過程**，而不只是蒐集已知的事實。只是教科書裡經常這樣教，也經常爲了便於理解而這樣說。例如小孩在學校上科學課，老師經常教他們元素週期表、牛頓定律和彩虹原理之類的知識，而非仔細用觀察來檢驗想法。的確，小孩有必要瞭解周遭世界，但這樣教科學或許會帶來遺憾：學校的科學教育除了傳授事實之外，也應該是培養批判思考的搖籃，讓孩童長大以後更能判斷自己接收到的訊息。

以「可否證性」爲判準（從理論推出結果，再用實際數據檢核推論），這種作法由來已久。古代人認爲重物墜落得比較快，輕物墜落得比較慢，這個主張一下子就被觀察駁斥了。據說，伽利略曾經從比薩斜塔頂端釋放兩顆不同重量的球，結果發現兩顆球同時落地。

同樣地，「地球是平的」乍看完全符合事實。畢竟就算長途開車經過高山峽谷，大體也不會感覺車子開在曲面上。但有更多數據與證據顯示實情沒有那麼簡單，而且人們早就意識到這一點幾千年了。其中一個證據是注視帆船駛向遠方時，船身會先看不見，而桅杆頂端最後才消失。

總之，科學的基本過程就是用過去暗而不顯的觀察數據來檢驗理論。只要理論與數據不合，我們就會否定或修補理論。但我們也要曉得，理論與數據不合還有其他原因，像是數據出了問題。我在書裡舉了這麼多例子，就是希望闡明一件事：數據永遠可能出錯，例如測量不準或樣本扭曲等，因此絕對可能有誤。這就是科學家會想盡辦法製造測量精準的儀器，並在嚴格控制的條件下進行測量的原因，不論測量的是質量、長度、時間、銀河間距、智力、民意、幸福感、國內生產總值、失業或通貨膨脹都是如此。正確、可靠、可信的數據是科學健全發展的前提。

可驗證性是科學與僞科學的判別標準。要想出解釋並不難（比如說「是魔法」），但除非解釋經過嚴格的檢驗，我們就不該全盤接受。此外，如果一個理論能解釋**所有**想得出來的可能結果，那麼這個理論就毫無用處，絕對不是科學。例如，某個重力理論推斷物體不是往下掉、往上飛，就是往旁邊跑。不論物體朝哪個方向動，這個理論都說符合它的預測，那麼這個理論一點用處也沒有。反觀牛頓指出物體會互相吸引，因此放開某個物體，它就會往下掉，這個解釋就很科學，因爲它的預測可以檢驗。當我們反覆觀察後、發現某個理論大致正確，這個理論就成爲知識**正典**（canon）的一部分，可以根據它來進行預測和製作機器。

因爲解釋範圍太廣而被批評不夠科學和有用的理論不少，精神分析就是其一。文評家弗列德里克．克魯斯（Frederick Crews）在《神壇上的佛洛依德》（*Freud: The Making of an Illusion*）書裡指證歷歷，主張精神分析打從一開始就是暗數據的大勝利，包括案例過於以偏概全（佛洛依德連自己都當作樣本）、不肯蒐集反面證據、拒絕正視實際狀況（克魯斯甚至批評「所有魔術師都會希望台下坐的是佛洛依德」），以及否認某些情況發生過，正足以證明確實發生了（「沒有代表有」）。但最明顯的指標或許是佛洛依德從來不肯認錯。拒絕接受自己理論可能有錯的科學家，顯然不符合可否證性的要求，更沒資格自稱**科學家**。佛洛依德自己也承認「我其實根本不是科學人，不是觀察者和實驗者，也不是思想家。我天生就是征服者，是冒險家。」這話眞是一語中的。[1] 如此看來，精神分析的問題或許不在佛洛依德身上，而在那些不經批判就接受他的意見爲事實的人。

早知道

由於科學研究是用實際數據檢驗科學家設想的解釋，因此不難想見這些解釋十有八九都是錯的，否則科學還有什麼難的？偉大的科學家之所以名垂不朽，是因爲他們提出的理論得到了驗證，可以妥善解釋經驗現象。但這不表示他們從來不曾提出錯誤的理論。而他們提出的這些理論被證實爲誤，往往是因爲後來發現了他們原本不知道的數據或蒐集到了新數據。

有位英國科學家對達爾文的攻擊不遺餘力，他就是威廉・湯姆森爵士（Sir William Thomson），後來受勛成爲凱爾文男爵，凱氏溫度便是以他爲名。他是當時最知名的科學家之一，二十二歲就當上劍橋大學數學教授，死後葬在西敏寺，和牛頓（還有最近過世的史蒂芬・霍金）比鄰而居。之前，科學家假設太陽的光與熱來自燃燒煤炭之類的化石燃料，並據此推算太陽還有多少壽命。但凱爾文發現，照這個說法，太陽只能燃燒幾千年。因此，他根據德國科學家赫姆霍茲（Hermann von Helmholtz）的研究推測太陽會緩慢收縮，而收縮過程中釋放的重力會再轉化成光與熱。只是根據他的計算，即使太陽確實緩慢收縮，其壽命也不可能撐到地球演化出生命來，因此他認爲達爾文的演化論和數據（事實）不合。

但凱爾文錯了。他的論證少了一項關鍵數據，直到後來才被發現。那就是太陽的能量不是來自化學燃燒或重力，而是源自之前沒有人知道的一種機制，即核融合。

數個原子核因爲受到強大的外力、合成一個大原子核，就是核融合。融合過程中會失去質量，失去的質量會轉換成能量輻射出去。由於轉換因數極高，只要一丁點質量就會產生巨大的輻射能，就像氫彈引爆那樣。核融合反應的燃料是重氫和具有放射性的氚（一般氫原子的原子核沒有中子，但重氫的原子核有一個中子和一個質子；氚的原子核有兩個中子和一個質子）。在核反應爐中用中子轟炸鋰六（lithium-6）就會產生具有放射性的氚。如此產生的能量有多大呢？理論上，半個浴缸的水加上一台筆電裡的鋰電池，就足以產生四十噸煤炭燃燒產生的電力。有了這個能量來源，即可解決人類社會的能源問題，不再需要會產生污染的化石燃料發電廠，因爲核融合反應很「乾淨」，不會產生放射性廢料。太陽的能量就來自於核融合。

然而，想在地球上製造核融合很困難，因爲壓擠原子、使之融合，需要極大的力與極高的溫度。目前最有效的方法是在核彈外圍覆上一層重氫，但這麼做既不方便也不實際，因爲核彈顯然不是很好控制的能量來源！因此，全球許多大型研究都在想辦法，希望產生足以激發可控核融合的力與溫度，又能安全控制產生的高能電漿。由於所有物質遇到電漿都會融化，必須以精密調控的磁場穩住電漿，不讓它接觸容器的壁面。儘管這些計畫已經進行多年，還沒有半個成品產生的能量比消耗的能量多。因此，不時就會聽到有人開玩笑說，核融合是**永遠的**未來科技。

如果說凱爾文犯錯是因爲他不曉得核融合，那麼其他人對核融合的想法就是被錯誤的數據給誤導了。一九八九年，物理學家馬丁・弗萊許曼（Martin Fleischmann）和史丹利・龐斯（B. Stanley Pons）宣布他們成功誘導出了**冷核融合**（cold fusion），也就是不用將原料加熱到不可思議的高溫就能產生核融合。他們使用的方法很簡單，亦即讓電流通過溶有鋰的氧化氘液體。由於氧化氘是一種水（稱爲重水），如果這套方法確實管用，等於擁有了取之不竭的能源，將徹底改寫人類社會。可想而知，這個消息立刻引起極大的矚目，全球各地的實驗室紛紛嘗試複製弗萊許曼和龐斯的實驗。有幾個似乎成功了，例如莫斯科和德州都傳出捷報，但絕大多數都以失敗告終。

弗萊許曼向媒體宣布研究成果之後幾天，他到英國哈威爾的**原子能機構**（Atomic Energy Establishment）演講。有人問他有沒有進行對照實驗。在弗萊許曼和龐斯的實驗裡，對照組就是用普通的水做實驗（普通水裡的氫原子沒有中子）。沒想到弗萊許曼竟然拒絕回答。拒答很可疑——難道是暗數據？當然，如果少了用普通水做對照實驗的結果，那就表示數據有所遺漏，而且是關鍵數據，因爲這項數據能讓我們一窺是何種機制產生了弗萊許曼和龐斯的實驗結果。後來這項實驗又引來其他批評，許多原本要複製他們實驗的計畫也陸續取消。目前科學界一致認爲冷核融合是不切實際的構想，只不過仍有人抱持希望，畢竟它代表著人類新紀元的曙光。

受到數據不足誤導的還有化學家鮑林（Linus Pauling）。他是諾貝爾化學獎和和平獎的雙料得主，可以說是歷史上最偉大的科學家之一，在化學和生物化學領域有廣泛的貢獻，發表的論文高達一千多篇。二十世紀中葉，許多科學家投入尋找DNA結構的研究，鮑林也是其中之一。他研究了電子顯微鏡影像，推論DNA可能是螺旋狀。這項推論對鮑林而言不算新奇，因爲他潛心研究分子結構多年，已經有力證明了螺旋結構存在於其他分子中。因此，雖然缺乏X光影像，也沒有原子大小和鍵結角度的硬數據，他仍推論DNA可能是三股結構。儘管計算顯示，他所設想的原子位置並不完全吻合實際數據，但他依然覺得只是細節還未確定而已。鮑林很清楚其他研究團隊也在鑽研這個問題，尤其是劍橋大學的卡文迪許實驗室，因此決定趕緊發表。一九五二年十二月卅一日，他和同事羅伯特．柯瑞（Robert Corey）將論文投至美國《國家科學學院院刊》，題目是〈關於核酸結構的一個推測〉。

卡文迪許實驗室的克里克（Francis Crick）和華生（James Watson）原本也推測DNA是由三股螺旋組成的結構，但隨後放棄這個想法，因爲化學家兼X光結晶學家蘿莎琳．富蘭克林（Rosalind Franklin）提供的數據與他們的推測不合。克里克寫信給鮑林，指出三螺旋結構的問題，鮑林立刻做了我們之前講過、科學研究遇到這種情況時該做的事，修改理論以符合數據。與此同時，克里克和華生決定另覓模型，而鑽研氫鍵的傑瑞．唐諾休（Jerry Donohue）正好提供他們之前不曉得的數據，讓兩人找到符合所有數據的模型，也就是有名的雙螺旋結構。

鮑林一時間不肯接受自己錯了，寫信說他很想看看哪個模型會勝出。於是，一九五三年四月，鮑林造訪劍橋大學，檢視了克里克和華生提出的結構，也看了X光影像。一番討論過後，他承認華生和克里克才是對的。

再厲害、再出名的科學家也可能搞錯，尤其當他們沒有全部數據的時候。這就是科學的本質。例如稍早提到的凱爾文男爵，雖然是絕頂聰明的科學家，卻也做過不只一次的錯誤推論。德國物理學家威廉．倫琴（Wilhelm Röntgen）宣布發現X光時，凱爾文男爵當下的反應就是這絕對是騙局。他還曾經寫道：「熱氣球和飛機絕不可能實現。」另外，做出著名的邁克生－莫雷實驗、爲愛因斯坦狹義相對論提供堅實證據的邁克生（Albert Michelson）本人，則是於一八九四年寫道：「看來物理學絕大多數的基礎原理都已經確立了。」結果沒多久，科學界就發現了量子力學和相對性。

知名科學家弗雷德．霍伊爾爵士（Sir Fred Hoyle）是另一個例子。由於提出的預測和數據不合，使他的理論遭到推翻。我們對宇宙的理解，霍伊爾有許多重大的貢獻，尤其是重元素的起源問題。之前有理論認爲，重元素在宇宙誕生初期就已經形成，但計算顯示宇宙誕生初期有幾個階段太不穩定，無法讓較輕的元素結合成重元素。霍伊爾爵士想出另一種解釋，指出較重的元素可能是在星體內的核融合（就是我們之前提到的）過程中形成。霍伊爾爵士主張，這些重元素一旦在古星體內合成，當星體爆炸成為超新星時，就會散逸到宇宙中。之後這些元素再緩緩聚合形成行星、衛星——以及我們。這個理論經過時間的考驗，也讓霍伊爾爵士成為二十世紀中葉最偉大的英國物理學家。但他不是所有的想法都這麼成功，以下就是他失敗的一個例子。

當觀察發現，星體和地球的距離顯示宇宙正在擴張之後，比利時物理學家喬治．勒梅特（Georges Lemaître）順理成章推論宇宙最初可能是數十億年前一個超緻密的微小熱點。可驗證性是科學的關鍵，可是勒梅特的理論似乎無法檢驗，而且沒有人提出其他理論，並未引來太多注意。然而，霍伊爾另有看法。他將勒梅特的主張稱為「大爆炸」理論，自己則認為宇宙沒有明確的起始，而是不斷生成，新物質不斷在宇宙中形成與散播，也就是所謂的「穩態」理論。由於出現了兩個理論，使得科學家開始尋找數據，以便判斷孰是孰非，因為兩個理論當中至少有一個是錯的。後來證據逐漸累積，普遍站在大爆炸理論那一邊，但霍伊爾沒有放棄，想出許多版本的穩態假說，讓理論繼續苟延殘喘。不過，最後證據還是壓垮了他的理論。

就連愛因斯坦也提出過一些理論，被後來的數據證實為誤。他的廣義相對論指出質量會扭曲時空，也就是我們之前談過的，當光經過大質量物體時，行進路線會彎曲。愛因斯坦提出廣義相對論時，科學界認爲宇宙是靜態的。只是物質會互相吸引，靜態的宇宙不可能永遠維持，而是向內坍縮。爲了反駁這一點，愛因斯坦在自己的等式裡加了一個值，也就是所謂的宇宙常數，使得宇宙存在抵銷重力的斥力。但遺憾的是，後來的數據顯示沒必要多加一個值，因爲宇宙根本不是靜態的，而是不斷膨脹。據說愛因斯坦自稱，引入宇宙常數是他此生「最大的失誤」。但他對自己太嚴苛了點。畢竟根據當時現有的數據，推測有斥力的存在非常合理。基本上，就算之前暗而不顯、無人知曉的新數據浮現，而且和理論不合，也不表示理論在提出當下是有問題的。不過，愛因斯坦的故事可還沒完。

科學家進一步蒐集數據後發現，宇宙不只在膨脹，而且愈脹愈快。這項發現導致宇宙常數或類似宇宙常數的東西（目前稱之爲**暗能量**）有引入的必要。或許愛因斯坦當初並沒有錯。值得一提的是，以色列裔美國天體物理學家瑪利歐・李維歐（Mario Livio）在出色的著作《聰明的失誤》（*Brilliant Blunders*）中，質疑愛因斯坦是否眞的說過那句話。他認爲「最大的失誤」是俄裔物理學家喬治・伽莫夫（George Gamow）所說的。

講完了純科學，接著來談談醫學吧。自有人類以來，減輕痛苦的努力就沒停過，其中植物、稀土和魔法都扮演過重要的角色。然而直到最近，隨著對生物學、生理學、遺傳學及醫療相關科學的深入理解，我們才有能力正確評斷療法的效力。因此，有些未受評斷的療法依然普遍流傳，也就不足爲奇了。我不是指血太多需要放血之類的作法，也不是否定順勢療法，而是指某些醫療社群普遍認爲有效、卻未曾嚴格檢驗（例如進行隨機對照實驗），至少直到最近才有人檢視的療法。

前額葉切除術就是很經典的例子。這項神經外科手術通行全球數十年，主要用來治療思覺失調和躁鬱症之類的精神疾病。作法是切除前額葉內的結締組織。起先醫師是在顱骨鑽洞，注入乙醇破壞一部分大腦，後來改用螺絲狀的切斷器，最後演進爲從眼窩進入前額葉。發明前額葉切除術的安東尼奧・艾加斯・莫尼斯（António Egas Moniz）爲此獲得了一九四九年的諾貝爾生醫獎。不過，這獎給得不無爭議，因爲有人質疑手術是否眞的有效。一九四一年，《美國醫學會雜誌》一篇編輯評論指出：「這項手術不該被視爲能使精神病人格恢復正常。即便我們目前對前額葉的功能所知有限，也有足夠證據顯示，移除前額葉會讓非精神病人出現嚴重缺陷。」[2]當然，這項手術帶有嚴重的副作用，包括嘔吐、腎臟和腸衰竭、嗜睡和淡漠等，但另一方面對家屬來說，動過手術的病人確實變得比較安靜、比較好照顧。控制論之父諾伯特・維納（Norbert Wiener）還曾諷刺：「這樣說吧，殺死他們，照顧起來不是更方便？」[3]幸好隨著化學療法的進步，這項手術在上世紀中葉開始沒落。如今我們對大腦的瞭解比過去更爲深入，神經外科手術也很精準嚴密，還有精密的掃描技術輔助。這些科技讓我們見到大腦的立體結構。換句話說，就是讓數據變得可見。

比較晚近的例子是關節鏡手術，也就是以手術治療膝關節炎。這項手術很常見，醫界普遍認爲能緩和疼痛症狀。但布魯斯．莫斯利（Bruce Moseley）和他的研究同仁以隨機對照實驗比較了關節鏡手術和安慰劑的效用後發現，「從頭到尾，介入治療組的疼痛減緩與功能好轉程度，都沒有比安慰劑組更好。」[4]認爲治療一定有效是盲目的想法，我們還必須研究不接受治療的後果，才能進行比較。

正統醫學尚且如此，邊緣醫學充斥著大量無效「療法」，也就似乎不令人意外了。例如金俊石（音譯）和他的研究同仁最近進行了大規模元分析，清楚證明，「綜合維他命和礦物質營養品不會改善一般民眾的心血管狀況。」[5]但大多數人還是置若罔聞，寧願質疑證據，也不肯接受自己相信的事是錯的。這又是確認偏誤在搞鬼。在這件事上，目前最有力的例子或許就是氣候變遷，但就醫療來說，約翰．伯恩（John Byrne）表示：「大多數人在面對嚴謹研究得出的負面結果時，很自然會成爲否定論者，不肯接受冰冷的現實，而是緊抓著流行的作法不放。感冒照開維他命C，咳嗽藥照樣推薦，膝關節鏡手術照做，而且非常多人堅持這樣做沒錯。弗尼利脂寧的銷售額未來照樣上看幾十億美元。做一位善疑的醫師，意味跟著證據走，即使我們（起初）不喜歡證據的走向。眞正的大愛來自堅守眞理。」[6]而數據能揭露眞理。

偶遇暗數據

有時我們運氣好，暗數據出現通常代表有問題，有東西被隱匿了。而這東西一旦被發現，就會改變世人的理解，也可能改變人類行爲。但有時我們是歪打正著，巧遇暗數據，眼前的世界豁然開朗。

宇宙微波背景輻射（cosmic microwave background radiation）就是最經典的例子。這個許多人耳熟能詳的故事發生在一九四八年，拉爾夫．艾爾弗（Ralph Alpher）和羅伯特．赫曼（Robert Herman）預測宇宙應該瀰漫著低溫輻射，是大爆炸之後不久留下的殘餘。十六年後，天文學家艾爾諾．艾倫．彭齊亞斯（Arno Allan Penzias）和羅伯特．伍德羅．威爾森（Robert Woodrow Wilson）使用二十呎長的長角形狄克（Dicke）微波輻射計進行測量。這種輻射計原本用來檢測衛星傳輸，但彭齊亞斯和威爾森拿來當成無線電望遠鏡。然而，他們一直無法除去背景噪音，就算冷卻了天線也一樣。

他們起初認爲可能是鴿子在輻射計中築巢排糞造成的，便把輻射計清潔了一遍，然而干擾還是沒有消失。巧的是，羅伯特．迪克（Robert Dicke）正好這時來造訪他們的實驗室。迪克認爲大爆炸應該會留下化石輻射，正努力尋找證據。見了彭齊亞斯和威爾森之後，他明白這兩人發現的噪音正是他要找的東西，而且完全出於意外，因爲他們想找的是另一樣東西。後來，彭齊亞斯和威爾森共同獲得一九七八年的諾貝爾物理學獎，同年獲獎的還有研究低溫物理的俄國科學家彼得・列昂尼多維奇・卡比查（Pyotr Leonidovich Kapitsa）。

這個故事告訴我們，雖然絕大多數的異常及偏差都是實驗錯誤或測量不準，然而有些異常與偏差卻會帶來翻天覆地的突破。以下再舉幾個例子。

印度科學家蘇巴饒（B. C. Subba Rao）在美國普渡大學進行博士後研究期間，檢驗了五十七個物質，發現其中一個反應異常。他原本打算忽略不計，只發表符合預測的五十六個物質。這樣做很合理，原因不只是那五十六個物質是以嚴格控管的方式製備，而反常的那個則是用別種方式製備。但是他的研究同仁，英裔美國化學家賀伯特・布朗（Herbert Brown）覺得應該追究眞相，便決定進一步研究，結果發現了名爲硼氫化作用的化學反應，因而獲頒諾貝爾獎。

德國機械工程師兼物理學家威廉・倫琴發現，當高壓電流通過抽眞空燈泡內的兩個電極之間，會讓近九呎之外的鉑鋇螢幕發亮，即使以黑色厚紙板擋住燈泡也一樣。他就這樣發現了X光。

天王星是德裔天文學家威廉・赫歇爾（William Herschel）意外發現的。他在一群恆星之間，觀察到一個肉眼勉強可見的星體改變了位置，那就是天王星。

據說蘇格蘭生物學家佛萊明（Alexander Fleming）某天在整理金黃色葡萄球菌培養皿

時，發現其中一個培養皿內某塊地方長了黴菌，並不是葡萄球菌，就這樣發現了青黴素。

科學哲學家湯瑪斯・孔恩（Thomas Kuhn）在其經典大作《科學革命的結構》（*The Structure of Scientific Revolutions*）寫道：「這就是根本的新事實、新理論導致的結果。好比依照一套規則進行的遊戲無意中產生了一些東西，爲了同化那些東西，必須精心製作另一套規則。新奇的事實、理論變成科學的一部分之後，研究工作……與以往再也不同了。」[7]（譯註：譯文引自遠流出版，程樹德等人翻譯之《科學革命的結構》）不過要注意的是，新穎、異常、意外或突發事物有時就像火光一閃，點亮了之前隱藏的暗數據，向我們揭露更深刻的理解，卻也可能只是測量不準或實驗誤差的結果，有如一層膠膜遮去了數據。

暗數據與全貌

約翰・頤安伊底斯（John Ioannidis）是史丹佛大學醫學與統計學教授。他在一篇後來相當有名的論文主張：「絕大多數發表的研究成果都能證明是錯的。」[8]由於這項大膽宣言，使得頤安伊底斯成爲最多人引用的科學家。

這項主張的背後依據並不新鮮，甚至早已眾所周知幾十年了，只是直到頤安伊底斯引發討論，才有更多人意識到這件事對科學和醫療研究文獻的影響有多大。而這項主張引起的興趣與關切之強，也很令人意外。不過比起這些，最讓人驚訝的，或許是後續爭論顯示人們對科學研究的基本誤解有多普遍，而且經常發生在不該出現這種誤解的人身上，甚至提出以下問題：「科學爲何無法滿足**再現性**（reproducibility）這個基本要求？」「科學破產了嗎？」「科學真的面臨再現性危機了嗎？」

以下提供一些數字，讓你明白頤安伊底斯到底在講什麼。不過要記得，不同的領域差別很可觀。

亞特拉斯生技創投公司合作夥伴布魯斯．布思（Bruce Booth）表示：「早期創投業者有個『心照不宣的共識』，就是所有發表的研究，即使是刊登在頂級學術期刊的論文，也至少有五〇％『無法在工業實驗室重複得出相同的結論』。」因此，亞特拉斯目前都會要求研究必須經過獨立驗證，作爲進一步投資的前提。[9]

《自然》期刊做過一項問卷調查，有一千五百七十六人回覆，其中七成以上表示自己曾經嘗試再現他人的研究結果，可是沒有成功。[10]我們可能會想，是否應該採信這樣的調查結果，因爲有可能被暗數據扭曲，例如無法再現其他人研究的科學家可能比成功再現的科學家更常回覆問卷，或者許多科學家嘗試再現失敗的，是同一個出現異常結果的研究（還記得核融合的例子嗎？）。但不論如何，七成這個數字還是相當驚人。

另一個極端的例子是，癌症學家葛倫．貝格里（C. Glenn Begley）和李伊．埃利斯

（Lee M. Ellis）檢視了嘗試再現前期臨床癌症研究領域，發現五十三篇「經典」論文的研究之中，只有六篇論文結果得以成功再現，也就是一一%。[11]

分子遺傳學家李奧納德・弗里德曼（Leonard Freedman）和研究同仁引用其他研究，估計前期臨床癌症研究有五一%至八九%的結果無法再現。他們進一步推算這些後來無法再現的研究結果造成的金錢損失，發現每年將近兩百八十億美元。[12]

受到這些調查結果啓發，美國維吉尼亞大學的布萊恩・諾塞克（Brian Nosek）率領「再現計畫」小組進行了一項知名研究，嘗試再現二〇〇八年發表的一百篇心理學論文的結果。[13]最初產生統計顯著*結果的九十七篇論文當中，諾塞克小組只成功重現了其中三十五篇的結果。可以想見，這份研究不無爭議。有些研究人員表示諾塞克的研究設計有不少明顯的弱點，例如那一百篇論文是如何挑選出來的。這告訴我們，就算是研究暗數據，也可能被暗數據影響，因此說暗數據無所不在，一點也不誇張。

這樣的結論顯然令人擔憂，但我們不能忘了科學是篩選的過程。許多批評科學的人，對科學的看法似乎和孩童一樣天眞，覺得實驗是一次定江山，可以「證明」或「否證」某個現象。科學沒那麼簡單，而且必須如此。科學研究本質上永遠走在知識的前沿，充斥著不確定

* 「顯著」（significant）是專業統計用語，本書稍後會定義。

性。由於研究者必須從大量的噪音中擷取出微小的信號，不難想見噪音時常會誤導人。其實，我們甚至能這樣說：要是科學不曾出現過不了「再現」這一關的實驗結果，就代表科學家失職，不夠大膽和創新，沒有檢驗人類理解的邊界。

重點是科學研究**並沒有**破產，無法再現正是科學管用的徵兆，代表所有主張都會受到檢驗，不正確的主張最後都會被剔除。此外，更重要的一點是科學實際上**真的**管用，只要想想我們對自然愈來愈瞭解，看看我們生活中使用的先進科技，從材料、機械到醫藥，就能明白看出這一點。

不過老實說，就算科學並未破產，要是錯誤的結論能在一開始就減少，顯然還是好得多——前提是不會太常刷掉對的理論。而要做到這一點，方法就在改善研究設計。只是科學文化本身有其鼓勵冒險的那一面，使得科學家會在沒有必要的情況下逾越界線，而這正是頤安伊底斯等人所提醒的。我們稍後會再討論這一點。

在此之前，讓我們先拿美國太空計畫來做類比。太空計畫發展初期，火箭引擎和系統幾經修正，我們對火箭原理的理解也進展有限，自然經常遭遇失敗。如同美國記者兼作家湯姆．沃爾夫（Tom Wolfe）在《太空先鋒》（*The Right Stuff*）第十章說的，當時的看法普遍悲觀，「我們的火箭就是會爆炸。」當你在界線邊緣探索，有時會踩在這邊，有時會踩到那邊。要是正好走在界線之上，或許兩邊機會各半。根據這些結果（在火箭工程學是「失敗」，但在科學裡只是「結果」），再透過謹慎的調整，你努力確保未來自己會走到正確的那一邊，火箭不再爆炸，你做出的科學推論也都正確。但這樣的風險永遠存在，這就是科學的本質。想知道界線在哪裡，就**必須**冒這個險。

那麼，科學文化究竟有哪個面向，會讓研究者越線跨到錯誤的那一邊，做出似是而非的結論、無法再現的結果呢？

刊登偏差（publication bias）是指期刊收錄的論文並未公允呈現科學研究的全貌。許多科學研究的結果「在檔案櫃的抽屜裡」湮沒，乏人刊登，或在硬碟裡積灰塵，沒有人閱讀。這些科學研究結果不是隨機遭到埋沒，而是受到許多力量的影響（**DD-T3：只選擇部分情況**），例如期刊更喜歡出人意料或新穎的結果。得出意外結果的實驗比「欸，我就知道是這樣」的實驗，更能引人注目。

《無顯著差異期刊》（*Journal of Non-Significant Differences*）就是因應這個「檔案抽屜」效應而誕生的。「顯著」是專業統計用語，本書之後還會詳談，不過簡單來說，顯著的結果就是當特定假設爲眞時不大可能發生的結果，因此只要出現該結果，該假設就可能爲誤。反之，無顯著結果就是符合假設的結果。順著前一句話來說，就是特定假設爲眞時應該會發生的結果。《無顯著差異期刊》只刊登產生無顯著結果的研究，希望讓「更多人瞭解，研究無須產生顯著結果，也能爲當前的學術提供珍貴的洞見」。[14]巧合的是，市面上還有一份《無可再現結果期刊》（*Journal of Irreproducible Results*），一九五五年開始出版，只不過它是科學幽默雜誌，[15]千萬別搞混了！

爲何偏好新穎及不尋常，會導致無可再現的結果？嗯，出現極端、反常和偏差值，有可能是因爲確實存在某個現象，例如這個藥物確實比那個藥物有效得多，這個合金活性確實遠小於預期等等。然而，極端、反常和偏差值也可能純粹出自隨機變異。背景條件的隨機巧合（藥物或合金不純，或心理實驗受試者身體不舒服）或測量誤差，都可能導致量值不當偏高或偏低。畢竟我們之前也討論過，沒有測量是**絕對**精準的，也沒有兩個實驗的裝置或樣本一模一樣。

因此，重做實驗很難再產生同樣的意外**條件**（configuration）或量測誤差。一般而言，根據本書第三章討論過的均值回歸，我們應當預期之後的重現會得出較不極端的值，也不應該驚訝異常的結果消失了，而是應該如頤安伊底斯所言，預期「宣稱的研究發現是錯誤的」。用本書的術語來說，出現反常的極端值是因爲某一種暗數據（假性測量誤差）扭曲了實際值。

科學期刊編輯偏好令人興奮的結果，不是問題的開始，而是終點。科學家如果覺得自己的論文缺乏有趣、甚至令人意外的結果，刊登機會不高，就比較不會投稿。

在影響係數高的頂級期刊（如《自然》或《科學》）發表論文，被科學界視爲極高的榮耀。**影響係數**（impact factor）常被視爲期刊的地位指標，依據刊登在期刊上的論文的引用數來計算，代表論文受注目的程度。研究者更常將驚人的「突破」投稿給頂級期刊，而非平淡無奇的研究結果；原因很簡單，因爲他們知道頂級期刊偏好令人興奮的進展（**DD-T4：自我選擇**）。如此一來，刊登在頂級期刊的突破性論文的比例就比其他期刊來得高，而這正是頂級期刊地位崇高的原因（**DD-T11：反饋與玩弄**）。但突出的結果愈多，無法再現的機率愈高，這就是之前提過的均值迴歸現象。此外，研究者或許更有動力「扭曲」研究細節，以便提高論文的刊登機會（本書之後會提到，老實與不實選擇的數據點只有一線之隔）。因此，愈頂級的期刊愈可能出現不實的結果。

這似乎會造成一個意外的後果，就是頂級期刊裡的研究結果反而比較可能爲假；這確實是不少研究者的發現。費瑞克·方（Ferric Fang）和研究同仁指出：「期刊的影響係數，和期刊收錄的論文因詐欺、疑似詐欺或錯誤而撤回的數量，呈高度顯著相關。」[16]

所以說句玩笑話，如果不想讓自己的論文發表在出錯率很高的刊物上，最好避開頂級期刊。這實在太令人困惑了！但我們必須提醒自己，因果關係的方向很難確立。愈是頂級的期刊基本上讀者愈多，刊登的論文自然受到更嚴格的檢視，因此就算出錯率和其他期刊相去不遠，有問題的結果也更有可能被察覺。

如果必須有至少兩份研究的支持才能宣布新結果，也就是在宣布新結果之前必須進行獨立的再現研究（布魯斯．布思的「心照不宣的共識」），這個問題就能得到緩解。製藥產業便是如此，藥物必須先通過多次臨床試驗，才能申請查驗登記。但在其他領域，尤其是學術界，由於率先發表是學術表現的關鍵指標，使得研究者都害怕自己延後發表會被別人搶得機先（鮑林就是因爲這樣，才會匆忙發表他的核酸結構論文），因此寧可發表可能是重大突破的研究結果，也不顧這個結果事後可能發現有問題。

做出新發現的壓力，使得許多研究者想方設法從各種角度檢視數據，或者檢視數據集的各個部分，直到發現顯著的結果爲止。例如比較兩組病患時，我們可以針對每位病患測量一百個項目，然後逐一比較兩組病患在各個項目的平均值。在這種比較方式下，純粹出於隨機測量誤差的緣故，兩組病患很難不在某些項目上差異甚大。有些人稱呼這種作法是**搞p**（p-hacking，人爲逼出的顯著結果）。

搞p這個怪名字出自統計學。

首先，我們要知道，只要不斷以各種角度檢視數據（尤其是大數據集），基本上遲早會恰巧發現某些不尋常的模式，即使眞正的關聯並不存在。例如，任何有限的數據集中，只要變項夠多，就可能出現其中兩個變項高度相關，即使這兩個變項其實並不相關，純粹是出於湊巧或測量誤差才產生關聯。另外只要樣本（受試者）夠多，就可能有一小群樣本出於湊巧而驚人地相似。

舉個淺顯的例子，假設我們隨機選出一千個數字構成數串，底下是前三十個數字：

678941996454663584958839614115

在這一千個數字裡，我們首先可以找某個數字（如1）連續出現十次的數字串。如果找不到，我們可以改找123456789這個數字串。如果還是不行，我們就改找兩個數字交替的數字串，如2323232323。再找不到，就換找另一組……只要我們不斷嘗試，絕對能在這一千個數字裡找到某種結構。但問題在於，這個結構、我們找到的這個異常值，其實並不存在。若重複同樣的步驟，隨機再選出一千個數字，我們沒有理由相信可以找到一模一樣的反常數字串。這個發現是無法再現的。

對此，經濟學家羅納德．寇斯（Ronald Coase）的總結一語中的。他說，只要拷打數據夠久，數據一定會招供。但就跟所有屈打成招的口供一樣，這種情況下，數據吐露的資訊可能不是事實。以剛才的例子來說，那一千個數字是隨機產生的，不論從中找出什麼結構，都不隱含任何意義。

搞p就是把這種作法正規化。首先，我們知道科學研究有一個叫**顯著檢定**（significance test）的基本工具，它是檢驗假設或猜測的正規統計程序。譬如現在有一個樣本，我們首先會計算它的摘要統計，像是使用平均值、中位數或變異數來摘要樣本，視我們對數據的哪個面向感興趣而定。如果換成另一個樣本，它的摘要統計值很可能跟第一個樣本不同。當我們反覆選取樣本並做計算，就會得到樣本統計值的分布，而統計方法能夠算出當我們的假設爲眞時，這個樣本統計值的分布形態。

接著，只需比較實際的摘要統計值和計算出來的分布，就能看出當假設爲眞時，樣本摘要統計值有多少**機率**至少和實際數據的摘要統計值一樣極端。樣本摘要統計值至少和實際摘要統計值一樣極端的機率，就是檢定的**p值**（p-value）。當p值偏低，比如只有一％，就代表當我們的假設爲眞，樣本跟實際數據一樣極端或更極端的機率只有一％。換句話說，要嘛我們的假設是對的，極不可能發生的事確實發生了，要嘛就是我們的假設並不正確。

拿p值和既定的閾值比較通常很方便。假設分析產生的p值不高於閾值，我們就會說，實驗結果在該閾級是**統計上顯著**的。假設我們設定閾值爲五％，若p值等於或小於五％，就表示我們的實驗結果「在五％這個閾級爲顯著的」。

比方說，我可能假設某一枚硬幣是公平的，也就是每回投擲該硬幣正面朝上的機率爲五○％。爲了檢驗這個假設，我投擲該硬幣許多次，看正面朝上的次數有多少。根據假設，若這枚硬幣是公平的，我就會預期其中約有半數投擲是正面朝上。我不會眞的預期正面和反面朝上**正好**各半，而是預期正面朝上的機率約在五○％**左右**，但不會偏差太多。顯著檢定便是在告訴我們，**如果這枚硬幣是公平的**，我們見到和實際投擲硬幣得到的偏差相等或更大偏差的機率是多少。可想而知，如果假設爲眞時，不大可能出現如此極端的結果，那我們可能就會懷疑這個假設。舉例來說，投擲一枚公平的硬幣一百次，出現九十次以上正面的機率低得驚人（這個機率就是p值）。那麼如果眞的出現九十次正面朝上，我們可能就會懷疑硬幣並不公平。

順帶一提，p值這個概念深受誤解。一般人往往以爲它代表著假設爲眞的機率。然而，假設非眞即假，p值只是告訴你假設爲眞時，出現某個極端結果的機率。

所以p值是這樣來的，那「搞」呢？

搞（hacking）這個詞來自一種掩人耳目的作法，就是進行大量的顯著檢定，但不計入到底做了幾次檢定。我們很容易就能看出這爲什麼會出問題。假設我們測試了一百個彼此無關的假設，而所有這些假設都是正確的，只是我們不曉得而已。假設針對這一百個假設之中的任何一個，我們都設定p值二%爲下限，對假設存疑的機率夠低。就單一一個顯著檢定而言，這個設定非常合理，因爲這表示錯誤懷疑那個單一假設的機率只有二%。然而，一旦進行一百次檢定，每次p值都設定爲二%，那麼對**至少其中一個假設**存疑的機率將高達八七%。還記得拷打數據夠久的說法吧？只要隱瞞你進行了一百次檢定的事實，讓它成爲暗數據（**DD-T2：我們不知道漏掉的數據**），就可能導出非常偏頗的結論。

科學研究不斷出現這種錯誤。一九八七年一項針對四大醫學期刊中的隨機試驗進行的調查發現，「七四%的試驗至少有一項比較項目有瑕疵；六〇%的試驗至少有一個重點比較項目有多重比較的統計問題。所有比較項目有瑕疵的試驗，沒有半個在結論中討論到多重比較問題對試驗結果的可能影響。」所謂的「多重比較的瑕疵」，意思是那些研究忽略了自己做過多次統計檢定，使得僞陽性機率非常高。我們或許認爲這份調查公布後，情況會有所改善，但經驗告訴我們，這件事依然沒有受到足夠的重視。[17]

針對這個問題，有一篇非常經典的論文，其內容比題目有趣多了：〈死亡大西洋鮭的跨物種觀點取替神經機制：論多重比較校正〉，作者是克雷格·班內特（Craig Bennett）等人。[18]這份研究讓一條死鮭魚「觀看人類在各種社會情境裡的相片」，同時檢視鮭魚的大腦磁振造影，讓「鮭魚判斷相片裡的人類正處於何種情緒」。死鮭魚的大腦對那些相片會有什麼反應，你應該很清楚，但磁振造影由大約十三萬個元素（稱爲三維像素，又名體素）構成，每個體素都有極小的機率純粹因爲儀器的隨機背景噪音，出現電流活動，而非死去鮭魚的大腦眞有反應。因此，雖然**每個**體素出現假信號的機率確實很低，但體素的總數**極多**，而所有微小的機率加起來，就會使得**至少一個或多個**體素顯示電流活動的機率變得非常高，顯現鮭魚明明死了、大腦卻有神經元在放電的假象。而班內特等人確實發現部分體素出現信號。因此他們做出結論：「要嘛這是一個偶然得到、關於魚類死後認知能力的驚人發現，要嘛就是我們未經修正的統計方法出了點問題。我們可以根據這些數據結論，說死去的鮭魚有觀點取替的行爲嗎？當然不行。由於實驗控制了受試鮭魚的認知能力，我們可以徹底排除這個可能。」

班內特的這篇論文贏得了二〇一二年的搞笑諾貝爾獎。該獎項主要在「表彰那些先是令人發笑，再來令人深思的成就」。

這讓我想到一個笑話。實驗者甲告訴實驗者乙，他一直沒辦法再現乙的結果。「這沒什麼，」乙答：「我自己也做了一百次才成功。」

認知神經科學家瑟吉歐．德拉．薩拉（Sergio Della Sala）和羅伯托．庫貝利（Roberto Cubelli）[19]注意到另一篇也有搞p嫌疑的論文。在那篇論文中，復健醫師藍道．史旺森（Randel Swanson）和他的研究同仁指出，美國駐哈瓦那外交官疑似接觸到「涉及聽覺和感覺現象的不明能量來源」，導致大腦受損，[20]因此提出結論：「這些外交官似乎都沒有頭部創傷的病史，大腦網路卻有大範圍的損傷。」

他們是如何檢驗這項結論的？史旺森在論文附錄的表二裡提到，他們檢視了三十七個神經心理測驗結果，並於表二的註腳指出：「粗體代表異常或小於第四十百分位。」這似乎表示，受試者只要在任何一個測驗得分低於第四十百分位，就會列爲「異常」，至少薩拉和庫貝利顯然是這樣理解的。然而，要是這三十七個測驗完全相關（對同一位受試者給出的分數都一樣），那麼只有六○%的受試者得分會高於第四十百分位的閾值，並且被列爲正常。但要是三十七個測驗彼此完全獨立，毫無關聯，那麼結論非常明顯，受試者接受所有測驗之後被列爲正常的機率不到一億分之一。表面上看，問題似乎出在史旺森等人想方設法，要讓至少部分受試者測得大腦損傷。誠如薩拉和庫貝利所指出的，最好將異常的標準設得更嚴格，如五%，而非論文採用的四○%。但眞正的問題出在認定受試者只要**有一項**測驗得分低於閾值，就算異常。

這裡有件事要說明清楚，免得造成誤解：上面這些討論並不代表那些外交官**沒有**大腦損傷，只是代表這樣進行實驗幾乎百分之百會得出「有些受試者確實大腦受損」的結論，就算受試者是一群完全健康的人也一樣。

不過，我們有時的確需要檢視數據集的不同面向。比如說，我們可能在臨床試驗時測量兩組病患的一百項特徵，以瞭解兩組病患有多少特徵不同。事實上，既然費了那麼多時間跟金錢進行試驗，自然會一次測量許多項目。

幸好，我們有工具可以解決搞p的問題，減少多重檢定產生虛假或不可再現結果的風險。最早的作法可以回溯到一九三○年代，叫作**邦弗朗尼校正**（Bonferroni correction）。這個方法可以調整個別測試的p值，以便進行多重檢定。例如我們控制一百項檢定，讓每項檢定的p值爲○・一%（亦即將正確假設誤判爲假的機率爲一千分之一），而非二%，那麼當所有假設皆爲眞時、**至少**有一項檢定出現顯著的機率只有一〇％，而非八七％。換句話說，當一百個假設全部爲眞，這一百個假設裡至少有一個被誤判爲假的機率只有一〇％。這個標準可接受多了。

過去二、三十年來，科學界開發不少更能控制多重檢定問題的工具，其中許多都是邦弗朗尼校正的延伸或深化，例如控制檢定的進行順序。不過，以色列臺拉維夫大學的約阿夫．班賈米尼（Yoav Benjamini）和約瑟夫．霍赫伯格（Yosef Hochberg）取得更大的進展。他們兩人將焦點從p值（假設爲眞時、做出錯誤結論的機率）轉到「錯誤發現率」上。錯誤發現率是判斷假設有誤的錯誤率。這個機率值可說是比較相關的指標，因爲它顯示當我們下結論說某個假設不正確時，犯錯的機率有多高。

除了搞p，研究結果無法再現還有一個更根本的原因，就是實驗條件可能不同。科學論文要求描述實驗時必須簡短，因爲過去紙價不菲，學術期刊會如此要求。即使紙價在網路時代不再是個大問題，成規依然沒變，論文很少詳盡描述研究的過程。由於之前提過，科學研究走在人類知識的最前沿，實驗稍有變動都有可能大大影響結果。

然而，還有一個更有害的作法會導致錯誤的結果，那就是**事後諸葛**（HARKing）：等結果出來了，再做假設（**H**ypothesizing **A**fter the **R**esult is **K**nown）。

使用導出假設的數據來檢驗假設，便是事後諸葛。當你檢視某個數據集，從數據集裡得到某個構想，就不該用那個數據集來檢驗你的構想。因為想也知道，那個數據集要證明假設有誤的機率非常小！比方說，假設我發現某個沙灘蒐集到的一千粒沙的平均重量高於另一個沙灘蒐集到的一千粒沙的平均重量，我當然可以假設第一個沙灘的沙普遍比第二個沙灘的沙重，但我不大可能用原來的那兩千粒沙來檢驗我的假設，因為那兩千粒沙顯然會站在我這邊。我必須用另一個獨立的數據集，用之前沒見過（亦即之前是暗數據）的數據來檢驗。

必須強調的是，篩選、檢視和分析數據，從中尋找數據值得研究的特殊之處，這樣做完全正當。這種「探索式研究」是形成新假設、產生新構想、挖掘之前未發現的現象的重要方法，甚至是基本步驟。然而，檢視假設或構想是否正確時，絕對不能再使用同樣的數據。

只要規定研究人員必須先說出假設、再開始蒐集數據，就能避免事後諸葛的問題。不少科學期刊正考慮朝這個方向走。任何論文只要事先提出假設，實驗設計和方法都符合嚴格的標準，那麼不論實驗結果如何，期刊都會刊登。

隱瞞事實

如前所述，科學基本上是一個自我修正的過程，永遠必須藉由比較數據和預測來檢驗假設，不符合事實的假設，遲早會遭到反駁或修正。缺點是所有事後證實為誤的假設，起初多少都會得到數據的支持，直到科學的自我修正特質充分發揮作用，才會將我們拉回來，更接近眞理一點。

我們已經觀察到，有種情況特別容易導致這個現象，就是初始的數據有問題。觀察可能不夠精確，無法反駁某個理論，或是觀察本身就有扭曲、錯誤或不完整。本書已經舉過許多例子，說明數據如何遭到蒙蔽。但這些扭曲和錯誤有時可能是刻意造成的，數據可能有詐。之前幾章討論過金融和其他領域的詐騙。金融界會發生詐騙幾乎不足爲奇，因爲報償明確。然而，科學研究通常不會致富，甚至一般人對科學的印象就是一群不計利益的研究者（而且身穿白袍！），不受世間榮華富貴的影響，全心追求眞理。遺憾的是，這個印象並不正確。畢竟科學家也是人，普通人具備的欲望和動機他們都有。金錢、權力、敬重與同儕評價，不僅對其他各行各業的人很重要，對科學家也不例外。科學家就跟平凡人一樣，會受貪婪、驕傲與嫉妒左右。

然而，除了賺不賺錢，金融與科學還有一點非常不同，那就是金融交易詐騙可能永遠不會被發現，但不正確的科學主張最後都會被反駁。這是科學自我修正特質的必然結果。既然如此，我們何必發表最後會被揪出來的錯誤科學主張？

這樣做的一個可能是理論實際上或許沒錯。儘管猜測不是科學生涯成功的好策略，但人有時的確會矇對。另一個可能是，理論或許在作者有生之年都沒被揪出問題，甚至延續了數百年。這可能導致深信自己理論爲眞的科學家調整或編造數據，好讓數據更加符合理論，希望不會有人識破。據傳不少大科學家都有對數據動手腳之嫌，例如密立坎（Robert Millikan）、巴斯德（Louis Pasteur）、道爾吞（John Dalton）和孟德爾（Gregor Mendel），甚至包括牛頓和伽利略。我們之後會討論密立坎的例子，因爲數據俱在（他的筆記本被保留下來），可以檢視他是否眞有問題。然而，其他科學家就算留下了數據，也很零星，得像法醫一樣仔細檢視統計資料才能判斷。

這裡頭最有意思的是，我剛才提到的這些人都是公認的「大科學家」。而他們之所以偉大，部分原因是後人和再現研究支持他們的結論，要不然他們可能被視爲不可靠，甚至不值得相信，被扔進歷史的垃圾桶。感覺還眞的有點不公平！

就算某個理論建立在不實的數據之上，並不正確，也不一定會被發現。這是科學的本質使然。許多失敗的理論乍看都吻合數據，只是後來結果無法再現，導致理論開始動搖，最終遭到反駁。但除非有理由回頭檢視過往數據（假設數據還在），否則這些理論的失敗都會被歸爲數據測量不準、隨機變異或其他問題，而非造假。

不過，數據作假偶爾還是會被發現，即使事隔多年也不例外。科學家的一世英名或許就此毀於一旦。常見的模式似乎是科學家一開始只是小小的欺瞞，接著受到成功的鼓舞，開始愈騙愈大。所有的造假不斷累積，直到某一個假數據被人發現，導致科學家過往的數據和實驗遭到嚴格的檢視，最終所有的成果土崩瓦解。

西里爾．柏特爵士（Sir Cyril Burt）是知名心理學家，一九六八年獲頒美國心理學會的桑代克獎，是首位獲此殊榮的非美國人。但在他一九七一年過世後，科學界開始對他的智力遺傳研究產生懷疑。美國心理學家里昂．凱明（Leon Kamin）發現，柏特有數個實驗的幾個相關係數（顯示兩個變項共變強度的指標）竟然相同到小數點後三位。湊巧發生這種事的機率非常低。後來有不少單位也同意柏特造假，但也有科學家指出其他研究者也得出近似的相關係數值。美國心理學家亞瑟．簡森（Arthur Jensen）認爲：「任何有統計知識的人若想對數據造假，都不可能讓相關係數連續三次都是○．七七，完全一模一樣，更何況柏特的統計知識淵博。」[21]這個論點很有意思，似乎表示科學家若想造假，就要做得非常明顯，好讓別人相信他不會這麼蠢。但我不確定這是個好辦法，而且別忘了，要做到這點還必須摧毀證據。柏特把所有筆記都燒了，因此沒有人能檢查他的實驗，看他算出那些相關係數所用的數據是否眞的存在。

柏特起初採取的步驟可能無可爭議。所有科學家都會遇到必須主觀決定哪些數據可以接受、哪些數據該排除的時候。畢竟當你發現某人穿著大衣量體重或者沒有脫鞋，自然會覺得不能將量得的數字納入分析裡。但要是對方剛量完體重，體重計就壞了，讓你懷疑之前量到的數字準不準確呢？或是你想不起受試者量體重時，你有沒有叫他脫鞋呢？有這些不確定，就代表必須排除這些數據嗎？可以想像，不同研究者對此會有不同的決定。

科學也會發生詐騙，這事毫不新奇。早在一八三〇年，「電腦之父」查爾斯．巴貝吉（Charles Babbage）就在其大作《論英國科學之衰退及其原因》（*Reflections on the Decline of Science in England, and on Some of its Causes*）的第六章第三節寫道：「科學探究比其他領域更常受到冒牌者侵襲，而我認為所有真正在乎真理的人，都該感謝我指出某些自稱得到真理者所使用的欺瞞方法。光是詳述這些人的手段，或許就足以發揮嚇阻之功，讓後人不敢仿效……科學有幾種騙術，只有行內人清楚，外人幾乎一無所知，但或許可以說得讓一般人明白。這些騙術或可分成騙局、造假、修剪和炮製。」[22]這些都是製造暗數據的方法，接下來讓我們逐一詳細檢視。

騙局

騙局（hoaxing）就是編造數據（**DD-T4：編造和合成數據**）或實物，例如化石、骨頭、甚至整隻動物，讓人以為某樣東西存在（其實不然），但最後還是會讓人發現真相，以便讓受騙者難堪，也就是用科學來惡作劇。

科學惡作劇通常都是為了嘲弄某個愛炫耀的人而刻意為之。十八世紀初，德國烏茲堡大學醫學院院長約翰．巴托洛謬斯．亞當．貝林格（Johann Bartholomeus Adam Beringer）喜歡蒐集化石，許多珍奇化石都會輾轉到他手中。有些明顯是動物、昆蟲或植物，有些則是恆星或行星圖案，後來更有人拿了刻著「耶和華」的化石給他。貝林格驚爲天人，甚至爲此出版了一本書。他深信這些石頭上出現的痕跡，乃是由神所造的有力證據。這不叫確認偏誤，什麼才叫確認偏誤！

原來，捉弄貝林格的人全是他的大學同事，包括地理暨數學教授伊格納茲．羅德里克（J. Ignatz Roderick）和顧問暨大學圖書館長約翰．葛奧格．馮．艾克哈特（Johann Georg von Eckhart）。後來他們覺得情況太過火了，便告訴貝林格一切都是騙局，他們是因爲他太過傲慢才決定整他。但貝林格完全不信，反而懷疑他們是想搶走他作爲第一發現者的光采。最後是他看見其中一顆石頭刻了自己的名字，這才接受這是騙局。貝林格後來狀告法院，羅德里克和艾克哈特的工作就這樣沒了。

另一個比較輕微的例子是兩個男孩曾經欺騙達爾文。他們將蜜蜂的頭、蝴蝶的翅膀和蚱蜢的腳黏在蜈蚣的身體上，問達爾文能不能認出這是什麼生物。達爾文仔細檢視，沉吟半晌之後問他們，這隻蟲被抓到時有沒有發出聲音。兩個男孩說有，達爾文說那就是**嗡嗡蟲**（humbug，意思是假東西）。

騙局製造者藉由編造數據來隱瞞眞相，用假數據取代眞數據以混淆耳目。

比較晚近的一場科學騙局則是完全跳過數據，直攻論文，且成了經典案例。爲了檢驗後現代期刊《社會文本》（*Social Text*）的嚴謹度，物理學家艾倫・索卡（Alan Sokal）捏造了一篇荒誕無稽的論文，投稿到該期刊，題目為〈逾越邊界：朝向量子重力的轉形詮釋學〉。[23]《社會文本》這份期刊「涵蓋廣泛的社會與文化現象，將最新的詮釋學方法應用到現實世界」。[24]索卡的論文沒有經過同行審查就被接受並刊登了，這時他才宣布這是一場騙局。由於這類騙局都是惡作劇，常讓上當者不好受（例如之前提到的貝林格）。但若是這些騙局能揭穿假象和混亂的想法，那就很有用，因此「許多人文和社會科學的研究者都寫信給索卡……感謝他這樣做」。[25]

最近由於所謂的付費出版期刊興起，使得索卡式騙局有了新花樣，很值得一提。網路不僅對一般出版影響深遠，對科學出版也不例外。過去，研究者或學術圖書館會訂閱期刊，而期刊也以訂閱為其商業模式的基礎。然而，網際網路的出現使得研究者可以免費上傳論文，因此需要新的商業模式。儘管市場目前仍在變動，有一個很重要的模式已經產生，那就是由作者付費讓論文刊登，免費供讀者閱讀。遺憾的是，這麼做產生了一個副作用，那就是有不肖人士創立各種「期刊」，只要付錢什麼都登，不論內容是否荒誕不實。目前已經有不少這類出版管道遭到曝光。許多人仿效索卡，故意將亂寫的論文投稿過去，看看是否被接受，藉此揶揄這些「期刊」。

其中有個人特別值得一提，那就是美國科學記者約翰・波哈南（John Bohannon）。波哈南化名瓦西醫學研究中心的歐克拉夫・可邦吉（Ocorrafoo Cobange），將同一篇論文投給三〇四份期刊。[26]除了瓦西醫學研究中心是他捏造的機構外，波哈南還指出那篇論文「只要審查者有高中化學程度，對數據圖有基本瞭解，就能立刻看出它的缺點，發現實驗大有問題，得出的結果毫無意義」。然而「一半以上的期刊接受了那篇論文，完全沒看出其中的嚴重瑕疵」。

另外一個例子是資訊科學家大衛・馬奇耶赫（David Mazières）和艾迪・科勒（Eddie Kohler）合寫的論文。那篇論文原本投稿給某學術會議，後來被某份期刊接受（顯然什麼審查也沒做）。[27]論文裡只不斷重複一個句子：「快把我從你們他×的郵寄名單上去掉！」至於論文題目嘛……應該不用我說，你也知道。

嘗試揭穿這類期刊的淺薄有時困難重重。本書撰寫期間，美國波特蘭州立大學哲學系助理教授彼得・伯格憲（Peter Boghossian）就因爲撰寫惡搞論文，陷入免職的危機。他跟其他人合寫了數篇論文，有七篇被接受。這些論文嘲弄學術標準，想「看看我們稱之爲『牢騷研究』的學術領域是否受到政治行動主義所左右，將偏見及個人看法洗白成知識」。理查・道金斯（Richard Dawkins）和史迪芬・平克（Stephen Pinker）都出面聲援伯格憲。[28]

造假

造假（forging）和騙局類似，只是騙局想讓人知道，造假則不希望被人發現。造假者同樣隱瞞了眞實數據的樣貌，用假數據將眞數據弄暗。本書第二章討論民調和普查時提到的編造數據手段「在人行道上瞎掰」，就是其中一例。

最有名的科學造假案就是**皮爾當人**（Piltdown Man）。一九一二年，業餘愛好考古的律師查爾斯・道森（Charles Dawson）寫信給擔任倫敦自然史博物館地質學研究員的好友亞瑟・史密斯・伍德華（Arthur Smith Woodward），說自己在英國東薩塞克斯郡皮爾當村附近的礫石層挖到了一塊古代人的頭骨。兩人開始聯手調查，之後道森又挖掘到一截下頷骨和幾顆牙齒。他們將這些骨骸跟頭骨擺在一起，再使用造型黏土重建頭顱，結果顯示他們似乎找到了早期猿類和人類之間失落的演化環節。

這項發現讓許多人歡喜振奮，也引來不少爭議。有些人認爲下頷骨和頭骨並非出自同一個生物。英國動物學家馬丁・辛頓（Martin Hinton）堅信這是騙局，甚至決定親自出馬拆穿這兩位造假者。他將一顆猿猴牙齒磨成跟伍德華的頭顱模型牙齒一樣的形狀，然後埋到皮爾當村附近的礫石層裡。

假牙齒果然不出他所料被人挖到了。然而，這顆牙齒非但沒有證明道森是騙子，反倒被許多人認爲又是一項新證據，證明道森是對的。辛頓不肯放棄，又從絕種的大象身上取出一根腿骨，磨成板球棒的形狀，然後同樣埋在皮爾當，結果沒想到還是沒能成功。道森和伍德華爲此在《地質雜誌》發表了一篇論文，說明兩人的新發現。他們在論文裡表示：「過去這一季，我們花了許多時間搜索皮爾當的礫石層，在之前詳細探勘的區域邊緣進行挖掘……但幾乎沒有什麼發現……沒再發現人類骸骨，但現場挖掘到的一大塊骨頭，顯然是人造器具，大大撫平了我們的失望之情。由於這項發現實在太過奇特，特別值得在此一提。」

人很擅長自欺，這一點實在很有意思。道森和伍德華精彩示範了什麼叫確認偏誤。兩人在論文裡表示：「這件**骨器**（bone implement）約在地下一呎處發現，埋在深色的熟化土中……洗淨之後，骨器上沒有半點土壤殘留，而是牢牢覆著一層淺黃的沙狀陶土，和礫石層底部帶有燧石的土質極爲相似。因此，該骨器埋在土裡的時間不可能太久，幾乎可以確定是使用者在隔壁坑洞挖掘礫石時，和其他廢棄物一起扔了的。」[29]

這篇論文以科學角度詳盡描述了骨器的特徵及可能的製作過程，接著在討論時提到了以下發言：

「勞倫斯先生表示，從骨器的外形研判，有可能是棍棒。」

「達爾先生表示，這根骨頭上的工具痕跡和他擁有的骨器特徵雷同，而他擁有的那個骨器是在南安普頓船埠挖方時在泥炭裡發現的，跟新石器時代的石槌有關。」

「瑞吉諾．史密斯先生表示……他要恭喜發現骨器的人帶來一個很有意思的新問題，最後將催生巧妙的解答。」（果然沒錯！）

「梅內爾先生表示……他覺得不可思議，**曙人**（*Eoanthropus*）如此原始，竟然有能力製造和使用器具。」

就科學造假而言，皮爾當人絕對是成功案例之一，因爲直到四十多年後，各界才確定那三塊骨骸分別是紅毛猩猩的下頷骨、黑猩猩的牙齒及人類的顱骨。這不禁讓人想到達爾文的嗡嗡蟲事件。大多數人都認爲是道森幹的。根據英國考古學家邁爾斯．羅素（Miles Russell）的說法，道森確實有部分私人收藏也是假貨。[30]

考古學和古生物學的造假對人沒什麼直接傷害，但格雷迪紀念醫院總醫師約翰．達西（John Darsee）的造假事件可就不是這樣了。格雷迪紀念醫院是美國喬治亞州最大的醫院，達西一九八一年拿到哈佛大學的教職後就離開了，但剛進哈佛不久，就有同事懷疑他的實驗結果，使得他的數據遭到調查。美國國家衛生研究院詳盡調查後做出結論，達西確實有些數據造假，根本沒做實驗。不需要百折不撓、千辛萬苦實在做事，只要編編數字就好，這該有多輕鬆啊！

可惜這種例子多不勝數。心臟科醫師鮑伯．史拉茨基（Bob Slutsky）因爲研究出色而備受推薦，直到事情開始露餡，最後聖地牙哥加州大學委員會做出結論，史拉茨基曾以多種方式扭曲和編造數據。[31]醫學研究人員強．蘇布多（Jon Subdø）在頂級醫學期刊發表了多篇癌症論文，最後被人發現他刊登在《刺胳針》的論文裡使用的九百位病患的數據完全是捏造的。美國研究誠信辦公室調查後做出結論，癌症學者安尼爾・波提（Dr. Anil Potti）有編造假數據的不當行爲，包括宣稱三十三名服用達沙替尼（dasatinib）的病患有六名症狀緩解，但其實只有四名病患同意受試，而且沒有人症狀緩解。

二〇一七年發生了一個很不尋常的案例，因爲涉案者眾多。中國科技部發現四百八十六名研究者有不當行爲。[32]這些研究者不是編造或竄改實驗原始數據，而是花錢收買審查者爲他們的論文說好話，或是在期刊編輯尋找論文審查者時，提供假造的審查者名單。

類似的案例還能繼續說下去。有興趣的話，美國研究誠信辦公室隨時都在監督美國公衛研究的誠信狀況，並提供案例摘要。[33]然而，造假不只發生在醫療研究上。德國物理學家楊・亨德利克・肖恩（Jan Hendrik Schön）進行多次實驗，卻得出完全相同的一組數據，而荷蘭社會心理學家迪德利克・史塔波（Diederik Stapel）則是有多項研究編造數據，導致五十八篇論文遭到撤回。

科學家之所以造假，是因爲相信編造符合理論的數據，比實際蒐集數據（可能不支持理論）簡單與便宜。然而，編造看似眞實的數據其實沒那麼簡單。

如果實驗時，所有測量都得出相同結果，事情會容易得多，但眞實數據永遠有隨機的因素存在。物理實驗時，由於背景條件的波動，就算精細地測量質量、電荷或壓力，得出的數值也會隨機分布，而非如我們所希望的集中在眞正的數值附近。因爲每個人身高不同，所以測量一群人的身高會得出身高值的分布；某種植物的種子數量和重量不會每株相同。因此，若想讓編造的數據看上去很眞實，就連「隨機」也要捏造。

然而，人其實極不擅長編造看似隨機的數據，好讓數據毫無模式可言。比方說，假設你要人隨機說出一串數字（如26217833383774811256……），他們通常會說出太少組同數字的數串（如上一個括號裡的333、77和11），太常說出遞增或遞減的數字串（如654或4567），經常反覆說出同一組數字或同一個模式的數字。事實上，本書第一章提到的伯納德·馬多夫的財務報表和捏造的高爾夫得分，就太常出現成對的八和六。

當然，一切都看詐騙者的本事。熟悉統計知識的人就會知道，假數據和眞數據哪些方面不一樣，努力在那些方面動手腳。他們可能從其他地方偷抄數據，甚至更複雜一點，不但抄襲數據，還自行加上一些隨機變化。這些手法讓我忍不住好奇，會不會哪一天實際做實驗比編造讓人信服的假數據還簡單！

修剪

修剪（trimming）就是調整數據以便更符合理論。巴貝吉說修剪是「這裡修掉一點，那裡刪掉一些，從太高於平均的觀察值中挪掉一點，塞到太低於平均的觀察值中」。這種方法如果做得好，就能一方面維持平均值不變，另一方面讓人感覺數值的落差及測量不確定度比實際上更小。

其實，有些可靠的統計方法能夠做到這一點，甚至有時需要用它們來限制高得離譜或低得離譜（而可能不眞實）的數據對研究發現的不當影響。其中一個方法叫作**縮尾調整**，英文是winsorizing，以發明人美國生理學家**查爾斯・溫莎**（Charles P. Winsor）命名，作法是以偏離平均的某個定值來取代極端的觀察值，例如將偏離平均兩標準差的數值視爲不可靠，以兩標準差值取代之。取代後的數據平均的變異度會比原始數據平均的變異度小，但我們必須記住數據已經做過調整。沒有誠實告知數據經過調整，就等於掩飾眞相。而且要注意，這個方法並沒有將去除的部分塞到其他數值裡！

巴貝吉口中的修剪法再做得更誇張一點，就會從大數據集裡直接移動或抄走整群數據。這個作法和單純編造數據一樣，都非常省事！我曾經在自己審查的可疑詐騙案裡見過數字數據被這樣動過手腳，但我覺得這通常發生在影像或相片上，將影像描繪成非其所是的東西。

我還見過修剪法出現在科學研究更上層的階段。投稿到優良科學期刊的論文都會經過審查，交給多位學者批評指正，包括研究正不正確、過程妥不妥當、結果是否重要到值得刊登等等。每當有審查者指出論文裡描述的研究似乎有問題，有些作者就會加以調整，將研究陳述弄得模糊些，好讓其他審查者（和讀者）看不出錯誤，然後投稿到別的期刊。

例如，論文使用的統計檢定或模型建構程序的效度建立在某些假設上，但檢查數據後發現那些假設似乎有問題，導致結論可能無效。我就遇過這種例子。那篇論文提到了數據樣本的平均數和中位數，但那兩個數值讓我感覺數據值的分布過於偏斜，將使得論文後段的討論無效。我在審查報告裡提出這一點，但論文作者並沒有改用其他分析來解決這個問題，甚至改變結論，而是直接將中位數從論文中刪掉，然後投稿到別的期刊。只可惜好巧不巧，那份期刊的編輯又把論文寄來給我審查！

炮製

炮製（cooking）是從大量觀察值中挑選最符合理論的數值，以使數據看起來比實際上更準確可靠。巴貝吉這樣表示：「當你做了一百次觀察，就像廚師做一百次菜，運氣再差也很難不端出十五或二十次可上桌的菜。」炮製和搞p很像。

最有名的炮製案例出自諾貝爾獎得主密立坎，但仔細回顧會發現事情並非如表面看來那樣。暗數據當然是問題，但不是來自炮製。

密立坎是一九二三年的諾貝爾物理獎得主，測量電子電荷是他獲獎的原因之一。他起先和一位博士生合作，後來獨自進行實驗，觀察帶電水滴和油滴下墜時受到電場影響的速度變化。他首先根據液滴的終端速度來判斷重力何時和空氣的黏度（譯註：空氣摩擦力）抵銷，進而算出液滴的大小。接著他開啓電場，然後測量液滴速度，以便推算液滴的帶電量。經過多次實驗，密立坎得出了最小可能電量。這就是電子的帶電量。

這個實驗跟炮製有什麼關聯？要回答這個問題，就得談到他一九一一年發表於《物理評論》的論文。密立坎在論文裡表示：「在目前的實驗設計下，我們只觀察了這麼多這個大小的液滴，因此這些液滴代表普遍的觀察，而非挑選過的部分……另外必須強調，儘管實驗儀器曾經拆下再裝回去數次，但**這些液滴不是部分，而是六十天持續實驗的所有液滴**（粗體爲原文所加）。」[34]這句話的意思很明顯，就是實驗結果不可能受到篩選數據（不論有意無意）的扭曲。換句話說，沒有**DD-T3：只選擇部分**的情況，也沒有將數據弄暗。

這件事差點就這樣過去了。只是後人檢查密立坎的筆記，發現他在論文裡提供的**不是**全部的數據（如果對密立坎的筆記有興趣，可以到http://caltechln.library.caltech.edu/8/閱讀復刻本）。論文裡只記錄了五十八個液滴的測量值，筆記裡卻有一百七十五個。這開始讓人感覺像是明顯的炮製，甚至是詐騙，至少對於科學記者威廉・布洛德（William Broad）和尼可拉斯・衛德（Nicholas Wade）便是如此。這一點從兩人合寫的《背叛眞理的人：科學名人堂裡的欺瞞與詐騙》（*Betrayers of the Truth: Fraud and Deceit in the Halls of Science*）的書名，就一目瞭然。[35]

然而，物理學家大衛・古德斯坦（David Goodstein）深入檢視後發現，密立坎的數據操弄並不如乍看之下那麼簡單。油滴運動受到三個因素影響，我們對其中兩個（重力和電場）非常瞭解，卻不是那麼清楚空氣黏度對密立坎所使用的微小液滴有何作用。爲了弄懂這一點，進而信任實驗結果，密立坎必須反覆實驗，以便改善和優化測量程序。而這部分的測量值就算吻合他的猜想，也沒有納入論文中。古德斯坦提到，密立坎曾經說：「這個測量值太正確了，是我量到最棒的一個！」卻沒有把那個數值納進數據中。36

去掉某些測量值還有其他理由，例如液滴太小、以致布朗運動影響太大，或是液滴太大、以致下墜太快，無法準確測量，使得密立坎認爲不該納入數據。我們之前提過，所有研究者都會做這種決定，也需要做這種決定。要是你正在進行精密測量時有人不小心撞到桌子，測量結果可能就得排除。要是你在倒入化學物質時不小心手滑，你可能會略去這次的結果。科學和人生一樣總有灰色地帶，不是非黑即白。

巴貝吉只列了騙局、造假、修剪和炮製，但科學還有其他不當行爲，例如剽竊，隱瞞某份研究的眞實出處，將出處變成暗數據，假裝研究是出於你本人之手。剽竊通常是整段照抄，甚至只改掉題目和作者姓名就當成自己的論文去投稿！我們目前已經有軟體工具可以比對投稿的論文和已發表的文獻，偵測這類不當行爲，因此現在抄襲的風險比以前大了許多。

不當行爲顯然會損害科學機構的名聲，因此他們可能不想張揚，甚至隱瞞。但要是後來紙包不住火，傷害會更加嚴重。科學機構通常設有獨立小組，專門調查這類指控。我自己就擔任過小組成員不少次。

論文撤回

我們之前提過，科學自我修正的方法是重複驗證，也就是反覆進行同一研究，以數據核對理論。除此之外，還有一個機制。當已發表的論文發現有錯，作者和期刊編輯可以撤回論文，承認論文未能證明其所聲稱證明的理論或假設。這不代表整篇論文一定是錯的，有可能只是未能恰當證明其結論而已。當論文查出造假或呈現不實，也會被撤回。

美國醫療倫理專家葛蘭特．史丁（R. Grant Steen）等人最近調查了登錄於生物醫學資料庫PubMed裡的論文，發現「近年來的論文撤回率急遽上升」，而且令人擔憂的是，「自一九七五年以來……因詐騙行爲而撤回的論文估計增加了十倍。」[37]這樣聽來科學和科學家好像很惡劣，但別忘了，科學論文的發表量這幾十年來也大幅增加。PubMed裡收錄一九七三年至二〇一一年的期刊論文，共有二一二〇萬篇，其中因詐騙行爲而撤回的有八百九十篇，也就是每二萬三七九九篇論文只有一篇撤回，感覺不是大嚴重。史丁等人表示：「一九七三年至二〇一一年論文刊登率的變化幅度……大於因詐騙行爲……或錯誤而撤回的論文數量變化。」但他們也補充，這近四十年間有幾段時期的撤回率有加速的趨勢。撤回論文的麻煩在於它只能事後做，而期刊編輯有可能再往回溯，撤回更早之前發表的論文。對於哪些論文被撤回和撤回理由感興趣的讀者，可以參考http://retractionwatch.com。但我們必須承認，撤回可能只是論文品質低落的冰山一角，顯然還有許多該被撤回的論文沒被查到。

這裡順帶給有意詐騙的人一個建議。可想而知，我很猶豫該不該這樣做，但還是覺得應該知無不言，不隱藏任何資訊才算誠實，也符合本書的精神。基本上，邊緣期刊之所以邊緣，就是因爲讀者少。而期刊讀者愈少，詐騙行爲就愈難被察覺，因此將不實論文投稿給讀者稀少的邊緣期刊發表，比較不容易被發現。儘管這樣做當然能提高論文的發表率，卻對引用率（也就是其他研究者表示自己受到這篇論文影響的次數）毫無幫助。

本書第三章提到，從二〇〇〇年起，美國自閉症確診人數大幅增加，其中一個原因是民眾更有警覺。同樣的原因或許可以部分解釋科學論文撤回率爲何增加：可能是因爲編輯、審查者和讀者更有警覺，懂得提防詐騙及錯誤。事實上，一般科學詐騙行爲可能也是如此，發生率提高或許只是大家更有警覺，更多案例被查獲和通報。近年來科學界對詐騙更警覺，顯然和前面提到的重大案例有關，因爲這些案例讓許多人覺得這種事層出不窮。[38]

出處與可信度：是誰說的？

過去這兩年，有一型暗數據經常登上新聞版面，那就是所謂的假事實與假新聞（**DD-T14：編造和合成數據**）。維基百科對假新聞的定義是：「八卦新聞和文宣的一種，內容包含刻意編造的假訊息或欺騙。」八卦新聞的英文是yellow journalism，直譯的意思爲黃色新聞。這個用語典出十九世紀末威廉·蘭道夫·赫斯特（William Randolph Hearst）和約瑟夫·普立茲二世（Joseph Pulitzer II）的報社大戰，用來指稱誇大煽動的新聞報導。普立茲先在他的《新世界報》創了一個身穿黃色長睡袍的漫畫角色「黃小子」。赫斯特不甘示弱，也在他的《紐約新聞報》創了一個「黃小子」。假新聞雖然不是數位形態，還是可以算成暗數據（你以爲事情是這樣，其實不然），而且由於是刻意爲之，因此屬於詐騙。

自有天地以來，人類就爲了區分事實和謊言而煩惱。這個問題沒有確切的解答，但在數據領域裡，我們有一個很有用的作法，就是堅持要對方告知數據的來源，堅持問出數據由誰蒐集、由誰呈報。或者就如同我在一篇討論這個主題的文章裡寫到的，拿到數據一定要問：「這是誰說的？」[39] 堅持問出數據的**出處**。如果問不出來，你就要自己設法確定資訊眞實度（除非這樣做會讓資訊來源身處險境，這種狀況有時會發生）。就實務而言，這代表所有報紙、網站、記者和政治人物，都應該告知資訊的來源。如此你就能核實資訊——雖然你可能不想或沒時間這麼做，但至少原則上可以。這個作法無法解決所有難題（這是強人所難），也無法阻止有心人刻意揀選資訊以支持自己的立場，但多少有些幫助。

經常有人認爲「透明」可以部分解決暗數據的問題，至少詐欺與矇騙行爲裡的暗數據可以這樣處理。這個主張的論點在於，數據一旦公開就比較好監督；如果民眾可以親自檢查，詐騙就會變得困難。這也是我們之前提過的「點亮」原則。西方民主國家極爲重視各階層的公開度，並鼓勵政府公布公務細節。英國地方政府透明法典便指出：「透明是地方單位的問責基礎，也是讓人民擁有工具與資訊，以便在社會扮演更大角色的關鍵。數據的可得性也能爲地方產業、志工、社區和社會企業開拓新市場，提供服務或管理公共資產……政府認爲原則上除非事涉敏感，否則地方機關持有與管理的所有數據都應向當地民眾開放。」[40]該法典接著表示：「本法典確保地方人民能調閱及取用……經費支用……資產使用……公務決策……等攸關地方人民權益之數據。」以大曼徹斯特地區爲例，民眾可以調閱坦姆賽德市每一季所有五百英鎊以上的支出細節，[41]包括包商、部門、商品或服務內容、數量和日期等。

然而在個人層面，情況卻似乎相反，由於必須保護隱私，或用本書的術語來說，維持個人數據的隱密與晦暗。因此，二〇一八年五月廿五日，本書第二章提到的歐盟**一般資料保護規範**（GDPR）正式生效，所有儲存與使用個人數據的公民營機構都受到限制，民眾對個人數據及其使用方式也更有主控權。所謂「個人數據」，是指得以識別該個人的資料。歐盟一般資料保護規範要求公民營機構，必須說明為何蒐集與使用個人數據，並要求公民營機構取得個人明確且不受強迫的同意（或其他證明，如法律規定；或者為了拯救該個人的性命），才能蒐集及使用個人數據。而個人有權取用這些數據，要求更正或刪除數據，或將數據轉移給另一個資料控管者。還有一點值得一提，就是這些法律規範確實對擁有大量個人數據的企業，形成了可觀的約束力。

此外，這裡所說的「透明」和一般人對數據透明的理解相同，是指想要時就可以取用數據。但是透明還有另外一種涵義：當你能看穿某樣東西，甚至不察覺其存在，它就是透明的。窗戶和眼鏡是透明的。糟的是，許多最有效的詐騙與騙局靠的正是這一點：事情在你眼前發生，你卻渾然不察，感覺一切正常，直到你發現兜不上，假象才剎時瓦解。就數據而言，「透明」的這層涵義和「暗」相去不遠，感覺實在奇怪。

本章進一步介紹了如何識別各類型暗數據及克服暗數據帶來的挑戰，尤其在科學研究方面。我們討論了如何用數據評判理論、因為欠缺數據而導致的錯誤、濫用數據進行詐騙、人為編造數據、只注意數據裡的最大值及大量搜尋產生異常的問題，並且檢視了「大多數科學發現都是錯的」的說法。本章還提到追查數據出處的基本作法——堅持找出「是誰說的？」。

本書第一部介紹了暗數據可能引來問題的各種情況。第二部將探討如何偵測暗數據、依據暗數據做調整，以及我們實際上能如何利用暗數據，從中獲益。

第二部

點亮與使用暗數據

8 面對暗數據：點亮它

希望！

我們已經看到暗數據出現有各種理由，也可能明知自己見到的數據有所偏頗，卻還是完全不曉得自己沒有看到一切。我們也討論了這樣的無知可能後果慘重，不僅財務上如此，連性命都可能不保。前景看來實在不妙。

所以我們能怎麼辦？本章將介紹一些作法，幫助我們一窺暗數據，辨別暗處隱藏了什麼，以及就算無法確切知道少了哪些數據，依然能做些什麼、以減輕其害。我們還會分享科學家提出的構想、工具、方法與策略，讓我們即使被無知之幕所蒙蔽，仍然可以找出正確答案。本章主要討論數據遺漏的狀況，包括**DD-T1：我們知道漏掉的數據**、**DD-T2：我們不

知道漏掉的數據、**DD-T3：只選擇部分情況**和**DD-T4：自我選擇**，並於結尾簡短討論數據可見、但可能誤導人的狀況，包括**DD-T10：量測誤差與不確定**、**DD-T9：數據的摘要**和**DD-T7：因時間而異**。不過，無論暗數據發生的原因爲何，解決之道的關鍵都在於**提高警覺**，明白事情可能出錯。這一點在數據本身無法透露有地方不對時，尤其重要，例如**DD-T15：類推到數據之外**、**DD-T12：資訊不對稱**，以及**DD-T8：數據的定義**。希望本書提供的諸多例子，以及對各型暗數據的介紹，能幫助你提高警覺，至少懂得留意一些事情，而非毫不設防。

但在詳細說明之前，得先強調一個基本重點，就是**數據能不暗最好**。不正確的數據當然會是暗的，但「遺漏」一詞也透露了些許端倪。遺漏就表示我們希望得到更多數據，只是有地方出了差錯。接下來介紹的這些方法，或許能緩解數據不正確和不完全的問題，但數據如果能完整且正確還是最好的。換句話說，**不論在設計蒐集數據的策略或實際蒐集數據時，都應當極力避免錯誤與不全**。

要是不可能做到這一點呢？

鏈結已知和遺漏的數據

假如無法蒐集到全部的數據，這時處理暗數據的關鍵就是瞭解數據爲何遺漏，尤其必須瞭解數據（已知或遺漏者皆然）之間的關係，以及是否有數據項遺漏了。運氣好的話，我們會對遺漏的數據項的值大致有個概念，得以彌補不知道實際值的狀況。

要做到這點，首先得從一套很有用的分類做起。這套分類是美國統計學家唐諾．魯賓（Donald Rubin）於一九七〇年代提出的，[1]將已知（observed）和遺漏數據之間的關係分成三類。讓我們用一個例子來說明。

身體質量指數（BMI）是人體組織重量的標準測量單位，將人分爲過輕、正常、過重和肥胖四級，計算方式則爲體重（公斤）除以身高（公尺）的平方。BMI值二十五以上爲過重，三十以上則爲肥胖。由於證據顯示，肥胖者比體重正常者更容易罹患冠狀動脈心臟病、第二型糖尿病、中風、骨關節炎、癌症、憂鬱症及許多其他疾病，使得各種減肥飲食大行其道。

在一份針對減肥飲食進行的研究中，研究者連續六個月、每週觀察受試者的改善狀況，項目包括體重、皮層厚度和身體質量指數，但這裡只討論身體質量指數。

很可惜，不是所有受試者都持續了六個月，中途退出者沒有最後的測量值。問題是，我們能夠忽略那些退出者和他們的暗數據，只分析從頭參與到尾的受試者的數據值嗎？本書第二章討論過退出可能造成的問題，而你既然已經讀到這裡，應該很清楚答案是當然不行，退出者不能忽略不計。但我接下來要更詳細解釋為什麼。

在該項減肥研究中，有一類受試者較容易退出，因為他們無法堅持，覺得自己做不到很丟臉，以致不想繼續。另一類受試者，尤其那些初參與時不是太過肥胖的人，則是發現體重減輕有限，因而失去動力。第三類退出的受試者，理由和減重無關，有些是因為換工作、無法繼續，有些則是太忙、無法定期到診所參與研究。

這三類退出者裡的第一種，他們的退出率和身體質量指數（如果參與到底就會列入紀錄）顯然有關聯。他們沒有繼續參與計畫，就代表體重減輕的速度不如預期，甚至不減反增。對於這種狀況，也就是數據遺漏的機率和**若有進行觀察就會得到的**數值有關聯，魯賓稱之為「不可忽視」的遺漏，也稱為「帶有資訊」的遺漏。這類狀況顯然難以處理，因為暗數據很可能跟完整參與試驗的受試者身上取得的數據不同。

第二種退出者是起初並未太過肥胖，但因為失去動力而退出。他們的退出率和一個值有關，那就是初始的ＢＭＩ。儘管我們觀察不到他們最後的ＢＭＩ，但知道他們選擇退出，也知道他們退出是因為我們已經測量到的數值。魯賓稱這種狀況為「隨機遺漏」的觀察。這類「遺漏」的重點，在於有徵兆顯示事情將會或可能會出錯。

最後，第三種退出者的退出原因跟研究無關。這些人退出前的測量值，以及若沒退出就會觀察到的測量值，都跟退出率毫無關聯。魯賓稱這種情況爲「完全隨機的遺漏」。

對於統計外行人來說，魯賓發明的術語可能很難記，我決定將這三種數據遺漏的情形重新命名：

首先，我將「不可忽視的遺漏」取名爲**未知數據決定**（Unseen Data Dependent），簡稱UDD。這種狀況下，觀察值遺漏的機率取決於未被觀察到的值。在前述例子中，最終BMI遺漏（亦即觀察不到）的機率，取決於這個值有多高。最終BMI愈高（如果有測量的話）的受試者，愈不可能繼續參與研究。

其次，我將「隨機的遺漏」取名爲**已知數據決定**（Seen Data Dependent），簡稱SDD。這種情況下，觀察值遺漏的可能性取決於其他已知觀察值。在前述例子中，最終BMI遺漏的機率取決於初始BMI。初始BMI愈低，愈可能中途退出。

最後，我將「完全隨機的遺漏」取名爲**非數據決定**（Not Data Dependent），簡稱NDD。這種情況下，觀察值遺漏的機率和已知或未知數據都完全無關。在前述例子中，最終BMI遺漏的機率和數據毫無關聯，既不取決於其他已知的觀察值，也不倚賴若未退出就會測量到的觀察值。

當我們開始思考有數據遺漏時該如何調整，就會看出魯賓這套分類法的好處。第三種數據遺漏是最簡單的，所以我們就從它說起。

理想狀況下，所有受試者六個月後都會接受測量，和開始一樣全員到齊。因此，問題就變成，刪除退出者的測量值會如何扭曲結論。由於NDD退出者的退出理由和研究無關（既然是「非數據決定」的退出者，就表示測量值遺漏和數據無關，不論是已測得的數據，或是退出者若沒退出就會測得的數據，都是如此），因此沒有理由認爲這些人和堅持到底者有根本上的差異。事實上，這種情況和一開始便少收幾名受試者沒有兩樣。就算將這些退出者的體重值統統刪去，通常也不會影響分析結果，因此可忽略不計。這種情況非常單純，可能也很少發生。**暗數據**在此完全沒有影響力。

事情要是都這麼簡單就好了。

魯賓提出的第二種類別（SDD）就比較複雜。這群受試者是否退出，取決於他們一開始的BMI，而這個數值是已知的（他們是「已知數據決定」的退出者，退出與否取決於**已測得**的數據）。說得具體一點，初始BMI低的受試者比較會退出，因而缺少最終測量值，指數高的受試者則比較不會退出。

重點是，這類遺漏不會扭曲我們所觀察到的初始BMI和最終BMI的關係。不論初始值爲何，最終值的總數都會**比較少**，因爲有些人退出了，但測量到的最終值依然能充分代表擁有該初始值的人的最終BMI分布。換句話說，我們可以只根據測量到的最終值，來推算初始值和最終值的關係，而不會偏頗，並且用這個推算出來的關係預測任何初始值的最終值。

最後是魯賓提出的第一種類別UDD。這類受試者就真的棘手了。他們的數據會遺漏，是因爲「原本會測到」的BMI因爲退出而測不到（他們是「未知數據決定」的退出者，因爲**未知**數據而導致遺漏）。這些數據遺漏並非出於隨機，也不是因爲其他已測得的觀察值。要推測這些遺漏的數值爲何，就只能從他處取得資訊或對遺漏的原因做出假設。

以下是另一個例子。

一九八〇年，社會統計學家凱西．馬許（Cathie Marsh）隨機挑選了兩百對英國成年夫妻，建立了一個數據集。[2]假設我們現在想用這個樣本推測當時英國已婚女性的平均年齡。檢視馬許的數據就會發現有數值遺漏，某些已婚女性的年齡並未登載在數據裡。問題在於這些暗數據是否會影響我們分析數據，導致得出的結論無效。這個問題和前面身體質量指數的例子一樣，答案都取決於數據爲何遺漏。

那些遺漏的已婚女性年齡值有可能是NDD，也就是她們的年齡值是否遺漏和任何已知或未知的數值無關。

遺漏的數值也可能是SDD，也就是已婚女性的年齡值是否遺漏可能取決於其他的已知數值。爲了討論方便，讓我們假設已婚女性會不會透露年齡，**完全**取決於丈夫的年齡，和其他變數無關，例如丈夫年紀較長的妻子透露自身年齡的機率，約爲丈夫年紀較輕的妻子的一半，而且所有丈夫的年齡都是已知。

最後，遺漏的數值還可能是UDD，也就是已婚女性的年齡值是否遺漏，取決於該年齡值本身。這一點並不離譜，因爲過去詢問女性年齡是無禮之舉，至少西方世界確實如此，而女性也往往不願透露年齡。英國作家沙奇（Saki）一九一一年出版的《克洛維斯記事》（*The Chronicles of Clovis*）裡有則短篇小說〈鴛鴦配〉，文中有一段是這樣的：

「後來問題眞的嚴重了，」克洛維斯答道：「她突然冒出一套理論，認爲熬夜不好，要我每天半夜一點以前回家。你能想像我受得了嗎？我那時才過了十八歲。」

「嚴格來說，十八歲是去年了。」

「哎，這不是我的錯。只要我媽還是三十七歲，我就不會變成十九歲。人必須尊重外表才行。」

當時的習俗或許可以解釋已婚女性年齡值的遺漏：年紀較長的女性可能比較不願意透露自己的年齡。

第一種情況（NDD）同樣很單純。由於遺漏的觀察值和所有已知的數據值無關，因此我們可以直接略去已婚女性年齡不詳的夫妻，只根據其他夫妻的數據來推測當時英國已婚女性的平均年齡。這代表我們實際上擁有的樣本數小於預期，不到兩百對，然而這不會對我們的估計值造成任何偏誤或結構性的扭曲。當然，要是遺漏數量太多導致樣本數大減，我們得出的結論就會有很高的不確定性，不過那是另一回事。

但如果是SDD呢？由於已婚女性是否透露年齡要看丈夫的年紀而定，使得我們取得的已婚女性年齡樣本可能出現扭曲。例如，我們可能發現年紀較長的已婚女性因為丈夫可能也年紀較長，使得她們的年齡值在數據裡的代表性不足。而我們要是忽略這一點，就可能低估已婚女性的平均年齡。

不過，這也讓我們曉得這個問題該如何處理。雖然不論丈夫年紀為何，不是所有已婚女性都會透露自己的年齡，但**確實**透露年齡的已婚女性，卻是該年齡丈夫的妻子的隨機樣本（因為我們假定已婚女性是否透露年齡，只取決於丈夫的年紀）。換句話說，**確實**透露年齡的已婚女性的平均年齡，可以用來推測該年齡丈夫的妻子平均年齡。而這就（再次）表示，我們可以單單倚賴已知的夫妻數據來研究丈夫和妻子年齡之間的關係。當我們算出兩者的關係之後，就能用它來推測任一年齡已婚男性的妻子平均年齡。估計所有已婚女性的平均年齡也很簡單，只要將透露者的實際值和未透露者的推測值加總平均即可。

最後是UDD的情況。倘若已婚女性的年齡值是否遺漏，取決於該年齡值本身，例如年齡較長的已婚女性較不會透露年齡，那麼和身體質量指數的例子一樣，我們得到的年齡樣本也是扭曲的。而且我們不能像在ＮＤＤ或ＳＤＤ的情況那樣，直接忽略遺漏年齡值的夫妻。畢竟不論已婚男性本身年齡爲何，**沒有**透露年齡的妻子通常比**有**透露的妻子年長，但我們無從得知確實情況。因此，無視這個扭曲而進行的分析都會嚴重偏頗，而想解決這種情況，就必須從他處尋求協助。

早期針對如何處理數據遺漏問題的研究主要來自經濟學家。這或許不難想見。經濟學做研究特別麻煩，因爲人不是被動受測的個體，會因量測而改變行爲，甚至拒絕受測，尤其可能因爲自己會做出的回答而拒絕受測。

暗數據在經濟學有多重要，從以下這件事就看得出來。美國經濟學家詹姆斯·赫克曼（James Heckman）二〇〇〇年獲頒諾貝爾紀念獎，表彰他在一九七〇年代「發展分析選擇性樣本的理論與方法」。「選擇性樣本」其實只是換個說法，意思就是沒有全部的數據，只有從中選出的樣本。赫克曼的方法一般稱爲「兩階段法」，甚至直接稱作「赫克曼法」，主要在處理ＳＤＤ的情況。作法是先替導致數據遺漏的程序建立模型，然後用這個模型來調整用於全體數據的模型，有點類似我們在馬許那個例子使用的方法。赫克曼感興趣的項目是工時和市場薪資，而他分析的其中一個例子後來成了經典案例，那就是女性薪資。女性薪資和其他因素有關，但只要女性決定不受雇，就不會有薪資數據（這點男性也適用！）。

其實本書第二章談到金融指數時，就已經討論過經濟學的例子，尤其是SDD遺漏。例如道瓊工業平均指數爲美國三十大公開上市公司的股價總和除以道指除數。但公司來來去去，自一八九六年道瓊工業平均指數創設以來，組成的公司已經更換了五十多次。公司遭遇財務困難或經濟變動時，尤其可能被道瓊指數從組成公司中剔除。因此，道瓊工業平均指數並不代表所有公司的表現，只代表發展相對出色的公司。然而，公司表現下滑或經濟變動的徵兆永遠先於道瓊剔除該公司的決定，因此是SDD數據。

另外，標準普爾五百指數是美國五百大市值公司的股價加權平均，該指數同樣會剔除表現欠佳的公司。由於要剔除哪家公司，必然取決於剔除前的數據（假設剔除不是事後爲之的話！），因此在計算指數時，被剔除的公司的數據是遺漏的。這些數據也算是SDD數據。

最後再舉一個金融指數的例子。本書第二章曾提到，倖存者偏誤不只會影響道瓊工業平均指數及標準普爾五百指數，連避險基金指數也無法倖免。巴克萊避險基金指數是巴克萊資料庫內避險基金淨收益的算術平均。然而，表現太差收掉的基金並不包括在內。不過，那些基金的表現惡化，應該在收掉前幾個月就很明顯了，因此那些數據也可能是SDD。

辨別造成數據遺漏的機制

ＮＤＤ、ＳＤＤ和ＵＤＤ的分類很好用，因爲不同的數據遺漏需要不同的解方。當然，這表示我們遇到數據遺漏問題時，必須能夠分辨它屬於哪一類。要是搞錯了，我們的結論就可能出錯。在已婚女性年齡的例子，若我們錯誤假設遺漏的數據是ＮＤＤ，已婚婦女年齡遺漏的機率與其年齡或丈夫的年齡無關，結果就可能走偏了。同理，要是我們錯誤假設遺漏的數據是ＳＤＤ，認爲已婚女性是否透露年齡只取決於丈夫的年齡，我們一樣可能得出錯誤的結論。不過，這事並不令人意外。因爲**任何分析都需要對「數據如何產生」做出假設，只要假設出錯，自然表示結論可能有誤**。然而，這也表示我們希望假設愈可靠愈好，同時設法檢驗並驗證假設。有許多策略都嘗試做到這一點。

最基本的策略或許是利用你對數據**域**（domain）的認識做判斷。要是調查對象對你的調查項目特別敏感，你可能就要推測遺漏的數據是ＵＤＤ：調查古柯鹼使用狀況的問卷，可能比調查大眾運輸使用情況的問卷更可能是ＵＤＤ。

通常同主題的其他研究或相關領域的研究，或許能告訴我們數據爲何會遺漏。哈佛大學統計學家孟曉犁（Xiao-Li Meng）就用了這個方法，精彩量化了數據遺漏對結論的影響。[3]他將**估計準確度**（accuracy of an estimate）的測量切割成多個部分，其中一個部分是某一數值是否遺漏跟該數值大小的相關程度。接著他指出這個相關程度的大小，有時可以從其他數據來源取得，例如其他領域遇到的類似問題。

另一個更積極的作法是設法蒐集遺漏的數據，本章下一節將詳細說明。

我們有時可以利用統計檢定，像是根據妻子是否透露年齡，將已婚男性分成兩組，結果發現兩組男性的年齡分布不同，表示數據很可能不是NDD。美國統計學家羅德利克·里托（Roderick Little）是處理數據遺漏的專家，他研發出一種基礎統計檢定，能判斷遺漏的多變數數據是否爲NDD。[4]此外，也有統計學家開發了判斷數據是否爲SDD的統計檢定，不過這些檢定極受使用者對模型所做的假設的影響。也就是說，如果我們對「數據出了什麼事」的基本假設錯了，結論也可能不正確。這點同樣不令人意外。

我們已經看到，辨別造成數據遺漏的機制，對於防止結果偏頗很重要，尤其是判斷「數據遺漏有多大程度取決於該數據**如果沒遺漏**、其值會是多少」。有時遺漏的數據類別非常明顯，但其他時候，遺漏的數據可能不只一種類別。NDD、SDD和UDD並非互斥，某些遺漏的數據是NDD，不代表其餘的遺漏數值不可能是UDD。儘管如此，只要我們能清楚辨別遺漏的數據值屬於什麼類別，就有辦法處理數據遺漏造成的難題。

有了NDD、SDD和UDD分類法，我們可以開始討論實務上該如何處理暗數據。下一節將從簡單、常用（但必須說也常會誤導人）的方法說起。

使用已知數據

儘管辨別造成數據遺漏的機制是個強大的工具，有助於理解如何處理暗數據，但顯然需要相當深入的知識，因此許多人會改用較簡單的方法。這些方法通常很直覺易懂，許多統計套裝軟體裡都有，只可惜「簡單」、「直覺」和「易懂」不代表效度一定夠。接下來，讓我們檢視其中幾種方法及這些方法的特性，以瞭解這些方法跟UDD、SDD和NDD分類有何關聯。

表六是減肥飲食研究開始時，蒐集到的數據的一小部分樣本，其中「NA」表示該欄位沒有數值。

完整個案分析

第一種作法，我們只採用資料完整的那幾列數據，也就是所有項目都有觀察值的那幾列。假設暗數據是NDD，這樣做就很合理，而這種作法（你應該可以想見）通常叫作**完整個案分析**（complete case analysis）。不過，當你檢視表六，並試著使用完整個案分析時，就會立刻發現這作法有一個缺點，即使暗數據確實是NDD也無可避免，那就是表格裡每一列至少都有一個數值遺漏。如果把資料不完整的那幾列去掉，我們根本沒有數據可用！

表六：飲食研究數據樣本

年齡（歲）	身高（公分）	體重（公斤）	性別
32	175	NA	男
NA	170	90	男
NA	180	NA	男
39	191	95	NA
53	NA	86	男
38	NA	90	女
61	170	75	NA
41	165	NA	女
NA	158	70	女
31	160	NA	女

這個例子可能太過極端（老實說是我刻意編的），但即使情況不這麼極端，這種作法還是可能導致樣本大幅縮水。從一千筆資料得出結論或許還能接受，單從二十筆資料得出結論，可能就有理由感到不安。即便數據是NDD，二十筆完整的資料也已經足以代表母群體，而樣本過小所導致的變異度，還是可能讓我們對結論的正確與否感到憂心。

當然，萬一暗數據不是NDD，就算樣本只是稍微縮水也可能導致數據集扭曲。

使用所有已知數據

第二種簡單作法是使用手邊所有的數據。例如表六有七列記錄到年齡，我們就用那七個數值來估計平均年齡。同樣地，如果暗數據是NDD，遺漏者的年齡值和其他受試者的年齡值沒有不同，這麼做就不成問題。但只要遺漏者的年齡值和其他人的數值不同，就可能得出偏頗的結果。若表六中年齡值遺漏的多半是較年長的受試者，第二種作法就會低估平均年齡。

這種作法還會遇到另一個麻煩：不同筆資料遺漏的項目不同，例如有些缺年齡，有些缺體重。因此，如果使用第二種作法，用來計算平均年齡和平均體重的就會是不同的受試者。若遺漏體重值的大多數是體重較重者，遺漏身高值的大多數是身高較矮者，那麼第二種作法就會得出母群體又高又瘦的錯誤印象。事實上，這種作法有時甚至會導致矛盾。例如，研究兩兩變數之間的關係時，我們可能會發現根據年齡／體重相關值和年齡／身高相關值計算出來的體重／身高相關值，跟直接根據體重和身高數據計算出來的體重／身高相關值互相矛盾，讓人莫衷一是。

數值遺漏模式

第三種策略是將資料按照遺漏的項目來分類，例如將遺漏體重值的受試者和沒有遺漏體重值的受試者分開分析。事實上，表六有五個數據遺漏模式：只遺漏體重、只遺漏年齡、遺漏體重和年齡、只遺漏性別和只遺漏身高。由於樣本只有十人，因此各個數據遺漏模式的資料數顯然都不高，分別是三人、兩人、一人、兩人和兩人。但只要樣本夠大，我們就可以個別分析各個模式。不論是哪一種數據遺漏機制，都可以使用這種作法，但要將各個結論整合成一個有用的摘要，可能有困難。而且當數據集很大，測量的變數眾多，數據遺漏的模式可能非常多！

第三種作法特別適用於本來就不存在、所以遺漏的數值。例如第二章提過，沒有配偶的作答者遺漏「配偶收入」這項數值很正常。因此，我們顯然要分成兩種狀況來處理，有配偶（並且有回應）的作答者和沒有配偶的作答者。然而，要是某人遺漏「配偶收入」這項數據，是因爲拒絕作答或忘記了，這就沒有什麼道理。

這個例子也顯示了，用不同符號來表示不同種類的遺漏數據很重要。ＮＡ可能代表各種狀況，光是歸類成「不知道／不適用」，或許毫無用處。

堅持與黃金樣本

之前幾章提到許多母群體有大量數據遺漏的例子。原因可能是受訪者拒答、篩選程序判定某些人可能沒有患病、數據鏈結程序未能適當匹配不同的數據庫，或是其他許多狀況。若能找出沒有提供數據的人（或許因爲這些人符合某些判準或正好有名單，例如問卷的抽樣架構，可以找出誰有回答、誰沒有回答），那麼一個很簡單的策略就是詢問那些遺漏數據的人或其中某些人。只要處理得當，就能化解數據遺漏機制造成的種種困難。

其實民調經常採用這種策略，努力聯繫未回應者。若研究者不斷聯繫這些人並進行訪談，或許就能找出回應者的特質和聯繫次數之間的關係，進而在已知有部分受訪者完全聯繫不上的情況下，調整民調結果。

這種使用額外數據的策略有幾種方式，以下是之前提過的一個例子。

本書第二章曾經簡單討論過消費金融領域的暗數據。我們幾乎每天都會從事消費金融活動，也知道要爲所有可能的申貸者建立模型有多困難，因爲可取得的數據通常來自偏頗的樣本。例如，我們永遠無法知道，未能申請到貸款的人如果申請到貸款會如何，會不會拖欠。消費金融領域後來創了一個名詞叫「婉拒推論」，專指用來推測這些婉拒者若申請到貸款將會如何的各種策略。「婉拒者」的相反是「接受者」，也就是申請到貸款的人（消費金融業向來不以擅長命名著稱，所以才會有「婉拒者」、「次級房貸申請人」，甚至「檸檬」這種詞彙出現）。婉拒推論其實是「插補法」的特例，而插補法則是處理遺漏值的一種基本策略，本章稍後將會談到。

我們有不少理由會想推測這些未能觀察到的結果。其中一個基本理由就是我們想看看自己的篩選方法有多準確，比如是否會婉拒許多其實不會拖欠還款的申貸者。第二個理由是改善模型，更準確預測未來申貸者的結果。畢竟模型如果只建立在部分母群體（即之前申請到貸款者）之上，應用到整個母群體可能會有偏頗。本書第一章就談過這個問題。

爲了解決貸款失敗者結果不明的問題，與我合作過的一家銀行蒐集了一組樣本，取名爲

「黃金樣本」，裡頭是他們「應該婉拒」的申請者，因爲那些人不符合銀行先前核發貸款的標準。他們判定這些申請者極有可能拖欠還款，但還是從中隨機挑選了少數人核發貸款，以便取得這些人得到貸款後的資訊。這項策略讓那家銀行得以改善模型，更能預測哪種人會拖欠還款，藉此決定該核准誰的申請。

遺憾的是，我們不是永遠都能拿到另一個樣本來補足母群體遺漏的部分。不過，有時根據其他類似問題（例如類似國家的人口年齡分布）或理論（例如從燈泡的物理原理推論燈泡壽命的分布形態），我們也能大略掌握數據的分布形態。這時如果我們知道挑選準則，就能從我們觀察到的部分分布推測全體分布及其特徵，例如平均值。本章下一節將用一個重要的例子來說明這個概念。

數據之外：要是你先掛了怎麼辦？

我們常常會對某件事**還要多久**才會發生感到興趣。比方說，我們可能想知道某人的工作會持續多久、婚姻會維持多久，或引擎還要多久才會故障。外科手術有時必須使用降血壓藥降低病患血壓，但醫師都希望病患手術後血壓能盡快恢復正常，所以有必要知道藥效會維持多久，是否跟手術時的血壓值有關。在健康方面，我們可能會想知道某人還能存活多久、還要多久才會得到某種疾病或某個器官才會衰竭等等。

這類問題由來已久，統稱**存活分析**（survival analysis），尤其在醫學領域，和精算業的生命表密不可分，主要功用在估算一般人壽命多長。而在製造業方面，則是和信度分析緊密相關，計算物品使用或運轉多久才會故障。

估計可能存活的時間有多困難，可以從第三期前列腺癌患者說起。第三期表示癌症已經轉移到其他組織。爲了判斷兩種療法之中哪一種比較能延長壽命，患者會隨機分配到其中一種療法，然後比較兩組患者的平均存活時間。但由於肯定會有某些病人存活很久，甚至長達數十年，我們不想等那麼久才做判斷，研究通常會在所有患者死亡前結束。換句話說，我們不會知道那些存活超過研究期間的患者實際存活了多久。這項數據是遺漏的。此外，其餘患者可能死於其他疾病，而非前列腺癌。這些患者會存活多久才死於前列腺癌的數據，也是遺漏的。最後，跟其他例子一樣，還有一些患者會因爲和研究無關的理由而退出，他們的存活時間也是暗數據。

如果我們直接略去存活時間不明的患者，顯然就會得出極偏頗的結論。比方說，假設其中一種療法非常有效，接受該療法的患者只有兩、三人未能活到研究結束。這時只看存活時間未能超過研究期間的患者，就會嚴重低估該療法的效力。

然而，儘管我們無法確知存活超過研究期間、死於其他疾病或因爲其他理由退出研究的患者的存活時間，但還是曉得測量結束前他們存活了多久。這個數值稱作「設限」時間，代表我們知道患者從參與研究到死於前列腺癌的時間**長於**研究時間。

一九五八年，數學家愛德華・卡普蘭（Edward Kaplan）和統計學家保羅・邁爾（Paul Meier）在《美國統計學會會刊》發表了一篇非常重要的論文，說明在某些患者存活時間長於觀察期間的情況下，如何推測患者可能活過某個時間點的機率。[5]生物化學家喬治・德沃斯基（Georg Dvorsky）指出，這篇論文是科學史上引用次數第十一多的研究文獻，[6]由此可見其重要性。能在五千萬篇科學論文當中脫穎而出、取得這樣的地位，實在是項成就。

我們有時不只想要預測人存活過某個時間點的機率，還想預測其他東西，例如平均的存活時間。存活時間通常是正偏分布，亦即存活時間長的人比存活時間短的人少見。存活時間短的人可能很多，存活時間很長的人則寥寥可數。統計學家稱呼這種分布爲「長尾」。由於正偏分布的少數最大值可能**遠大於**其餘多數值，因此分析時略去那些最大值，可能會大大影響我們對平均值的推測。這就好比計算美國人均財富時不納入比爾・蓋茲和所有億萬富翁，結果絕對會嚴重低估。就存活時間而言，略去最大值代表不計入活得最久的受試者，這樣做顯然會大幅扭曲結論。

所以我們可以怎麼做呢？

另外選取一個樣本，選取還沒死於前列腺癌就先退出研究的人，這完全不可行。因爲我們不可能追蹤一群死於其他疾病的人，看他們若沒有死於其他疾病（又是反事實假設），會存活多久才會死於前列腺癌。

因此，我們必須想出其他方法，爲無法追蹤者的分布建立模型。一個常見的策略是假設存活時間的整體分布基本上大同小異。這個假設可能建立在過去診治其他疾病的經驗與觀察上，舉例來說，一般通常會假設存活時間呈**指數**分布。指數分布的小數值多、大數值少，因此是正偏分布的一個特例。至於要選擇哪一種正偏分布，可以使用已知存活時間，以及「設限時間肯定長於退出研究者的觀察時間」這個事實來判斷。

這種作法許多時候都是合理的選擇，但不能忘了，我們假設存活時間是指數分布，因此如同其他情況，只要這個假設不符合現實，結論就可能有誤。

存活分析結合了兩件事：一是死於某種疾病的患者被測到的存活時間，二是「其他患者的存活時間長過某個時間」的事實。要是能推測其他患者的存活時間，就能直接摘要，將已知和推測的存活時間匯總起來。這讓我們來到一個非常基本的遺漏值處理方法，那就是插補法。本章下一節將討論這個主題。

數據之外：插補法

面對數據不完整的問題，有個很自然的作法就是將遺漏值補上。這種策略稱爲**插補法**（imputation）。由於插補法將遺漏值補上，使數據完整，因此我們就不用擔心漏洞，可以放心照自己的想法分析數據。比方說，當我們補足了表六裡遺漏的年齡值，就能直接計算樣本裡十個人的平均年齡。然而，這個方法有編造數據之嫌，因此如果不想被人說成騙子，就得認眞思考該怎麼插補數據。此外，這些未觀察到的數值是NDD、SDD或UDD，各是不同的一回事。如果遺漏值是SDD，我們就得用觀察值的某些面向來決定插補值。如果遺漏值是UDD，觀察值幾乎無法告訴我們插補值應該是多少，而補上不當的數值很可能得出偏頗的結果。

插補法之所以能簡化分析，其中一個原因是許多統計方法都建立在數據的**均衡**與**對稱**之上。例如我曾經擔任一家塑膠射出成型汽車零件製造商的顧問，他們想知道怎樣的溫度、壓力和鑄模內時間的組合，能製造出品質最高的產品。實驗分成兩個溫度、兩個壓力和兩個時間（其實不只兩個，但爲了討論方便我假定爲兩個，並且用高低和長短來區別），一共有八種組合，包括溫度高／壓力高／時間長、溫度高／壓力高／時間短，依此類推。每種組合廠商都各進行數次生產，然後評量每次產出的零件品質。在這類實驗中，只要每種組合產出的零件數相同，就能用現成的數學公式算出結果。但要是每種組合產出的零件數不同，分析就會比較困難。尤其要是原本實驗希望數量均衡，每種組合產出的零件數相同卻有部分數值遺漏了（例如某次製造途中發生斷電），結果就會發生**失衡**，導致分析變得複雜許多，需要更繁複的計算。因此，插補數值以**再均衡**（rebalance）數據，就成了很有吸引力的作法。

插補遺漏的觀察值很有用，但顯然只要插補值不同，結果就會不同（還記得「編造數據」的問題吧？）。由於插補的用意只是爲了簡化計算而非扭曲結果，因此我們可能會想找到適當的插補值，使得以均衡過的完整數據進行簡單計算得出的結果，和使用不完整數據進行繁複計算得出的結果相同。

這個想法很誘人，在某些單純的狀況下或許可行，但似乎有些問題：我們要怎麼找到不會影響結果的插補值？難道不是得先進行繁複的計算？我們之後會討論這個問題，還會發現這個問題能讓我們對數據出了什麼事有深刻的洞察。不過在此之前，讓我們再多談一點基本的插補法。

平均插補

一個常用的插補法是用已知值的**平均值**來代替遺漏值。因此，針對表六，我們可以用七個已知年齡值的平均值來代替三個未知的年齡值。事實上，許多數據分析套裝軟體都包含這個計算法，因爲它很簡單。然而，你現在應該對任何處理暗數據的簡單方法已經抱持一定的懷疑，心想它可能哪裡會出問題。其中一個問題是我們反覆遇到的，那就是萬一遺漏值和已知值有根本上的差異，使用已知值的平均值取代遺漏值，就可能造成偏頗。例如，要是年齡值遺漏的那三人年齡都高於其餘七人，用其餘七人的年齡平均值取代那三人的年齡值就不恰當。因此，當遺漏值爲NDD時，使用這個作法並無不當，但其餘狀況就可能出問題。

遺憾的是，用平均值插補還有另一個問題，那就是遺漏值要是眞的量到了，通常幾乎不可能全是同一個值。因此，使用同一個值插補所有遺漏值會讓「補齊」的數據過於均勻。以表六爲例，假如使用平均值插補年齡值，補齊的樣本的年齡值**變異數**（度量數值差異度的單位），可能會比所有年齡值都觀察到的樣本年齡值變異數要小。

最後觀察值推估

表六的遺漏值乍看沒有特定模式，純粹是隨機闕漏。但如同前面所述，我們經常發現受試者會陸續退出，因此每筆資料在該名受試者退出之前都是完整的，而之後的數值則全部遺漏。第二章圖四就是很明顯的例子。

只要退出者出現這個模式，我們能使用一種名爲**最後觀察值推估**（last observation carried forward，簡稱LOCF）的插補法。顧名思義，LOCF就是每位患者的遺漏值都用最接近的前一個測量值取代。換句話說，這個作法基本上假設患者的狀況，從最後一個測量值到遺漏值之間沒有發生任何變化。這是個相當大膽（如果不說無腦）的假設。你可能會懷疑這樣做的道理何在，畢竟我們之所以持續觀察測量，就是認爲狀況會隨著時間改變。

因此，觀察值推估最後受到了不少批評，似乎並不令人意外，例如：

- 在失智症研究裡，如果要頒獎給最不恰當的分析方法，最後觀察值推估肯定遙遙領先。[7]
- 所有使用LOCF的分析就算不是華而不實（似是而非），其眞實度也值得懷疑……任何分析都不該使用LOCF。[8]
- LOCF和平均值替代都會錯誤提高分析宣稱的準確度，因爲這兩種方法都無法解釋數據遺漏造成的不確定，往往給出偏誤的結果。[9]
- 使用LOCF在統計上是不道德的，該方法的假設只有少數時候可以成立。[10]

有鑑於這些批評，使用最後觀察值推估之前，可能要再多想想。

從其他變項預測

前面提到的兩種插補法都很直截了當：一個使用觀察值的平均值，另一個使用同一名受試者或患者等的前一個觀察值。然而，還有一個比較細緻的作法，就是替有數值遺漏的變項和其他無數值遺漏的變項之間的關係建立模型，再根據其他變項的觀察值來預測遺漏值。建立模型時，可以使用沒有觀察值遺漏的受試者。事實上，我們在討論SDD遺漏的定義時，就提過這個想法。

舉例而言，表六有四列資料的年齡值和體重值都有。將這四組資料放到圖六中，就能使用這些資料建構出一個簡單的統計模型，表達年齡與體重的關係。圖六那條直線可能是合適的模型，因爲它反映了年齡較大跟體重較輕的關係（在現實情況中，我可不建議你用四個點就建立模型！）。接著，我們就能根據測量到的年齡值來預測遺漏的體重值。例如表六第八列的受試者年齡爲四十一歲，但體重不明。根據我們的模型（亦即那條直線），該受試者的體重可能是九十一公斤。

這種作法其實是平均插補法的延伸，只是使用比較細緻的統計模型，利用表中其他的可得資訊。由於使用較多資訊（不只體重，還包括年齡），得出的結果比只使用平均值要好。尤其體重值是SDD遺漏時，使用這種策略特別合適，因爲體重值遺漏的機率只和年齡值有關。不過，體重值是UDD遺漏時，這麼做就會有問題。儘管如此，這套建模預測法其實爲

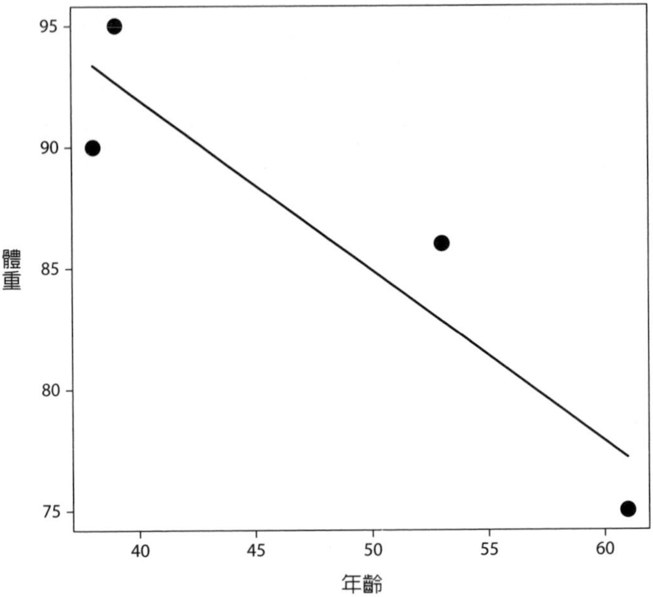

圖六：表六年齡值和體重值皆有者的年齡與體重關係。

一個強有力的構想埋下了種子，我們之後會談到。

熱卡插補

還有一個簡單的插補法也是以觀察值爲依據，而且名字很刺激，叫作**熱卡插補法**（hot deck imputation）。爲了替不完整的資料補上遺漏值，熱卡插補法會拿有數值遺漏的不完整資料，和擁有該數值的其他資料相比對，然後隨機選擇一個最接近的資料，以該資料的數值來替代遺漏值。例如，表六的第一位女性身高不明，比較她和其他受試者的資料，我們發現有兩列資料和這位女性的資料近似。兩列資料都是女性，年齡各爲四十一歲和三十一歲，和身高不明的那位女性的年齡（三十八歲）相去不遠。因此，我們隨機選擇兩者之一，將身高不明女性的身高值（原本是NA）換成她的身高值。兩位女性的身高分別爲一六五和一六〇公分。假設我們選中四十一歲的女性，那就是將一六五公分當成三十八歲女性的身高值。

這套方法會叫這個名字，是因爲它來自數據還儲存在打孔卡的年代。熱卡插補法曾經使用廣泛，其主要優點在於簡單了當，不需要複雜的統計運算，只要計算資料之間的相似度即可。然而，這得看你如何定義「相似」，使用哪幾個變項（全部嗎？）衡量相似度，以什麼算式得出相似度值，以及某些變項是否比其他變項更重要，因此需要加權計算而定。

多重插補

我們之前曾經提到插補法有個明顯的問題，就是使用的插補值不同，得出的結果就會不同。然而，我們其實可以反過來利用這一點。

每個補齊的數據集，都代表一個可能觀察到的數據組態，而每個根據補齊的數據集計算得出的統計摘要，就代表數據爲完整時可能得到的統計值。因此，只要使用不同的插補值反覆進行插補法，就能得到**摘要統計值**（summary statistic value）的**分布**，進而推算出一些參數，如摘要統計的不確定度或變異數。換句話說，這個方法不是得出一個「最佳估計」，而是讓我們針對不同的可能值，算出可以抱持多少信心。

這種反覆進行插補的方法就叫**多重插補**，這點應該不難理解。這個方法已經成爲解決數據遺漏問題時廣爲使用的工具。

迭代

我們討論了幾個用替代值取代遺漏值的簡單方法，例如使用該變項觀察值的平均值等等。我們還檢視了幾個比較細緻的方法，用其他觀察到的變項來估算遺漏值。使用我們推測出來的關係，從同一資料的已知值預測遺漏值，這個作法引申出一個很強大的統計策略，那就是建立在**最大似然**（likelihood）法則上的迭代法（iteration）。

給定任何數據集，不論我們針對數據產生機制提出何種統計模型，都能算出該數據集從該模型產生的機率。而最大似然法則告訴我們，若有兩個模型互相競爭，我們應該選擇產生該數據集機率較高的那一個。說得更廣一點，當我們擁有多個、甚至無數個關於某數據集的可能解釋，最大似然法則告訴我們應該選擇最有可能產生該數據集的解釋，而迭代法則是遺漏數據爲NDD或SDD時尋找模型的方法。

我們首先用插補值替代遺漏值（這些插補值怎麼來的無所謂，亂猜都行），接著使用補齊的整個數據集（觀察值加上替代遺漏值的插補值），根據最大似然法則推測變項之間的關係，然後使用這個關係算出新的插補值。接下來，再根據使用**新的**插補值補齊的數據集來推測變項之間的關係，就這樣反覆循環。在某些普遍條件下，每次得到的插補值和前一次插補值的差異會愈來愈小，最終得出的變項之間的關係，就是能產出最大似然模型的關係。

這套循環計算的作法非常有用——挑選插補值，用補齊的數據推測變項之間的關係，然後算出新的插補值，再用它補齊數據，推測變項之間的關係，過去曾多次有人提出類似的構想。但直到一九七七年，三位統計學家亞瑟．鄧普斯特（Arthur Dempster）、南恩．雷德（Nan Laird）和唐諾．魯賓（最後這一位已經在本書出場過了）發表了一篇經典論文，才將所有類似構想漂亮地綜合起來，闡明這些構想的共同點，並以更抽象的形式表達，讓它適用於更多情況。他們將這套方法稱爲EM演算法，其中EM的意思是**最大期望**（**expectation maximization**），代表循環計算的兩個步驟：第一步是替每個遺漏值算出「期望」值，第二步則用補齊的數據集推測變項間的關係。而第二步之所以稱爲「最大」，是因爲它能讓相似度達到最大。

事實上，鄧普斯特、雷德和魯賓甚至證明，我們根本不必爲了替遺漏值尋找替代值而煩惱，只要替可能產生遺漏值的分布建立模型就好。我們在討論存活分析時提過這個概念：不去推測存活超過觀察時間的受試者的存活時間，而是直接使用他們存活超過觀察時間的機率。

EM演算法愈來愈強大。鄧普斯特等人一將兩步驟循環計算以抽象的形式表達出來，所有人便開始發現EM演算法的基本概念無所不在，而且往往以意想不到的方式出現。此外，也有不少人對EM演算法做了擴展，例如將它調校成不需要那麼多次的「最大期望」循環，得出的插補值（以及變項之間的關係）就幾乎不再變動，亦即已經**收斂**到了（就最大似然法則而言）最佳模型。

EM演算法的抽象形式還帶來了更深刻的洞察。例如本書第一章曾經提到，我們可以將母群體的任何未知特質當成是遺漏了，因此是暗數據。這個想法很有威力。這些未知特質可以是單一數值，例如母群體的平均身高，也可以更繁複，涉及多個關係複雜的未知假設變項。移動物體的軌跡就是很典型的例子。我們永遠無法觀察到物體的精確位置，只曉得受到測量偏誤影響的位置值。這些暗數據往往不僅是未被觀察到，而是根本**無法觀察**，是被隱藏了或「潛在」的（因而叫作**潛在變項模型**）。但這不表示它們無法被點亮，而統計方法的目的就是照亮這些暗數據。使用統計工具分析來自潛藏著的現實的數據，讓我們一窺現實的樣貌。數據點亮了現實。

本章討論了如何分析數據，即使有暗數據，我們依然能對數據的產生過程有相當的瞭解。我們檢視了幾個通用的作法，從簡單的方式開始，例如依據已知數據或略去殘缺的資料，到各種計算遺漏值如果被測量到會是多少的插補法。我們還介紹了一個非常重要的分類法，依據「遺漏數據是否跟**已**觀察到的數據有關」，來區分遺漏數據的結構。這個三分法（我將這三類結構取名爲NDD、SDD和UDD）讓我們更深入瞭解到處理暗數據能做到什麼。下一章則會轉換主題，討論如何利用暗數據，尤其會回顧我們之前提過的一些概念，從另一個角度檢視它們，揭露這些概念如何建立在暗數據之上。但在此之前，讓我們先簡單聊聊那些我們**可以**看到、但會騙人的數據。

數字錯了！

本章討論到現在，都只針對遺漏的數據。但如前所述，暗數據還有許多型，如**DD-T10：量測誤差與不確定**、**DD-T9：數據的摘要**和**DD-T7：因時間而異**。從這些暗數據出發，可以帶領我們用更高的層次檢視暗數據，並找到三個基本的處理步驟，那就是**預防**、**偵測**與**修正**。

預防

當我們知道哪些錯誤可能發生，並設置系統防止數據蒐集時發生這些錯誤，這就叫**預防**數據錯誤。當然，「知道哪些錯誤可能發生」，很可能是因爲你之前犯過這些錯，或是運氣好、見過別人犯這些錯。（我曾經聽某人在離開單位前跟主管說：「謝謝你讓我有那麼多機會從你的錯誤中學習。」）

如果是直接將數據輸入數據庫，就可以在輸入時進行簡單的查核。比如輸入的是出生年月日，讓機器檢查日期格式是否正確就很簡單。不過，有時確實需要更謹慎一些。我就聽過一個例子，數據集裡一九一一年十一月十一日出生的人多得離譜。事後調查發現，由於生日必須按「年／月／日」輸入六個數字，程式設計師發現有些人不想透露生日，就會輸入00/00/00。但只要輸入00/00/00，機器就會拒絕，要求重新輸入。這時，不想透露生日的人很可能會選擇00/00/00之外，他們能想到的最簡單的數字組合，那就是六個一，結果就是一九一一年十一月十一日。

數據**冗餘**（redundancy）可以當成預防錯誤的一般策略，基本上就是以多種方式輸入數據，至少輸入數據的某些面向。常見的作法是**重複資料輸入系統**，由兩人各自輸入同一份資料（例如從數據蒐集表格鍵入電腦）。這個作法在臨床試驗研究尤其常用，因爲兩人同時在同一個數字上犯錯的機率極低。

另一個冗餘策略是輸入一串數字，並輸入其總和，電腦再將數字加總起來，和輸入的總和值比對。只要輸入的數字有一個出錯，電腦的總和和輸入的總和就會不同——除非有兩個數字出錯，而且正好互相抵銷，但這種情況極少發生。這種「數字檢核」策略還有不少非常複雜的版本。

偵測

一九一一年十一月十一日那個例子，以及輸入數據時進行數字檢核以預防數據錯誤的作法，都很接近錯誤**偵測**。當我們發現某些數據和其他數據點不一致或和預期不同，就可能偵測到了數據錯誤。人類身高數據庫如果出現十呎五吋（三百六十公分）這個數值，肯定立刻讓人起疑，因爲沒有人有過這樣的身高。有可能是輸入錯誤，將五呎十吋輸入成十呎五吋，但我們不能**假定**就是這樣。理想上，我們應該回到數據的源頭去檢查，但不一定總能如願。

當數據出現邏輯不一致，也能偵測到錯誤。例如某戶的孩童數和表格內孩童年齡值的總數不合，可能就有問題。不過，數據錯誤也可從統計不一致偵測到。身高四呎的人體重卻有四百磅，讓人不禁懷疑數據有誤，即使確實有人身高四呎，也有人體重四百磅。

另一個從統計偵測異常的例子比較複雜，那就是**班佛分布**（Benford distribution）。最早描述這個分布（也有人稱之爲「定律」）的人，應該是美國天文學家西蒙．紐康（Simon Newcomb）。他在一八八一年提到這個規律。紐康的研究工作需要用到對數表。對數表是數值構成的表格，用途爲方便人們進行大數相乘運算，在電腦發明之前使用廣泛。紐康發現對數表前面的頁數被人翻閱的次數遠高於後面頁數。六十年後，物理學家法蘭克．班佛

（Frank Benford）重新發現了這個定律。經過多方面研究，他發現許多數表也有同樣的現象，前段的數值總是使用得比後段的數值頻繁。

所以，班佛定律在講什麼？

首先，我們必須定義最高有效數字，基本上就是某數的第一個數字，例如1965的最高有效數字是1，6009518432的最高有效數字是6。假設現在有一組數字，你可能覺得這組數字的所有最高有效數字裡出現1、2、3……9的次數應該差不多，也就是數字總數的九分之一。但神奇的是，在許多自然產生的數字集合中，1到9這九個數字爲最高有效數字的次數並不相等，1的出現頻率約爲三〇%，2爲一八%，一路往下遞減，9大約只有五%。事實上，這九個數字的分布有精確數學公式可以表達，那就是班佛分布。

這個違反直覺的奇怪現象之所以會發生，其實有堅實的數學理由，但我們在這裡不會多談。[11]重點是只要數據偏離班佛分布，就值得檢查是否有問題。事實上，鑑識會計專家馬克．尼格里尼（Mark Nigrini）就根據班佛定律研發了幾項工具，偵測金融和會計的資料詐騙。這讓我們得出一個通論，偵測錯誤造成的數據異常的工具，也可以用來偵測詐騙造成的數據異常，因爲詐騙就是刻意隱瞞眞實數字。本書第六章提到，反洗錢法規明定一萬美元以上的款項必須呈報主管機關。罪犯爲了規避這項條款，往往將交易拆小，每筆金額略少於一萬美元。但這樣一來，9開頭的金額（如9999）就會太常出現，偏離班佛分布。

我和多家銀行合作過不少時間，開發信貸與會計詐騙的偵測工具，其中許多工具都是以尋找看起來怪怪的數據點爲基礎，那些數值可能來自錯誤，但也可能是詐騙或造假的信號。

最後，錯誤偵測還有一個重點必須明白，就是我們永遠不可能確定自己偵測到**所有**的錯誤。這一點相當不幸，但事實就是如此：我們（有時）能夠證實錯誤存在，但永遠無法證明錯誤不存在。之前提過，數據有無數種情況可以出錯，只是檢查錯誤的方法相當有限。儘管如此，**帕雷托法則**（Pareto principle）在這裡顯然適用，絕大多數錯誤可能無須太費力就偵測得到，但這也表示報償會遞減。假設你用七分力偵測到了五〇%的錯誤，接下來你再用七分力，可能只會偵測到**剩下**那五〇%錯誤中的五〇%，依此類推……但你永遠無法偵測到所有的錯誤。

修正

在預防及偵測後，處理暗數據的第三步是**修正**。一旦發現某個數字有誤，就必須判斷正確值是多少。如何修正錯誤（甚至能不能做到）取決於你對正確值的認識有多少，以及對錯誤種類的基本理解。本書第四章提到的小數點錯位就是很好的例子，說明了我們對數據的基本認識，以及過去遭遇錯誤的經驗往往讓我們頗有把握正確值該是多少。同理，若表格中有一位自行車手時速一百五十英里，而其他人的時速值都落在五到二十英里之間，那麼從上下文看來，正確值可能是十五英里。但我們也必須小心，不能貿然修正，因為二〇一八年九月，冠軍車手丹尼斯・穆勒－寇倫內克（Denise Mueller-Korenek）創下了陸上時速一百八十三・九四二英里的世界紀錄。就算我們確定紀錄值有誤，除非回到資料源頭重新測量，否則我們永遠無法確定正確值到底是多少。

關於數據錯誤還有最後一點值得注意，就是電腦的強大效能替數據和人類理解開啓了令人驚嘆的新世界。有了現代電腦幫忙，我們得以蒐集、儲存並處理天量的數據。這些數據庫帶來了無窮的機會，但電腦的強大效能也造成根本上的不透明。雖然電腦讓我們看見肉眼看不到的數據中蘊含的事物，卻也必然**介於**我們與數據之間，遮蔽了數據的某些面向，讓我們無法得見。

9 從暗數據中得益：換個角度看問題

隱藏數據

暗數據似乎只有一個缺點，而本書的核心主旨也確實是要謹慎提防。但有時我們可以利用暗數據。只要知道自己在做什麼並謹慎行事，就能從中得益。換句話說，我們有時可以用暗數據蘊含的不透明來對付暗數據，讓我們更加理解、做出更好的預測、選擇更有效的行動方案，甚至省錢。作法是有策略地忽略數據的某些部分，刻意將它們弄暗。

從本章開始，我們將討論如何利用暗數據，但首先要**重新框架**（reframe）一些熟悉的統計概念，也就是換個角度，以非標準方式，從主動隱藏數據的角度來看這些概念。我們首先要檢視的概念，其實都是之前章節討論過的，但後段我們會介紹幾個看待暗數據的全新角度，檢視更進階的統計概念與方法。

要說明什麼是非標準角度，我們可以從有限母群體選取樣本說起。本書第二章討論過調查抽樣的方法，並探討了不回應者所造成的暗數據問題。然而，抽樣調查只是所有利用暗數據的方式當中最爲人熟悉、最簡單明瞭的一種。一般而言，抽樣調查的定義是從母群體的所有成員中（隨機）選取某些成員，以該子集合的數值爲代表。但我們也可以反過來說，將抽樣調查看成是選擇忽略哪些成員，選取一個資料要被捨棄的樣本，視之爲暗數據。畢竟選取母群體一〇%的成員作爲分析樣本，其實就等於選取九〇%成員捨去不計。一般而言，每次在處理一個分析樣本，都可以視之爲選取那個樣本，或是捨棄母群體中的剩餘成員，把它們變成暗數據。

這裡要提醒一點，隨機選取（至少「機率抽樣」）非常關鍵。只要不是隨機，就可能產生本書之前提過的各種問題。隨機選擇，代表遺漏值只會是NDD或SDD，而本書第八章已經指出這兩類暗數據都有辦法處理。

隱藏數據不讓自己看見：隨機對照試驗

想利用暗數據，選取樣本進行分析（也等於選取樣本捨去不計）是最基本的方式。另一個主要方式是本書第二章也討論過的隨機對照試驗。舉個簡單的例子，假設我們想知道某個新推出的療法是不是比標準療法更好。如同之前討論過的，基本作法就是隨機分派患者接受其中一種療法，然後比較兩組患者的平均結果。

隨機分派能做到出發點的**公平**，排除人爲選擇，讓分派過程不透明、無法操弄，不受刻意或無心的偏誤影響。人們很早就意識到了這個優點，連《聖經．箴言》十八章第十八節也說：「掣籤能止息爭競，也能解散強勝的人。」

隨機分派患者接受某種療法，顯然大有好處。這種作法基本上代表兩組患者不論測量到何種差異，我們都可以很有把握地說它來自療法的不同，而非其他因素。換句話說，隨機分派**打破了因果連結**，任何差異的**成因**都不可能源自患者本身的差別。打破這樣的因果連結，代表結果若有不同，都必須以其他差異來解釋，也就是療法的不同，而非患者年齡、性別或其他因素有所不同。

然而，光是隨機分派也許還不夠。只要研究者知道患者分派到何種療法，就算分派是隨機指定的，研究者也可能忍不住插手。你可能對分派到安慰劑的患者感到同情，於是對他們更加照顧，也可能因爲知道某位患者接受哪一種療法，對於患者什麼時候該因副作用過強而結束療程，採取更嚴格的標準。

這時只要隱瞞患者被分派到哪一組，不讓患者或醫師知道，就能解決這個問題。這種隱瞞分組標籤的作法叫作**遮盲**，是名符其實地讓資訊成爲暗數據！

譬如比較藥物療效時，兩種藥物各得到一組代碼，但不讓醫師知道哪組代碼屬於何種藥物。若兩種藥物除了代碼之外，包裝完全相同，醫師就不會知道自己開出的是哪種藥物，也就無法（不管是有意或無心）偏袒接受某種藥物的患者。其實就連數據分析人員也應該這樣做。他們能知道每位患者分到哪組代碼的藥物，但不曉得該組代碼代表哪種藥物。

哪組代碼代表何種藥物，必須等到試驗結束、數據分析後才能揭露，屆時我們才會知道哪個藥物更有效（但只要患者服藥後產生嚴重副作用，代碼就該揭露）。

可能會如何

上一節提到，隨機試驗的基本原理就是使用暗數據來分派患者接受不同的療法，讓我們得以探討反事實假設，也就是「可能會如何」。另外一個研究「可能會如何」的作法則是**模擬**——先替某個機制、系統或程序建構模型，再用該模型生成數據，觀察那個機制、系統或程序在不同條件、環境或時間下的表現。模型產生的數據不是確實存在、但沒被觀察到的暗數據，而是沒被觀察到、但要是情況不同就可能被觀察到的暗數據，例如單身者的配偶收入、死於其他疾病者幾歲會死於某種癌症，或隨機測量誤差值變了會怎麼樣。

模擬是非常強大的研究工具，用途極廣，舉凡金融體系、核武政策、污染衝擊到人類行爲，都能見到它的蹤影。由於模擬實在太有用，甚至有科學哲學家主張它是新世代的科學方法。但讓我們先緩一緩，從幾個簡單的例子開始講起。

英國外科醫師塞默．納謝夫（Samer Nashef）在《赤裸的外科醫師》（*The Naked Surgeon*）提到自己在醫學上使用模擬的案例。他的研究靈感來自哈洛德．希普曼（Harold Shipman）——英國殺了最多人的連環殺手。希普曼是家庭醫師，後來被判謀殺十五名病人，但一般咸信他二十五年間至少害死二百五十人。納謝夫想知道管控嚴格的英國公立醫院是否可能發生類似事件，便取得了兩位外科醫師同事的手術紀錄，隨機將部分開刀結果由成功改爲失敗，讓患者死亡率增加到接近希普曼的程度。換句話說，納謝夫刻意製造暗數據，以便研究英國公立醫院如果出現希普曼這種人，後果會如何。他的研究展現了模擬法的威力：「實驗結果非常突出……哈洛德．希普曼醫師逍遙法外二十五年……然而在我們的實驗中，麻醉醫師約翰十個月就被發現，外科醫師史帝夫露餡露得更快，八個月就被發現。」

關於模擬，一般人比較熟悉的可能是飛行模擬器之類的設備。這類模擬器是爲了訓練駕駛員；他們可以在模擬器中面臨極端或意外的狀況，但沒有墜機的危險。這些人造情境同樣是代表「可能會如何」的數據。

爲了解釋得更詳細一點，讓我們用個例子來說明模擬是什麼。這個例子很容易用數學計算，那就是投擲一枚硬幣。

只要使用基本的統計原理，就能算出投擲一枚無偏私的硬幣十次正面朝上少於五次的機率，亦即正面出現四次的機率加上出現三次的機率加上……最後加上一次正面都沒出現的機率，總和是〇．三七七。雖然機率不難計算，但必須具備兩項分布的知識。不過，我們有另一種作法可以估算出現正面少於五次的機率，那就是一次投擲十枚硬幣，看有幾枚硬幣正面朝上。然而，只投擲一次是不夠的，因爲投擲一次只會給出實際的答案，就是有或沒有少於五枚，而非正面少於五枚的機率。我們必須反覆投擲十枚硬幣數次，看有幾次正面少於五枚，占總投擲次數**多少比例**。事實上，爲了精確推測機率，我們必須反覆非常多次（而且愈多愈好，因爲第二章提到的大數法則告訴我們應該這樣做），但這個作法很快就會變得冗長乏味，因此我們就用電腦來模擬，讓電腦隨機產生十個値，每個値都是零或一（零代表反面，一代表正面），機率各爲二分之一，然後看一是不是少於五個。接著，我們重複執行一遍、兩遍、三遍……最後看正面少於五次的比例是多少。

我跑了這個模擬一百萬次，其中正面出現不到五次的比例是〇．三七六，和實際計算得出的數字相去不遠。重點是「一百萬次」。正是由於現代電腦的強大效能，模擬的實力才眞正展現出來。

剛才這個例子很簡單，我用筆電就能跑模擬，而且我也知道正確答案。然而，天候和氣象模擬卻極端複雜，必須仰賴大量數據集和最強大的電腦才能做到。氣候受到許多相互影響的過程所左右，包括大氣、洋流、太陽輻射、生物系和火山活動等。科學家爲這些過程建立了極爲複雜的模型，但這些系統會互相影響，因此特別具挑戰性：用手推一顆球，球會從你眼前滾開，但推動一個複雜的系統，它可能發生意料之外的反應，而且往往不可預測。科學界選擇用**混沌**（如混沌理論）來描述之，主要就是出於氣象系統本身的不可預測性。描述這類複雜系統的方程式往往沒有清楚明確的解答，本質上即具備不確定性。而模擬就在這時登場救援了。它能夠依據模型反覆生成數據，呈現天候和氣象可能如何變動。這些模擬的結果能讓我們掌握氣象變動的範圍，例如某些極端事件（洪水、颶風和乾旱等）多常發生。每次模擬都會產生可能會出現、但我們沒有實際觀察到的數據，因此可以說是暗數據。

同樣方法也適用於經濟和金融領域。可以想見，描述現代經濟的模型非常複雜。社會由數以百萬計的人組成，時時互動，將他人朝自己的方向拉扯，形成各式各樣的社會結構，並且受到外力的影響。要用數學方程式表達這類系統如何隨時間變化，並且求解，顯然都是極大的挑戰。模擬可以讓我們得到人類社會可能產生的數據，探索這麼多人可能如何演化，以及如何回應諸如關稅、戰爭爆發、惡劣氣候等的變化。

模擬有時也以更複雜的方式，運用在現代數據分析之中，尤其是本章稍後會提到的所謂貝氏統計，往往需要極爲複雜棘手的數學方程式。這些方程式不僅難解，有時更無從解起，因此科學家開發了不少以模擬爲基礎的替代方法，就像氣象的例子，將方程式視爲模型，產生若方程式爲眞時可能產生的數據，然後反覆進行，再產生許多若方程式爲眞時可能產生的數據集。接下來的步驟就簡單多了，只要摘要這些數據集，譬如計算平均值、變異數或任何我們想要的描述統計值，就可以得知結果可能有哪些特性，以及這些結果出現的機率。這類模擬法將貝氏統計從有趣的理論構想變成了有用的實務工具，成爲許多機器學習與人工智慧的基礎。

然而，有一點要記得：根據定義，模擬的數據來自對數據生成過程的假設模型，而非實際過程，因此是編造的合成數據（**DD-T14：編造與合成數據**）。換句話說，當模型是錯的，並未恰當反映現實，模擬數據就可能無法恰當反映「可能會如何」。但話說回來，這點不只適用於模擬，我們對任何事只要理解不夠，就可能走偏。

複製數據

從本書開始到現在，我們不斷碰上同樣的狀況，那就是想推測某個不存在或可能無法直接觀察到的事物值。例如，我們可能想單憑患者的症狀推測他罹患的是兩種疾病中的哪一種，或根據今年載客量和明年美國經濟走向預測紐約地鐵系統明年的載客量，或預測貸款者會不會拖欠還款、學生修課會不會及格、求職者錄取後可能的工作表現等等。

所有這些狀況都有一個共同點，就是我們擁有描述過去案例的數據，如過去罹病的患者、去年地鐵載客量或過去貸款者的行爲。而每個案例我們都清楚結果（患者得的是什麼病、載客量多少和貸款者是否拖欠還款）與特性（症狀、搭乘模式和申貸資料的細節）。我們可以根據這些過往數據建立模型，描述特性和結果之間的關係，接著只要知道其他案例的特性，就能用模型預測這些案例的結果。

蒐集特性與「結果」已知的舊案例，藉此建構連結特性與結果的模型，再用模型預測新案例的結果，這套基本架構無所不在，通常被稱爲**預測**模型。不過，所謂「預測」有時就像疾病的例子只是推測未知的診斷，不一定像地鐵的例子涉及預測未來。由於這類預測太過普遍，因此得到大量的研究，也研發出各式各樣的模型建構方法，並各有其特性，於是有些方法適用於某些問題，有些方法則適用於其他問題。

但這些跟暗數據有什麼關係？我們接下來會用一個很簡單的例子、一個最基本的預測模型來說明。這個例子就是根據單一變項「年齡」來預測收入。爲了建立模型，我們需要找一群人作爲樣本，蒐集他們的年齡／收入值，接著再用一個很基本的方法，藉由同年齡者的收入來預測某位年齡已知者的收入。例如，假設我們想預測某位二十六歲者的收入，而樣本中只有一個人二十六歲，那麼最簡單的作法就是直接以那人的收入作爲預測值。假設樣本中二十六歲者不只一人，而我們想用到所有二十六歲者的資訊，那就使用他們收入的平均值作爲預測值。一般而言，以平均值作爲預測值比較好，因爲平均值較不受隨機差異影響。這表示或許值得納入所有二十五歲和二十七歲者的收入，因爲他們的收入可能和二十六歲者的收入相去不遠，納入他們可以增加樣本數。同理，我們可能也想納入二十四歲和二十八歲者的收入，依此類推，但賦予較小的加權，因爲他們離二十六歲者比較遠。如此一來，即使過往數據樣本裡沒有正好二十六歲者，使用這種作法也能進行預測。

想瞭解這樣做爲何會扯上暗數據，就要用另一種方式來描述整個步驟。爲了預測某位二十六歲者的收入，我們隨機複製既有樣本裡的數值，形成新的數據集。我們複製許多二十六歲者的收入值，接著複製二十五歲和二十七歲者的收入值，但人數稍微少一點；再來複製二十四歲和二十八歲者的收入值，人數再少一點，依此類推。這就好像我們擁有一個比既有樣本大上許多的樣本，其中大部分數值我們都不知道。將新樣本裡的所有收入平均，就能讓我們對那位二十六歲者的收入做出不錯的預測。

用例子描述很簡單，但現實通常複雜得多。一般不會只有一個描述特性，例如剛才的例子只有年齡一項，而是若干項，甚至許多項。譬如我們可能用年齡、身高、體重、性別、收縮壓、舒張壓、靜止心率、各種症狀和檢驗結果來描述患者，希望估計某位擁有如此這般特性的新進患者痊癒的機率。延續前例，我們會建立一個新的數據集，然後複製過去的患者，和新進患者特性愈像的過去患者複製得愈多，愈不同的過去患者複製愈少，完全不同的（例如是男性而非女性、年輕而非年長，症狀也和我們想預測痊癒率的患者完全不同）可能根本不會複製。所有數據複製完成之後，只要計算其中有多少人痊癒，這個比例就是我們推測的新進患者痊癒率。

複製數據以產生更大、更相關的數據集，這個基本構想也可以用在其他領域。爲了讓討論單純點，我們繼續以機器學習演算法替物件分類爲例，包括剛才提到的醫療診斷實例和判斷房貸申請者是否會拖欠還款（這也是分類：分成很可能或不大可能拖欠）等等。不過，讓我們先來看看這個構想如何改善分類用的演算法。

通常這類診斷分類演算法不免有錯，因爲症狀可能模稜兩可或申貸者太過年輕，交易紀錄不多。要改善這項缺點，一個顯而易見的作法就是回顧之前誤判的案例，看是否能修補調整，提升演算法的預測準確度，以提高正確診斷分類的次數。剛才提到的虛構數據就是作法之一。我們首先找出歸類錯誤的患者或申請者，**複製**他們的資料（而且可能是大量複製）納入數據中。這樣當我們調整模型參數或結構，好對擴充後的數據進行分類時，就會迫使模型更注意之前誤判的案例。要搞懂這是怎麼回事，不妨假設我們將之前一個誤判的案例複製了九十九次，使得數據裡現在有一百個此一案例。之前模型只誤判一次，就是那個原始案例，但現在有一百個，因此它會誤判一百次。只要調整模型，使它能正確判斷這個案例和**那九十**

九個複製案例，就能大幅改善這個分類方法的準確度。

簡言之，大量複製之前誤判的數據以擴充原始數據，這種用新數據集來調整演算法的作法能導出更好的演算法，更準確判斷之前誤判的數據點。其背後原理在於將演算法的「注意力」轉到我們想要的方向，也可以說我們使用了「可能會如何」的數據。

這種作法叫**提升法**（boosting），當年提出時是劃時代的創見，如今在機器學習領域使用廣泛，這幾年更是Kaggle等組織舉辦的機器學習比賽的常勝軍。譬如「極限梯度提升法」是複雜版的提升法，就表現得相當出色。

提升法主要針對之前誤判的案例，因爲這些案例確實需要額外注意。然而，還有一種虛構數據集的方法，能讓我們判斷估計的準確度，那就是美國統計學家布瑞德．艾弗隆（BradEfron）發明的**拔靴法**（bootstrapping，統計學家和機器學習專家很會替概念取逗趣又傳神的名字）。

以下是拔靴法的原理。

之前提過，我們的目標通常是對數字組成的母群體進行摘要，例如求平均值，但有時逐一確定每個數字並不實際。譬如我們可能想知道某個國家的人民平均年齡，但也許該國人民太多，我們無法逐一調查每位國民的年齡。事實上，我們之前也提過，有時「能測量多少次就測量多少次」毫無意義，就和反覆測量某塊岩石的重量無數次一樣沒有必要。我們只需要選取樣本，詢問某些國民的年齡或測量岩石的重量幾次，然後以樣本平均值作爲我們的估計值即可。

樣本平均值很有用，能讓我們對整體值有個概念，但期待平均值完全準確是不切實際的想法。畢竟只要換一個數據樣本，詢問另一批國民的年齡或再測量岩石的重量幾次，可能就會得出不同的結果。我們可以預期兩次平均值不會差太遠，但期望兩個值完全相等就太離譜了。換句話說，除了平均值之外，我們還需要衡量平均值的準確度。我們需要知道如果進行數次抽樣，得出的平均值的變異度會有多大，離實際數值會有多遠。

計算平均值的變異度很簡單，有我們熟知的統計理論可以使用。但計算數據的其他描述或摘要就難多了，尤其當我們要找的不只是平均值的時候。不過，這裡同樣可以求助於合成暗數據。

只要多次抽樣，像是之前討論過的投擲一枚硬幣十次，就不會有這個問題：我們只要選取樣本，替每個樣本建立適配的模型，如計算平均值或更複雜的描述值，然後看結果之間的變異度多大，就是樣本的變異度。遺憾的是，我們只有一個樣本。

艾弗隆提出洞見，建議我們不妨將手上的樣本當成母群體。如此一來，就像從母群體抽樣一樣，我們也可以從樣本中抽樣出一個**子樣本**，並且允許每個值可以重複抽選，好讓子樣本和原始樣本一樣大。我們甚至可以比照從母群體反覆抽樣的作法，從樣本反覆抽樣，差別只在於前者是原則上可行，後者是確實可做到。接著，我們可以替每個子樣本建立適配的模型，例如估算子樣本的平均值，就能看出這些平均值的變異度。基本上，這個作法就是將母群體和樣本的關係套用到樣本和子樣本上，好比生出許多樣本的副本，彷彿我們揭露了大量之前隱藏著的數據。而「拔靴」一詞，來自我們比照母群體生出樣本的方式，從樣本抽選出子樣本，就好像英文常說的「拉著拔靴帶讓自己站起來」，也就是自助的意思，因此拔靴法又叫作自助法。

這些使用模擬數據進行推論與預測的例子，明顯告訴我們這些作法都很費力。從複製接鄰的數據值、複製分類錯誤的案例到多次（通常百次以上）抽選子樣本，全都不是可以輕鬆完成的事，至少人工計算的話是如此。幸好現在是電腦時代。電腦的設計讓它在毫秒之內，就能毫不費力進行大量的重複運算。還記得我用電腦模擬投擲十枚硬幣**一百萬次**的例子吧？這裡使用的方法（創造暗數據來幫助我們）完全是電腦時代才有的產物，我前面用「劃時代」來形容一點也不為過。

想像的數據：貝氏事前機率

我們檢視模擬時，基本上假定自己充分瞭解數據生成的結構、過程或機制，然而這種信心往往缺乏根據。我們可能對數據生成的過程有**概念**，但要百分之百瞭解，只能祈求好運，尤其我們可能無法確知描述數據生成結構的數值到底是多少。

譬如我可能認爲英國男性的身高是**常態分布**，絕大多數男性的身高和平均身高差不多，少數很高或很矮，但我可能不曉得平均身高是多少。我可能很有把握平均身高會低於六呎，更有把握低於六呎一吋，超有把握低於六呎二吋，絕對肯定低於七呎。同樣地，我可能很有把握平均身高會高於五呎六吋，更有把握高於五呎四吋，非常肯定高於五呎二吋。這些描述都代表我對英國男性平均身高的**信念**（belief）分布，表達我對平均身高落在哪個範圍有多少信心。

這個信念分布其來有自，只是很難說得上它從何而來。可能來自過去我對周遭男性的印象、隱約記得在研究裡讀到相關數據，或是某人曾經這樣告訴我。不論如何，儘管我幾乎肯定無法說明概念的出處，並給出數值，這些都是過去的數據集，都是暗數據。

由於我們對母群體平均身高的概念基本上是主觀的，而且不確定從何而來，因此可能會對自己**認為**的平均身高值沒有把握，也不敢用它來做決定。我們會蒐集數據以提高客觀性。這正是貝氏統計的基本原理。這套方法，從我們對平均身高可能是多少的原始想法（稱爲**事前**信念）開始，再用**實際**取得的數據來修正想法，形成**事後**信念。譬如我們可能隨機挑選一百位英國男性測量身高，然後用這一百個數字來調整或更新我們對英國男性平均身高的原始信念。這樣做能讓我們得出一個平均身高的可能值分布，讓原始的信念分布朝實際觀察值靠攏。當樣本非常大，原始的信念分布就會拉到極爲靠近樣本，使得我們最初的主觀想法幾乎不會造成影響。這個調整更新的過程使用了一個極基本的機率法則，叫作**貝氏定理**（Bayes' theorem）。用本書的術語來說，貝氏定理結合了未觀察到的暗數據和實際的觀察數據，產生新的平均身高信念分布（若你好奇的話，根據英國國家統計署，英國男性的平均身高是五呎九吋）。

就拿光速來說吧。早在十七世紀就有人嘗試測量光速。一六三八年，伽利略判斷光速至少是音速的十倍；一七二八年，英國天文學家詹姆士．布拉德雷（James Bradley）估計光速約爲每秒三十萬一千公里；一八六二年，法國物理學家里昂．傅柯（Léon Foucault）估計光速爲每秒二十九萬九七九六公里。我們可以摘要這些數值和其他估計值，得出我們對於可能光速值的信心分布。詳細的實驗結果可能佚失了，也可能是暗數據，然而信念分布可以捕捉到實驗結果包含的相關資訊。十九世紀晚期，加拿大裔美國天文學家兼數學家西蒙．紐康（就是我們討論班佛分布時提到的那位先生）進一步進行實驗，並在論文裡記下自己於一八八二年七月廿四日至九月五日測量到的數值。一八九一年，他在美國航海天文曆編制局出版的《天文論文》期刊發表了這篇論文。[1]有了他的詳盡紀錄，加上根據前人實驗得出的信念分布中隱含的暗數據，就能算出更貼切的分布。目前光速的最佳估計值爲眞空中每秒二十九萬九七九二・四五八公里。

如今貝氏統計變得無比重要，是統計推論的兩大（有人說三大）學派之一。

隱私與保密

本章討論到現在，我們已經放下已觀察數據的角度，改由暗數據的角度檢視了現有的統計程序與哲學。從這個角度，經常可以帶來新的洞見，但我們還有其他方式可以利用暗數據。事實上，我們稍後就會談到，隱藏數據對現代社會的有效運作非常重要，許多日常活動如果不將數據隱藏起來，根本無法進行。

本書第六章和第七章的一部分都談到詐騙者如何隱匿資訊。詐騙者的目標是創造錯誤的印象，讓你以爲某項其實會賠錢的交易能夠獲利，或是隱匿實驗結果。間諜也是如此。他們不會讓自己眞正的意圖被目標（政府或企業）得知，有時連眞實身分也會隱瞞，實際行爲當然更不用說了。間諜不希望敵方政府知道他們的意圖，因此會努力隱藏自己的行動，但同時又會反過來極力打探敵方政府不想讓他們見到的數據，傳遞給自己人知道。因此，敵方政府會努力將這些數據保持機密。更曲折的還在後頭。政府將顯然該隱藏的數據洩漏出去，有時或許對己方有利，因爲這樣能讓敵人知道己方的實力，不敢輕舉妄動。除此之外，還有雙面間諜的問題，讓人搞不清到底誰對誰隱瞞了什麼，情況轉眼間就變得好複雜！

然而，不是只有詐騙分子和間諜想隱瞞事情，你或許也不希望自己的就診或財務紀錄公諸於世。日常生活的某些部分如果被大眾知道了，你可能會很難堪。這就是隱私的意義所在，《世界人權宣言》第十二條更是開宗明義寫道：「任何個人之私生活……不容無理侵犯。」

許多人對隱私有不同的定義。有人說是不受打擾侵犯的權利，有人說是不受政府干涉的權利，還有人說是選擇公開多少的自己給外人的權力。這些說法都陳義甚高，但隱私與隱藏在現實生活中也很重要。你會用密碼保護自己的銀行帳戶、手機、筆電和社群媒體帳號等。這表示帳戶裡的資料必須是暗數據，不能讓你不希望知道的外人知曉，也表示妥善設定密碼的方式很重要。

令人擔憂的是，許多人根本沒有更改密碼的習慣，一直沿用原始密碼，例如password、123456或admin等。這不禁讓人想起一個老笑話：某人將他所有的密碼都改成incorrect，也就是「不正確」的意思，這樣只要自己輸錯密碼，系統就會提醒他your password is incorrect（你的密碼不正確）。這些原始密碼通常是設備出廠時就設好的，用戶一拿到設備安裝完成就應該立刻更改。駭客通常會從原始密碼試起；另一個更普遍的基本**駭侵**（hacking）技巧，則是直接嘗試數十億不同的符碼組合，若是使用電腦，通常每秒可以嘗試五十萬次（別忘了，我模擬投擲十枚硬幣一百萬次，只花了幾秒鐘）。要是駭客對你的密碼有些瞭解，例如只由數字組成，搜尋速度會大幅加快。這就是一般建議你設密碼要包含大小寫英文字母、數字和特殊符號的理由。這樣做能讓構成密碼的符碼庫大增，也讓駭客需要嘗試的可能組合**大幅**增加。若只能使用十個數字，密碼長度爲八個符碼，組合就有10^8種，也就是一億個可能的密碼。以每秒五十萬個組合的速度測試，只要兩百秒就能嘗試完畢，相當於三分鐘出頭。但若可以使用十個數字和二十六個英文字母，包含大小寫，再加上十二個特殊符碼，這時八碼密碼的組合就有74^8種，約等於9×10^{14}種，以每秒五十萬個組合的測試速度，需要兩千八百五十萬年才能全數試完。天哪！

間諜與密碼跟**暗碼**（secret code）和密碼學密不可分。有許多工具能讓兩人傳遞資訊，但不讓其他人破解，保持資訊爲暗數據。事實上，這些作法用途廣泛，不是只限於間諜。譬如商業機構經常需要交換機密資訊，銀行需要確保訊息不被人攔截、改寫或轉傳，你可能希望自己的電郵和其他通訊只有收件人讀到，別被駭入系統的人讀取。

密碼學就是編碼的學問，已經成爲尖端的數學領域。現代許多加密方法都以**公開金鑰密碼學**爲基礎。這套優雅的數學加密原理主要使用兩個數字「金鑰」，一個讓人加密訊息，另一個讓人解密訊息。前者公開，所有人都能加密訊息；後者保密，只有知道的人，即擁有私人金鑰者能解密訊息。

密碼學有時牽涉複雜的公眾、社會與道德議題。雖然許多合法交易都仰賴加密以維持安全，但非法交易也會利用加密來規避查緝，例如罪犯和恐怖分子的通訊。美國法院就曾多次要求蘋果公司提供資訊，替iPhone解鎖。二〇一五年十二月，美國加州聖貝納迪諾發生恐怖攻擊，造成十四人死亡，美國聯邦調查局便要求蘋果替其中一名犯罪者持有的手機解鎖。但這項要求引發了一連串關於個人隱私有多不可侵犯的討論。後來蘋果拒絕替手機解鎖，政府決定舉行聽證會，但會議召開前，美國聯邦調查局就已經找到第三方完成解鎖，於是撤回要求。有關隱私、祕密與取用手機暗數據的討論淵遠流長，而且仍在持續。

國家統計局專責蒐集與核對全國人民的各項數據，透過分析數據瞭解全體國民，發展有效的社會與公眾政策。該部門一方面必須確保個人資料（微數據）的隱密，另一方面又必須公布統計摘要。譬如你可能不希望自己國家的統計部門洩漏你的薪資或病歷，但又希望他們能公布全體國民的薪資分布與各種疾病的患病人數。相關政策可能造成敏感的隱私問題，尤其當某一小群人的資訊遭到公開，可能導致這些人的身分曝光，例如公布五十到五十五歲家住某郵遞區號的男性資料，就可能幫助有心人士大幅縮小搜尋範圍。萬一只有一人符合所有條件，後果有時更是不堪設想。

由於事涉敏感，國家統計局等單位開發了各種確保暗數據安全的工具，以便既能公布有關全體國民的資訊，又能維護個人隱私不受侵犯。例如，當交叉分類可能導致範圍縮限至某一小群人（住在某城鎮、年收入一百萬英鎊以上）時，就可以將這個組別和鄰近組別（住在某些城鎮，年收入十萬英鎊以上）合併起來。

國家統計局還有一個隱藏數據細節的技巧，就是隨機扭曲或攪亂數據，像是替表格內的每個數值都加上一個隨機選取的小數值，這樣公布數據時不會透露實際的精確數字，卻還是能夠正確呈現全貌。其實我們有許多方法可以做到這一點，甚至攪亂所有數字，還是能**準確**呈現全貌的各個面向，如全體平均和不同組別的數字分布等。

第三種作法是替實際數據的分布與特性建立模型，再用模型產生和實際數據性質相同的合成數據，如同之前提到的模擬法。我們可以計算母群體的平均年齡及年齡的離勢與分布形狀，然後合成平均值、離勢和分布形狀相同的人爲數據。如此一來，實際數據雖然完全消失，多少還是能從與其性質相同的合成數據中取得實際數據的摘要。

數據還可以**匿名化**，也就是銷毀足以識別個人的資訊，如姓名、地址、社會安全碼都會從紀錄裡刪除。但匿名化的缺點是，所有可以重新識別某項數據屬於何人的**可能性**都沒了。因此，臨床試驗紀錄刪去姓名和地址等資訊或許可以維持匿名性，但若是後來發現某位患者病況危急，能夠找出這位患者就很重要。不論如何，對許多產業而言，其營運都有賴於保留可以識別個人的紀錄。

這時我們可以使用所謂的**擬似匿名**（pseudonymization）。擬似匿名不是直接銷毀可以識別個人的資訊，而是用符碼代替，例如姓名可以用隨機挑選的整數代替，以665347取代大衛・漢德。只要保留姓名和符碼的對照表，之後如有需要就能按表尋人。

其實，政府統計單位對匿名化的正式定義通常包含一則條款，規定匿名化這類程序必須「保護個人不被他人以合理途徑認出身分」。完美的匿名化很難做到，因爲數據集可能和其他數據集有**鏈結**。如同本書第三章提到過的，鏈結數據集對改善人類生活極具潛力。比如，鏈結食物購買模式及健康數據，可以對流行病學帶來寶貴的突破性發現；鏈結各級學校的教育數據及稅務機關的就業收入數據，能爲草擬公眾政策提供極有用的資訊。這些鏈結不只是構想，全球有愈來愈多公民營單位在做。但唯有納入數據庫的人確信自己的隱私和機密得到維護，這類鏈結才能成功。本書第四章討論過的英國行政資料研究網路，使用「可信賴第三方」來杜絕隱私和機密的外洩風險，也就是沒有任何一個數據持有者能同時擁有識別符和鏈結數據。[2]對於任兩個數據集，這套系統的運作方式如下：

1. 各數據庫管理員替數據集裡每筆紀錄創建一個專屬識別符。
2. 這些識別符和相關的識別資料（如姓名）透過可靠的連結，傳給「可信賴第三方」，但其他數據都不寄出。安全連結將識別符和識別資訊對應起來。
3. 爲每筆紀錄創建一個鏈結識別符。
4. 將存有鏈結識別符及每筆紀錄專屬識別符的檔案，寄回給數據庫持有者。

5. 數據庫持有者將鏈結識別符加入數據集的各筆紀錄中。
6. 最後，各數據庫持有者將識別資訊（如姓名）刪除，再將紀錄和鏈結識別符寄給研究者。研究者使用鏈結識別符就可以鏈結數據集，但不會知道任何紀錄背後的眞實身分。

這套程序聽起來複雜，但是很有效，既可以保持身分隱匿，又能鏈結來自兩個數據集卻不在鏈結數據集裡的紀錄。

儘管這種鏈結對社會非常有用，但鏈結數據總是有曝光個資的風險，尤其若是數據後來和**外來**數據集鏈結，風險更會大幅提高（不過，這種風險在英國行政資料研究網路內不會發生，因爲所有分析都在安全的環境中進行，無法取用其他數據來源）。早期發生的一個有名案例就充分呈現了這個兩難。

一九九七年，美國麻薩諸塞州團體保險委員會公布了醫院數據，供研究者發展更好的健保策略。當時的麻州州長威廉．衛爾德（William Weld）向大眾保證，團體保險委員會已經從數據裡去除了個人識別符，因此民眾隱私安全無虞。

然而，團體保險委員會未能處理數據連結的可能性。當時還是麻省理工學院研究生的拉坦婭．史威尼（Latanya Sweeney）正在研究**計算公開控制**（computational disclosure control）。這是資訊科學的一門分支，主要研究確保資料爲暗數據的工具與方法。史威尼的看法和衛爾德不同，心想是否可以從團體保險委員會的數據裡識別個人身分，於是她決定搜尋州長本人的個資。衛爾德住在麻州劍橋是公開資訊，而劍橋只有七個郵遞區和五萬四千名居民。史威尼拿這份資訊和劍橋選民登記名冊中的數據比對。選民登記名冊只要二十美元就能買到。接著，史威尼使用衛爾德的其他公開資訊，如出生日期與性別，成功從州長的選民登記資料比對出醫院紀錄，進而查出他的病歷。爲了證明自己的看法沒錯，史威尼還寄了一份病歷給衛爾德。

其實，這個例子有個不尋常之處。任何數據集都可能包含特殊的個人，很容易查出他們的身分，但不代表多數人都能被認出來。以本例而言，衛爾德是公眾人物，許多個人資訊廣爲周知。此外，重新識別出他的身分，有賴於選民登記資料的準確度。丹尼爾・巴斯－瓊斯（Daniel Barth-Jones）詳細研究了這個例子，指出這點特別之處。[3]儘管如此，這個案例還是讓人不安，以至於最近有不少法令做了修改，使得這類**再識別**（re-identification）變得更加困難。

另一個早期的著名案例發生在二〇〇六年，入口網站暨線上服務供應商美國線上公開釋出搜尋紀錄。爲了維護匿名性，美國線上刪去了搜尋者的網際網路協定位址，並將使用者名稱擬似匿名，用隨機選取的識別符取代。但這回破解匿名性的不是研究生，而是兩名記者。

他們很快就找出識別符4417749代表家住美國喬治亞州利爾本的寡婦塞爾瑪．阿諾德（Thelma Arnold）。兩人靠著阿諾德搜尋紀錄中的資訊，包括她搜尋和自己同姓氏者的醫療病症和狗的資訊等等，縮小了搜尋範圍，進而把她找出來。

二〇〇六年還發生了網飛獎（Netflix Prize）醜聞。網飛的數據庫裡儲存了五百萬用戶的電影評分。爲了提高推薦影片給用戶的準確度，網飛開出一百萬美元獎金，要給開發出比他們現有系統準確一〇%的演算法的人。他們提供的數據同樣刪去了識別資訊，識別符也用亂碼取代，結果還是被兩名德州大學的研究者艾文德．納拉亞南（Arvind Narayanan）和維他利．席馬提科夫（Vitaly Shmatikov）破解了匿名性。納拉亞南和席馬提科夫寫道：「我們證明了有心人士只要知道某位用戶的些許資訊，就能輕易在網飛的數據集找出這位用戶的紀錄。我們以網路電影資料庫（IMDb）爲背景知識，成功找出已知用戶的網飛使用紀錄，查出他們的政治傾向和其他可能很敏感的資訊。」[4]

上述都是早期發生的例子，看似匿名的數據被人識別出個資。這些例子促使不少政府立法並頒布法令，要求數據集更安全，以及懲罰破解匿名性的人。但眞相是殘酷的，數據不是全暗，因而毫無用處，就是永遠有缺口，阻止不了走光。

在黑暗中蒐集數據

之前提到，數據鏈結其他數據集時，可以將其中能識別個人的數據匿名化，但我們其實還能更進一步，讓數據以暗數據的方式被蒐集與計算，從一開始就不讓人看到，但依然能得出發現與數值。以下是幾個常見的方法。

首先是**隨機作答**（randomized response）。這是蒐集敏感個資（如性行爲或不實行爲）的一種老方法。舉例而言，假設我們想知道有多少人偷竊過東西。直接問人可能會得到扭曲的回答，因爲受訪者應該會說謊否認。因此，我們要受訪者在我們看不見的情況下投擲硬幣，並且告訴他們若硬幣正面朝上，他們就必須老實回答自己有沒有偷過東西：若反面朝上，他們就得一律答「有」。不論受訪者是誰，答「有」都表示我們不會曉得他們確實偷過東西或只是硬幣反面朝上。但我們還是能從整個實驗裡得知一些事情。由於硬幣正面朝上的機率是二分之一，因此我們曉得回答沒有的人數會是眞的沒偷過東西的人數的一半。只要將回答沒有的人乘以二，就知道有多少人眞的沒偷過東西，而將受訪總人數減去沒偷過東西的人，就是偷過東西的人數。

英國東英吉利亞大學的大衛・休伊－瓊斯（David Hugh-Jones）使用了類似構想，檢視了十五個國家的人民誠實度。[5]他要受訪者投擲一枚硬幣，但不讓他看到結果。若硬幣正面朝上，受訪者就拿到五美元。假設所有受訪者都很老實，應該有一半的人說正面朝上。要是母群體說正面朝上的人超過一半，就表示有人說謊。休伊－瓊斯便利用這個方法來衡量各國人民的誠實度。

隨機作答是在數據蒐集時隱藏數據，有些方法則是在數據計算時隱藏數據，**安全多方計算**（secure multiparty computation）就是其中一種方式。作法是蒐集一群人的資訊，但每個人都不曉得其他人的數據。舉個簡單的例子，假設我想知道鄰居的平均薪資，但他們都對透露自己的收入非常敏感。於是，我請他們每個人將自己的薪資拆成兩個數字a和b，讓a與b的總和等於薪資。因此，收入兩萬英鎊的人可以拆成一萬九千和一千英鎊、一〇三五一和九六四九英鎊、一九九九八和二英鎊，甚至拆成三萬和負一萬英鎊。如何拆分薪資無所謂，正負數都可以，只要加起來等於收入即可。接著我們將所有a寄給某人，請他計算總和，假設爲A；再將b寄給另一人，千萬記住不能是同一人，請他計算總和，假設爲B。最後我們只要將A和B加起來再除以總人數，就得到平均薪資了。注意過程中沒有人知道其他人的薪資，連負責加總的人也不曉得他們沒看到的那個部分（a或b）值是多少。

安全多方計算既能摘要母群體的數據，又能避免母群體內的任何成員（事實上是所有其他人）知道母群體內某一成員的數值。我們其實還能再更進一步。**同態計算**（homomorphic computation）可以替數據加密，將資料變爲暗數據，讓其他人分析加密資訊，產生加密結果，但不曉得自己分析的數據和結果是何意義。然後你身爲唯一知道如何破解加密數值的人，就能替結果解密。這套作法出自二〇〇九年左右任職ＩＢＭ華生研究中心的克雷格．金特里（Craig Gentry）發表的一篇論文，但構想從一九七〇年代就有了。[6]

以下是一個簡單的小例子，完全是編出來的。實際上的方法比這個複雜許多。

假設我們想知道某個俱樂部的成員平均年齡，但電腦效能不夠，沒辦法計算。我們想找個有電腦且電腦效能夠強的人幫忙計算，但不希望對方得知成員年齡。爲了做到這一點，我們首先替每位成員的年齡隨機加上一個數字，將年齡「加密」，同時計算所有加上的數字的平均值。接著我們將加密數字（原始數值和加上的隨機數字）寄給負責計算的人。對方算出加密數字的總和、加以平均後，將平均值回報給我們。到這裡不難想見，只要將對方算出的平均值減去隨機數字的平均值，就會得到俱樂部成員的平均年齡。

這個例子顯然很單純，通常我們感興趣的分析都比求取平均值困難一些。

我們已經看到，我們可以蒐集數據，但讓蒐集數據者看不到數據，也可以分析數據，但讓計算數據者不知道自己在分析什麼。基本上，本章倒轉了暗數據的概念。暗數據通常是問題的來源，將我們想知道的事物隱藏起來，可能造成扭曲的分析與誤解。但本章介紹了一些方法，可以讓暗數據極具價值，讓我們做出更好的預測與決定，甚至防止罪犯得逞。

10　分類暗數據：穿越迷宮

暗數據分類法

本書介紹了許多暗數據的例子，檢視數據變暗的原因與後果，以及如何面對數據變暗帶來的難題。然而，事情往往沒那麼簡單，因爲數據變暗的理由很多。以下就是一個例子。

英國政府成立的行爲洞察團隊常被媒體稱作「推力小組」，主要在尋找可以大幅影響行爲的小型策略型政策（推力）。該團隊最近發表報告指出：「不少報告及媒體報導都發現，官方數據顯示過去四十年來英國人的熱量攝取明顯減少，體重卻持續增加。爲什麼吃得少卻變胖了呢？……其中一個說法是，英國人活動量肯定減少了，導致能量消耗降低。」[1]

這個說法聽來滿有可能的，即使有些令人意外。意思是我們吃得少了，運動量卻減少更多，導致體重不降反升。然而，行爲洞察團隊指出這個說法並不可信，因爲「即使將活動量降到最低極限，數據裡的熱量攝取值也不足以維持原有體重」。團隊還表示：「這些熱量攝取值均低於一般引用的每日推薦攝取量，亦即體重健康的男性每日兩千五百大卡，女性兩千大卡。」因此團隊認爲，問題出在暗數據。

食物購買量數據來自**英國生活成本與食物調查**（LCFS），熱量攝取數據來自**全國飲食與營養調查及健康調查**（NDNSHS）。推力小組的報告認爲，這些調查低估了食物購買量和熱量攝取值。針對英國生活成本與食物調查，報告指出：「研究估計，一九九二年至二〇〇八年，該調查未納入的經濟活動比例從二％提高到了一六％。」推力小組根據這項因素校正了生活成本與食物調查的結果，發現英國人的食物攝取量從一九九〇年代便持續增加。至於全國飲食與營養調查及健康調查的數字，推力小組使用了所謂的**雙標示水法**（doubly labeled water）進行校正，因爲那是「測量能量消耗的黃金標準」。報告指出，校正過後，英國「全體國民的熱量攝取比官方數據顯示的多了三〇％到五〇％」。

這些狀況聽起來確實很像標準的暗數據問題。熱量攝取**並未**減少，只是因爲數據遺漏或偏頗才造成如此的假象。推力小組的報告針對數據低報提出了五個原因，涉及數種暗數據：

- 肥胖程度提高（因爲肥胖者較常低報卡路里攝取量：**DD-T11：反饋與玩弄**）

- 減重欲望提高（因爲這和低報增加有關：**DD-T11：反饋與玩弄**）
- 零食與外食增加（**DD-T2：我們不知道漏掉的數據**）
- 調查回應率降低（**DD-T1：我們知道漏掉的數據**、**DD-T4：自我選擇**）
- 熱量計算參考數據和實際分量或食物能量密度的落差增大（量測誤差隱藏了真實數值：**DD-T10：量測誤差與不確定**）

推力小組的報告明白點出了暗數據產生的可能原因，但許多時候原因不會這麼明顯。此外，釐清原因以找出適當步驟、克服暗數據的風險，時常也遠非易事。

不過，第一步永遠是提防暗數據的存在，甚至一開始就要假設數據不完整或不正確。**對數據保持懷疑**，這是本書最重要的忠告，至少直到數據證明恰當與準確之前，都要保持懷疑。

此外，你還必須有能力辨認哪些情況特別容易發生暗數據的問題，尤其要能見微知著，看出隱形的暗數據正在扭曲你所蒐集的資料，以及哪些情況可能會有危險。本書在這件事上提供了兩點協助。

首先是我在書裡舉了各式各樣的例子，說明哪些情況可能出現暗數據。這些都是你該留意的狀況。當然，還有其他情境也會發生暗數據，狀況多得數不完，但我希望書裡提到的這些例子可以作爲起點。

其次是本書提出了DD-Tx暗數據分類法，協助你辨識特別可能發生暗數據的狀況。我在第一章介紹了DD-Tx，並且於書中反覆提及。爲了便於辨別，讓你在現實中實際應用，本章稍後會扼要描述各類暗數據，並舉例說明。

DD-Tx就像二維圖表的縱軸與橫軸，架構出暗數據的「類型」空間。但是和縱軸與橫軸不同，DD-Tx並未窮盡暗數據的空間。原因有兩個：首先，肯定還有其他造成數據遺漏或不當的原因，但本書並未提到；其次，永遠會有新型數據產生，而那些數據也會有它們「變暗」的方式，我們最後一節再討論。不過，列出DD-Tx的目的在於提供一份局部風險檢查表，並且提醒你面對任何數據集和分析數據時，有哪些一般性的問題需要注意。要永遠記得，認出數據裡有某型DD-Tx，不代表沒有其他型DD-Tx存在。

DD-T1：我們知道漏掉的數據

這型暗數據是前美國國防部長朗斯菲德口中的「已知的未知」。當我們知道數據出現闕漏，有可被記錄到的數值隱匿了，就表示有這型暗數據存在。例如表格裡缺了數值（如表一裡的行銷數據）或訪問名單上有人拒絕回應，不論部分問題拒答或全部拒答，都屬此類。

DD-T2：我們不知道漏掉的數據

這型暗數據是朗斯菲德口中的「未知的未知」。我們根本不曉得有數據遺漏了。例如網路民調時，我們沒有可能回應者的名單，因此不曉得有誰根本沒有回應。挑戰者號太空梭的空難事件就是忽略了這型暗數據的結果，發射會議成員沒有察覺他們遺漏了某些數據。

DD-T3：只選擇部分情況

樣本選取標準欠佳或標準恰當、但執行不良，都會造成樣本扭曲。例如研究者可能選擇比較健康的患者，或調查人員可能選擇同情受調查公司的人。還有一種特別的情況，是只選擇大量個案中的「最佳」個案，由於均值迴歸的作用，這種作法往往招致失望。同理，搞p和未考慮其他假設，也可能導致科學研究的結果無法再現。

DD-T4：自我選擇

自我選擇型暗數據是**DD-T3：只選擇部分情況**的變種。當人可以自行決定是否被納入數據庫，就會出現這型暗數據。例如，民調受訪者可以選擇要不要回答問卷，患者也可以選擇要不要讓自己的數據儲存到數據庫中（選擇加入或不加入），以及更一般的情況，比如消費者選擇哪家（銀行或超市）的服務。在這些例子裡，納入數據庫的人可能和沒納入的人有結構上的差異。

DD-T5：漏掉關鍵因素

有時我們會完全沒觀察到系統的關鍵面。這可能導致錯誤的因果推論，就像草坪開始枯乾，冰淇淋銷售量就增加，但這個因果鏈中顯然少了天氣這項暗數據。然而，有時關鍵因素的闕漏不會這麼明顯。辛普森悖論就是個棘手的例子：**所有**組成因素的機率都下降，整體機率卻不降反升。

DD-T6：可能會如何

若是採取不同行動、情境或條件而會觀察到的數據，就是反事實數據。例如某些臨床試驗中，每位患者只會接受一種療法，也許是因爲試驗的目的是研究痊癒時間，所以患者一旦痊癒，就不可能回頭嘗試其他療法。單身者的配偶年齡也屬於這型暗數據。

DD-T7：隨時間而異

時間掩蓋數據有許多種方式，例如數據可能不再準確呈現當下世界的樣態，某些案例可能因爲觀察期結束了才發生、所以沒觀察到，或案例因爲性質改變、可能退出觀察等。還有研究患者確診後的存活時間，但患者還沒過世、觀察期就結束了，或是引用二十年前的全國人口數字來草擬當前的公共政策，可能價值有限。

DD-T8：數據的定義

定義可能不一致，也可能隨時間而改變，以符合其目的與用途。這可能導致經濟時間序列值和其他時間序列值出現問題，因爲相關數據可能不再蒐集。一般而言，使用的定義不同，結論就很有可能不同。英國犯罪統計數據就是如此，一個來自警方紀錄，另一個來自被害者調查，由於兩者對犯罪的定義不同，因此得出不同的數據。

DD-T9：數據的摘要

顧名思義，摘要就代表略去數據的細節。如果只寫出平均值，就只能呈現數據的整體範圍，無法顯示其分布的偏度。平均值可能掩去「某些值極爲不同」的事實，也可能偏向另一個極端，掩去「所有值都相等」的事實。

DD-T10：量測誤差與不確定

量測誤差會導致無法確定實際值。只要想像量測誤差的範圍跟實際值的範圍一樣、甚至更大，就能清楚看出這一點，因爲觀察值可能和實際值差得太遠。捨入、化整爲零、天花板和地板效應等，都會造成數據不確定，難以辨別實際值。此外，數據鏈結也會造成不確定與不精確。由於辨別資訊可能以不同的樣式儲存，導致匹配出錯。

DD-T11：反饋與玩弄

當數據蒐集程序受蒐集到的數據影響，就會產生這型暗數據。分數膨脹與股價泡沫都屬此類。這代表數據所呈現的現實是扭曲的，而且可能隨著時間愈偏愈遠。

DD-T12：資訊不對稱

不同的人可能持有不同的數據集。當某人握有另一人不知道的資訊時，就會出現資訊不對稱。內線交易、艾克羅夫的檸檬市場、敵對國家彼此認識有限而導致國與國情勢緊張，都是實例。

DD-T13：刻意弄暗的數據

這型暗數據特別麻煩，是**DD-T3：只選擇部分情況**的變種。刻意隱藏或操弄數據以遂行欺騙或誤導，就會產生這型暗數據。這是詐騙。這型暗數據不僅出現在許多狀況中，也會以各種方式產生。

DD-T14：編造與合成數據

這型暗數據可能發生在詐騙行爲，編造數據以誤導他人；也可能發生在模擬，比如研究某個程序時，人爲生成該程序**可能**產生的數據集；或是發生在複製數據時，如拔靴法、提升法和平滑法等。現代統計工具大量使用這個概念，但使用不當可能得出偏頗的結論。

DD-T15：類推到數據之外

數據集永遠是有限的，必然有最大值和最小值，超出這個範圍就屬於未知。要描述大於最大值或小於最小值的可能值爲何，就必須提出假設，或是從其他來源獲取這方面的資訊。挑戰者號太空梭爆炸就是這樣的例子，發射當時的周圍溫度比之前所有發射時的周圍溫度都來得更低。

點亮暗數據

不誇張地說，近數百年來的文明發展和資料科學進步脫不了關係。畢竟「數據」一詞幾乎可說是「證據」的同義詞，而證據又是啓蒙與科技進步的核心，驅動了幾世紀以來的經濟成長與社會發展。

的確，就如同化石燃料是現代工業發展的原動力，數據也被封爲「新石油」。和石油一樣，誰掌控與操弄數據，誰就能致富。更重要的是，和石油一樣，數據也需要提煉，需要淨化與預先處理才能發揮功用。清除暗數據的污染就是淨化的一部分。

然而，這個類比有其侷限。石油的價值人人都能享用，但數據的價值取決於你想知道什麼。此外，數據和石油還有一點不同。數據就算沒有你授權讓與，也能出售或讓出，甚至可以無限複製與再現。此外，數據顯然還可以變暗：你沒有的數據，可能讓你有的數據變得價值所剩無幾。尤有甚者，數據還有隱私與機密的問題，這是石油完全無法比擬的。數據遠不只是商品，這就是政府爲什麼戮力處理數據管理與相關道德議題的原因。

數據革命的動力主要來自於觀察數據。本書第二章提過，描述某一程序在沒有明顯外力干擾的情況下自然演化的數據，就是觀察數據。第二章還提到，這類數據特別容易受暗數據的影響。實驗數據和觀察數據不同，各項因素都受到控制。此外，自動數據蒐集系統會產生大量觀察數據，而且常是新型數據。不少行政程序也有產生大量觀察數據的副作用。

新型數據可以帶來洞見，**十億價格計畫**（Billion Prices Project）就是個好例子，而且已經成了經典案例。麻省理工斯隆管理學院的艾貝托．卡瓦洛（Alberto Cavallo）和羅伯托．利格朋（Roberto Rigobon），從網路匯集了大量商品的線上價格，以此建立一組通膨指數，並且闡明這些數據如何切近巴西、智利、哥倫比亞和委內瑞拉的通膨程度與動態行爲。但他們兩人進一步指出：「反觀阿根廷，線上商品通膨程度和官方公布的通膨率，存在著未解釋的極大落差。」[2]單靠蒐集的數據內容及分析方法，似乎無法解釋這個落差。卡瓦洛結論道：「經此對照，阿根廷的結果證實了外界對政府操弄通膨指數的疑慮。所有國家當中，只有阿根廷的線上通膨和官方估計差距明顯。」

卡瓦洛等人完全跳脫了蒐集通膨數據的標準方法。本書第三章提到，標準方法是派出研究員到店家記錄架上商品的價格。這個作法不僅費用高昂，速度又慢。相比之下，十億價格計畫算出的通膨指數每天都能更新。

十億價格計畫無疑是大數據大獲成功的實例。儘管如此，事情可能不像表面看來那麼簡單。卡瓦洛和利格朋表示：「我們……幾乎只鎖定大型多通路零售商，忽略只經營線上通路的零售商，如亞馬遜。」[3]他們提醒讀者，線上商品價格涵蓋的零售商與商品種類，都比標準方法涵蓋的少得多，而且由於必須決定蒐集哪些購物網站的數據，使得規模較小的網站有消失成爲暗數據的危險。此外，線上價格只有價格，並未顯示銷售量。

透過網路蒐集數據集，還會產生其他暗數據問題，甚至更爲嚴重。谷歌經常更新搜尋演算法以提升效能，但更動的細節往往只有深入參與演算法開發的人才能掌握，外人通常如墜五里霧中。谷歌最近做出的更動，包括引入品質評分系統進行網頁排名；將判定爲操弄式網站的網頁降低排名；使用自然語言處理，以便更準確掌握用戶的搜尋**意圖**；用戶使用手機時，提高手機相容網頁的排名；以及辨別違反谷歌規範的網站。這些改動看似合理又有益，但重點是谷歌改變了他們蒐集的數據性質，讓人很難比較改動前和改動後的數據（**DD-T7：隨時間而異**）。尤其經濟和社會福祉的指數值之所以改變，可能不是因爲現實世界變了，而是蒐集到、關於現實世界的數據變了，也就是所謂的指標偏移，而暗數據就藏在這些改變的最深處。

我們討論過許多鏈結數據集的成功故事。結合、合併與整合不同來源的數據，顯然潛力無窮，因爲不同的數據來源能提供有關研究對象不同面向的資訊。這些研究多半以人爲對象，因此顯然對瞭解和促進人類健康與社會福祉大有幫助。但鏈結數據可能產生暗數據，這樣的風險始終存在。各數據庫的母群體可能不盡相同，A數據庫有的案例，可能B數據庫沒有，匹配時往往因爲數據儲存方式不同而發生錯配（王X明和王XX或王小明是同一個人嗎？），此外也可能出現重複記錄的問題。

本書主要探討暗數據可能如何欺騙人類，以及我們該如何應對。然而，暗數據也可能欺騙機器。隨著機器學習和人工智慧的用途愈來愈廣，我們不難想像未來會有愈來愈多機器被暗數據誤導的新聞出現，報導機器如何因暗數據而出錯，甚至造成意外。事實上，機器學習和電腦視覺領域有一個概念，不少人稱之爲「馬」，因爲這個術語起源自「聰明漢斯」。

聰明漢斯是德國小學教師威廉．馮．歐斯騰（Wilhelm von Osten）養的一匹馬，據稱會算術，有辦法做四則運算，還會做更複雜的事，如報時，甚至能讀懂和聽懂德語。馮．歐斯騰會用說的或寫的問漢斯問題，由於漢斯不會說話和寫字（牠沒那麼聰明），便用跺蹄次數當作回答。

一九〇七年，生物學家兼心理學家歐斯卡．芬斯特（Oskar Pfungst）決定研究漢斯，最後下結論認爲漢斯雖然沒有作假，但不是眞的做了計算，而是漢斯的人類主人（他當然會解題）不經意給了牠提示。有意思的是，漢斯的主人完全不曉得自己給了暗示。這就跟撲克玩家的身體語言很類似。

重點是觀眾以爲漢斯是在回應某件事，但其實不是。機器也可能發生同樣的事，它們的分析、分類與決策可能建立在輸入數據的某些面向之上，而我們可能沒想到，甚至完全沒察覺到這些面向。有時「一個被電腦正確辨別的輸入影像，經過人眼無法察覺的微小改動之後，電腦就無法再正確辨別了」。[4]卡內基美隆大學的研究人員利用自動演算法的這項弱點發明了一種圖案鏡框，在人眼看來一切正常，卻會讓機器認錯戴眼鏡者是誰。[5]令人憂心的是，研究人員發現不是只有這種神經網路演算法會出問題，而是那一整類演算法都會出錯。顯然機器看到了我們看不到的東西，而且那些東西顯然不是我們感興趣的面向。

翻開本書到現在，我們看到了暗數據有無數種出場方式，可能出於意外，也可能出於刻意。我們有時會以某種方式呈現資料，以隱瞞眞相。提高警覺可能會偵測到暗數據，而通常一個很有用的方法就是換個角度看數據。某樣食品標榜「九〇%不含脂肪」，聽起來可能很棒，但換成「含脂肪一〇%」可能就沒那麼誘人了。同理，某種療法或生活方式可能宣稱能讓你罹患某種疾病的風險減半，但要是這個減半是從二%減到一%，你可能就不會那麼感興趣了，因爲不論是二%或一%都小到無足輕重。這件事只要倒轉角度，將光多打在數據上一點，或許就更清楚了：將某種疾病的預防率從九八%提高到九九%，這種說法可能不會引起多大興趣。

未來顯然是暗數據的一大來源。儘管有許多靈媒、天眼通和先知做出種種預言，未來仍然是一片未知，永遠可能有意料外的事件插手，打亂你原本的計畫。歷史上無數的生意失敗都是鐵證。美國長期資本管理公司（LTCM）本來就業務吃緊，一九九八年又受到俄國本國貨幣債券突然違約的衝擊，導致公司岌岌可危。由於擔心可能引發連鎖反應，造成金融市場巨大損失，外界只好投下史無前例的巨資紓困。同樣地，瑞士航空原本公認經營穩健，卻於一九九〇年代晚期實行「激進的借貸與收購策略」，結果二〇〇一年紐約恐怖攻擊引發業務崩盤，最後無力償債。

最後我再舉一個名符其實的暗數據案例，結尾同樣是公司垮台。

從一九七〇年代晚期至一九八〇年代，全球兩大錄影帶製造商掀起一場所謂的格式大戰。敵對雙方分別是索尼的Betamax和日本勝利株式會社（JVC）的VHS。基本上，Betamax技術較優，畫質較高，影像較佳，最後卻由VHS勝出。因爲Betamax的技術優勢無法克服價格較高的劣勢，而且錄影無法長於一小時，至少研發初期確實如此，而VHS機器一開始就能錄製兩小時。但關鍵在於好萊塢電影通常超過一個小時，這意味錄製長度一個小時必然會導致關鍵的電影結尾被刪光光！索尼後來雖然研發出新技術，延長了錄製時間，卻還是遲了，VHS已經占下了市場的半邊天。

我們正進入一個全新的世界。使用數據來增進知識、做出可靠的預測，以提升人類生活，充滿無限的可能，只要想得到都可望實現。但我們必須步步爲營，每一步都可能遇到意料外的隱藏陷阱。猶如本書開頭所說的，我們不知道也**無法**知道我們所分析的數據的一切，不清楚也無法完全掌握數據的蒐集過程與來源。更糟的是，我們甚至不曉得自己不知道什麼。由於我們未知的東西可能至關重大，踏錯一步很可能導致理解不當或預測錯誤，對我們的健康、財產和福祉造成嚴重的後果。我們有理由對資料科學感到興奮，但必須抱持謹愼。

唯一的解決之道就是瞭解風險，時時警覺。

你可能已經聽過這個老笑話：有位醉漢在路燈下找鑰匙，不是因爲鑰匙掉在那，而是只有那裡夠亮看得見。這個笑話一語道盡了暗數據的風險。不論是研究人員或分析師，事實上，所有嘗試從數據裡擷取意義的人都一樣，只要拘泥於現有的數據，結果就會像那名醉漢。除非瞭解數據是如何產生、可能遺漏什麼，否則我們會面臨極大的風險，只看自己能看到的，而非答案所在之處。但我們已經不再天眞，不再認爲暗數據只是可能存在、但沒記錄到的資料，甚至不再囿於「已知的未知」和「未知的未知」之分。這些的確是暗數據，但暗數據也可能是不可能存在的數據，甚至是我們編造的數據。從暗數據的視角看事情，倒轉了我們一般看事情的角度，同時簡化也加深了我們的理解：觀察到的數據其實存在於更大的脈絡中，其中包含了暗數據。

本書探討了那麼多暗數據出現的情境，希望能讓你對暗數據的風險提高警覺，知道該注意什麼，也懂得如何辨別與修正暗數據，將光亮延伸到路燈以外的地方。希望這些內容也能讓你明白，什麼時候可以策略性地替數據蒙上一層黑影，爲你帶來更深的理解與更多的啓發。

註釋

第一章　暗數據：我們看不見的事物形塑了我們的世界

1. https://blog.uvahealth.com/2019/01/30/measles-outbreaks/, accessed 16 April 2019.
2. http://outbreaknewstoday.com/measles-outbreak-ukraine-21000-cases-2019/, accessed 16 April 2019.
3. https://www.theglobeandmail.com/canada/article-canada-could-see-large-amount-of-measles-outbreaks-health-experts/, accessed 16 April 2019.
4. E. M. Mirkes , T. J. Coats, J. Levesley, and A. N. Gorban, "Handling missing data in large healthcare dataset: A case study of unknown trauma outcomes." *Computers in Biology and Medicine* **75** (2016): 203–16.
5. https://www.livescience.com/24380-hurricane-sandy-status-data.html.
6. D. Rumsfeld, Department of Defense News Briefing, 12 February 2002.
7. http://archive.defense.gov/Transcripts/Transcript.aspx?TranscriptID=2636, accessed 31 July 2018.
8. https://er.jsc.nasa.gov/seh/explode.html.
9. https://xkcd.com/552/；羅傑斯委員會的挑戰者號事故報告請見：https://forum.nasaspaceflight.com/index.php?topic=8535.0。

10. R. Pattinson, *Arctic Ale: History by the Glass*, issue 66 (July 2012), https://www.beeradvocate.com/articles/6920/arctic-ale/, accessed 31 July 2018.

第二章　發現暗數據：我們蒐集什麼、不蒐集什麼

1. D. J. Hand, F. Daly, A. D. Lunn, K. J. McConway, and E. Ostrowski, *A Handbook of Small Data Sets* (London: Chapman and Hall, 1994).
2. D. J. Hand, "Statistical challenges of administrative and transaction data (with discussion)," *Journal of the Royal Statistical Society, Series A* **181** (2018): 555–605.
3. https://www.quora.com/How-many-credit-and-debit-card-transactions-are-there-every-year, accessed 24 August 2018.
4. M. E. Kho, M. Duffett., D. J. Willison, D. J. Cook, and M. C. Brouwers, "Written informed consent and selection bias in observational studies using medical records: Systematic review,"*BMJ* (Clinical Research Ed.) **338** (2009): b866.
5. S. Dilley and G. Greenwood, "Abandoned 999 calls to police more than double," 19 September 2017, http://www.bbc.co.uk/news/uk-41173745, accessed 10 December 2017.
6. M. Johnston, The Online Photographer, 17 February 2017, http://theonlinephotographer.typepad.com/the_online_photographer/2017/02/i-find-this-a-particularly-poignant-picture-its-preserved-in-the-george-grantham-bain-collection-at-the-library-of-congres.html, accessed 28 December 2017.
7. A. L. Barrett and B. R. Brodeski, "Survivorship bias and improper measurement: How the mutual fund industry inflates actively managed fund performance" (Rockford, IL: Savant Capital Management, Inc., March 2006), http://www.google.co.uk/url?sa=t&rct=j&q=&esrc=s&source=web&cd=1&ved=0ahUKEwiavpGPz6zYAhWFJMAKHaKaBNQQFggpMAA&url=http%3A%2F%2Fwww.etf.com%2Fdocs%2Fsbiasstudy.pdf&usg=AOvVaw2nPmIjOOE1iWk2CByyeClw, accessed 28 December 2017.

8. T. Schlanger and C. B. Philips. "The mutual fund graveyard: An analysis of dead funds," The Vanguard Group, January 2013.
9. https://xkcd.com/1827/.
10. Knowledge Extraction Based on Evolutionary Learning, http://sci2s.ugr.es/keel/dataset.php?cod=163, accessed 22 September 2019.
11. M. C. Bryson, "The *Literary Digest* poll: Making of a statistical myth," *The American Statistician* **30** (1976):184–5.
12. http://www.applied-survey-methods.com/nonresp.html, accessed 4 November 2018.
13. Office for National Statistics, https://www.ons.gov.uk/employmentandlabourmarket/peopleinwork/employmentandemployeetypes/methodologies/labourforcesurveyperformanceandqualitymonitoringreports/labourforcesurveyperformanceandqualitymonitoringreportjulytoseptember2017.
14. R. Tourangeau and T. J. Plewes, eds., *Nonresponse in Social Surveys: A Research Agenda* (Washington, DC: National Academies Press, 2013).
15. J. Leenheer and A. C. Scherpenzeel, "Does it pay off to include non-internet households in an internet panel?" *International Journal of Internet Science* **8** (2013), 17–29.
16. Tourangeau and Plewes, *Nonresponse in Social Surveys*.
17. H. Wainer, "Curbstoning IQ and the 2000 presidential election," *Chance* **17** (2004): 43–46.
18. I. Chalmers, E. Dukan, S. Podolsky, and G. D. Smith, "The advent of fair treatment allocation schedules in clinical trials during the 19th and early 20th centuries," *Journal of the Royal Society of Medicine* **105** (2012): 221–7.
19. J. B. Van Helmont, *Ortus Medicinae*, *The Dawn of Medicine* (Amsterdam: Apud Ludovicum Elzevirium, 1648), http://www.jameslindlibrary.org/van-helmont-jb-1648/, accessed 15 June 2018.
20. W. W. Busse, P. Chervinsky, J. Condemi, W. R. Lumry, T. L. Petty, S. Rennard, and R. G. Townley, "Budesonide delivered by Turbuhaler is effective in a dose-dependent fashion when used in the treatment of adult patients with chronic asthma," *Journal of Allergy and Clinical Immunology* **101** (1998): 457–63; J. R. Carpenter and M. Kenward,

"Missing data in randomised controlled trials: A practical guide," November 21, 2007, http://citeseerx.ist.psu.edu/viewdoc/download?doi=10.1.1.468.9391&rep=rep1&type=pdf, accessed 7 May 2018.
21. P. K. Robins, "A comparison of the labor supply findings from the four negative income tax experiments," *Journal of Human Resources* **20** (1985): 567–82.
22. A. Leigh, *Randomistas: How Radical Researchers Are Changing Our World* (New Haven, CT: Yale University Press, 2018).
23. P. Quinton, "The impact of information about crime and policing on public perceptions," National Policing Improvement Agency, January 2011, http://whatworks.college.police.uk/Research/Documents/Full_Report_-_Crime_and_Policing_Information.pdf, accessed 17 June 2018.
24. J. E. Berecochea and D. R. Jaman, (1983) *Time Served in Prison and Parole Outcome: An Experimental Study: Report Number 2*, Research Division, California Department of Corrections.
25. G.C.S. Smith and J. Pell, "Parachute use to prevent death and major trauma related to gravitational challenge: Systematic review of randomised controlled trials," *British Medical Journal* **327** (2003): 1459–61.
26. *Washington Post*, "Test of 'dynamic pricing' angers Amazon customers," October 7, 2000, http://www.citi.columbia.edu/B8210/read10/Amazon%20Dynamic%20Pricing%20Angers%20Customers.pdf, accessed 19 June 2018.
27. BBC, "Facebook admits failings over emotion manipulation study," *BBC News*, 3 October 2014, https://www.bbc.co.uk/news/technology-29475019, accessed 19 June 2018.

第三章　定義與暗數據：你想知道什麼？

1. http://www.bbc.co.uk/news/uk-politics-eu-referendum-35959949.
2. Immigration figures, https://www.ons.gov.uk/peoplepopulationandcommunity/populationandmigration/internationalmigration/articles/noteonthedifferencebetweennationalinsurancenumberregistrationsandtheestimateoflongterminternationalmigration/2016, accessed 2 January 2018.

3. Office for National Statistics, “Crime in England and Wales: Year ending June 2017,” https://www.ons.gov.uk/peoplepopulationandcommunity/crimeandjustice/bulletins/crimeinenglandandwales/june2017#quality-and-methodology, accessed 4 January 2018.
4. J. Wright, “The real reasons autism rates are up in the U.S.” *Scientific American*, March 3, 2017, https://www.scientificamerican.com/article/the-real-reasons-autism-rates-are-up-in-the-u-s/, accessed 3 July 2018.
5. N. Mukadam, G. Livingston, K. Rantell, and S. Rickman, “Diagnostic rates and treatment of dementia before and after launch of a national dementia policy: An observational study using English national databases. *BMJ Open* **4**, no. 1 (January 2014), http://bmjopen.bmj.com/content/bmjopen/4/1/e004119.full.pdf, accessed 3 July 2018.
6. https://www.ons.gov.uk/businessindustryandtrade/retailindustry/timeseries/j4mc/drsi.
7. https://www.census.gov/retail/mrts/www/data/pdf/ec_current.pdf.
8. Titanic Disaster: Official Casualty Figures, 1997, http://www.anesi.com/titanic.htm, accessed 2 October 2018.
9. A. Agresti, *Categorical Data Analysis*, 2d ed. (New York: Wiley, 2002), 48–51.
10. W. S. Robinson, “Ecological correlations and the behavior of individuals,” *American Sociological Review* **15** (1950): 351–7.
11. G. Gigerenzer, *Risk Savvy: How to Make Good Decisions* (London: Penguin Books, 2014), 202.
12. W. J. Krzanowski, *Principles of Multivariate Analysis*, rev. ed. (Oxford: Oxford University Press, 2000), 144.

第四章　無心造成的暗數據：言行不一

1. S. de Lusignan, J. Belsey, N. Hague, and B. Dzregah, “End-digit preference in blood pressure recordings of patients with ischaemic heart disease in primary care,” *Journal of Human Hypertension* **18** (2004): 261–5.
2. L. E. Ramsay et al., “Guidelines for management of hypertension: Report of the third working party of the British Hypertension Society,” *Journal of Human Hypertension* **13** (1999): 569–92.
3. J. M. Roberts Jr. and D. D. Brewer, “Measures and tests of heaping in discrete quantitative distributions,” *Journal of*

Applied Statistics **28** (2001): 887–96.

4. https://www.healthline.com/health/mens-health/average-weight-for-men.
5. B. Kenber, P. Morgan-Bentley, and L. Goddard, "Drug prices: NHS wastes ￡30m a year paying too much for unlicensed drugs, *Times* (London), 26 May 2018, https://www.thetimes.co.uk/article/drug-prices-nhs-wastes-30m-a-year-paying-too-much-for-unlicensed-drugs-kv9kr5m8p?shareToken=0e41d3bbd6525068746b7db8f9852a24, accessed 26 May 2018.
6. H. Wainer, "Curbstoning IQ and the 2000 presidential election," *Chance* **17** (2004): 43–46.
7. W. Kruskal, "Statistics in society: Problems unsolved and unformulated," *Journal of the American Statistical Association*, **76**, (1981): 505–15.
8. 我找不到這個法則的明確出處。一九七九年，克勞斯．莫瑟在他就任英國皇家統計學會會長演說中（"Statistics and public policy," *Journal of the Royal Statistical Society*, Series A**143** (1980): 1-32）表示，該法條是英國中央統計署（現國家統計局）提出的。安德魯．艾倫柏格則是在論文裡（"The teaching of statistics: Corrections and comments," *Journal of Royal Statistical Society*, Series A**138** (1975): 543-45）直接稱之為泰曼法則，但沒有註明出處。
9. T. C. Redman, "Bad data costs the U.S. $3 trillion per year," *Harvard Business Review*, 22 September 2016, https://hbr.org/2016/09/bad-data-costs-the-u-s-3-trillion-per-year, accessed 17 August 2018.
10. ADRN, https://adrn.ac.uk/.
11. https://adrn.ac.uk/media/174470/homlessness.pdf, accessed 24 August 2018.

第五章　策略暗數據：玩弄、反饋與資訊不對稱

1. https://eur-lex.europa.eu/legal-content/EN/TXT/PDF/?uri=CELEX:32004L0113, accessed 18 February 2019.
2. M. Hurwitz and J. Lee, *Grade Inflation and the Role of Standardized Testing* (Baltimore, MD: Johns Hopkins University Press, forthcoming).

3. R. Blundell, D. A. Green, and W. Jin, "Big historical increase in numbers did not reduce graduates' relative wages," Institute for Fiscal Studies, 18 August 2016, https://www.ifs.org.uk/publications/8426, accessed 23 November 2018.
4. D. Willetts, *A University Education* (Oxford: Oxford University Press, 2017).
5. R. Sylvester, "Schools are cheating with their GCSE results," *Times* (London), 21 August 2018, https://www.thetimes.co.uk/article/schools-are-cheating-with-their-gcse-results-q83s909k6?shareToken=0ce9828e6183e9b37a1454f8f588eaa7, accessed 23 August 2018.
6. "Ambulance service 'lied over response rates,'<~thinspace>" *Telegraph* (London), 28 February 2003, http://www.telegraph.co.uk/news/1423338/Ambulance-service-lied-over-response-rates.html, downloaded on 6 October 2018.
7. https://sites.psu.edu/gershcivicissue/2017/03/15/unemployment-and-how-to-manipulate-with-statistics/, accessed 6 October 2018.
8. https://www.heraldscotland.com/news/13147231.Former_police_officers_crime_figures_are_being_massaged_to_look_better_/.
9. J. M. Keynes, *General Theory of Employment Interest and Money* (New York: Harcourt, Brace, 1936).
10. BBC, 1 February 2011, https://www.bbc.co.uk/news/uk-12330078, accessed 18 August 2018.
11. Direct Line Group, 2014, https://www.directlinegroup.com/media/news/brand/2014/11-07-2014b.aspx, accessed 11 April 2014.
12. A. Reurink, "Financial fraud: A literature review," MPIfG Discussion Paper 16/5 (Cologne: Max Planck Institute for the Study of Societies, 2016).
13. R. Caruana, Y. Lou, J. Gehrke, P. Koch, M. Sturm, and N. Elhahad, "Intelligible models for healthcare: predicting pneumonia risk and hospital 30-day readmission," *Proceedings of the 21st ACM SIGKDD International Conference on Knowledge Discovery and Data Mining*, KDD '15, Sydney, Australia, 10–13 August 2015, pp. 1721–30.
14. Board of Governors of the Federal Reserve System, *Report to the Congress on Credit Scoring and Its Effects on the Availability and Affordability of Credit*, August 2007, https://www.federalreserve.gov/boarddocs/RptCongress/

creditscore/creditscore.pdf, accessed 18 August 2018.

15. E. Wall, “How car insurance costs have changed,” *Telegraph* (London), 21 January 2013, http://www.telegraph.co.uk/finance/personalfinance/insurance/motorinsurance/9815330/How-car-insurance-costs-have-changed-EU-gender-impact.html, accessed 19 August 2018.

第六章　刻意為之的暗數據：詐騙與詐欺

1. V. Van Vlasselaer, T. Eliassi-Rad, L. Akoglu, M. Snoeck, and B. Baesens, “Gotcha! Network-based fraud detection for social security fraud,” *Management Science* **63** (14 July 2016): 3090–3110.
2. B. Baesens, V. van Vlasselaer, and W. Verbet, *Fraud Analytics: Using Descriptive, Predictive, and Social Network Techniques: A Guide to Data Science for Fraud Detection* (Hoboken, NJ: Wiley, 2105), 19.
3. “Crime in England and Wales: Year Ending June 2017,” https://www.ons.gov.uk/peoplepopulationandcommunity/crimeandjustice/bulletins/crimeinenglandandwales/june2017, accessed 31 December 2017.
4. D. J. Hand and G. Blunt, “Estimating the iceberg: How much fraud is there in the UK?” *Journal of Financial Transformation* **25**, part 1(2009): 19–29, http://www.capco.com/?q=content/journal-detail&sid=1094.
5. 美國五十州的詐騙、身分盜竊與詐欺率，請參考：FTC data, “Journalist’s Resource, 4 March 2015, https://journalistsresource.org/studies/government/criminal-justice/united-states-fraud-identity-theft-federal-trade-commission, accessed 19 August 2018。
6. B. Whitaker, “Never too young to have your identity stolen,” *New York Times*, 27 July 2007, http://www.nytimes.com/2007/07/21/business/21idtheft.html, accessed 3 February 2018.
7. Javelin, 1 February 2017, https://www.javelinstrategy.com/coverage-area/2017-identity-fraud, accessed 3 February 2018.
8. III, “Facts + Statistics: Identity theft and cybercrime,” 2016, https://www.iii.org/fact-statistic/facts-statistics-identity-theft-and-cybercrime#, accessed 3 February 2018.

9. DataShield, 14 March 2013, http://datashieldcorp.com/2013/03/14/5-worst-cases-of-identity-theft-ever/, accessed 3 February 2018.
10. A. Reurink; see note 68.
11. https://www.sec.gov/news/pressrelease/2015–213.html, accessed 30 September 2018.
12. "Accounting scandals: The dozy watchdogs," *Economist*, 11 December 2014, https://www.economist.com/news/briefing/21635978-some-13-years-after-enron-auditors-still-cant-stop-managers-cooking-books-time-some, accessed 7 April 2018.
13. E. Greenwood, *Playing Dead: A Journey through the World of Death Fraud* (New York: Simon and Schuster, 2017).
14. *CBS This Morning*, "Playing a risky game: People who fake death for big money," https://www.cbsnews.com/news/playing-a-risky-game-people-who-fake-death-for-big-money/, accessed 6 April 2018.
15. M. Evans, "British woman who 'faked death in Zanzibar in ￡140k insurance fraud bid' arrested along with teenage son," *Telegraph* (London), 15 February 2017, https://www.telegraph.co.uk/news/2017/02/15/british-woman-faked-death-zanzibar-140k-insurance-fraud-bid/, accessed 6 April 2018.
16. S. Hickey, "Insurance cheats discover social media is the real pain in the neck," *Guardian* (London), 18 July 2016, https://www.theguardian.com/money/2016/jul/18/insurance-cheats-social-media-whiplash-false-claimants, accessed 4 April 2018.
17. P. Kerr, "'Ghost Riders' are target of an insurance sting," *New York Times*, 18 August 1993, https://www.nytimes.com/1993/08/18/us/ghost-riders-are-target-of-an-insurance-sting.html, accessed 6 April 2018.
18. FBI (N.A.), "Insurance Fraud," https://www.fbi.gov/stats-services/publications/insurance-fraud, accessed 6 April 2018.
19. E. Crooks, "More than 100 jailed for fake BP oil spill claims," *Financial Times* (London), 15 January 2017, https://www.ft.com/content/6428c082-db1c-11e6-9d7c-be108f1c1dce, accessed 6 April 2018.
20. ABI, "The con's not on—Insurers thwart 2,400 fraudulent insurance claims valued at ￡25 million every week,"

Association of British Insurers, 7 July 2017, https://www.abi.org.uk/news/news-articles/2017/07/the-cons-not-on--insurers-thwart-2400-fraudulent-insurance-claims-valued-at-25-million-every-week/, accessed 4 April 2018.

21. "PwC Global Economic Crime Survey: 2016; Adjusting the lens on economic crime," 18 February 2016, https://www.pwc.com/gx/en/economic-crime-survey/pdf/GlobalEconomicCrimeSurvey2016.pdf, accessed 8 April 2018.

第七章　科學與暗數據：發現的本質

1. J. M. Masson, ed., *The Complete Letters of Sigmund Freud to Wilhelm Fliess* (Cambridge, MA: Belknap Press, 1985), 398.
2. "Frontal lobotomy," *Journal of the American Medical Association* **117** (16 August 1941): 534–35.
3. N. Weiner, *Cybernetics* (Cambridge, MA: MIT Press, 1948).
4. J. B. Moseley et al., "A controlled trial of arthroscopic surgery for osteoarthritis of the knee," *New England Journal of Medicine* **347**, no. 2 (2002): 81–88.
5. J. Kim et al., Association of multivitamin and mineral supplementation and risk of cardiovascular disease: A systematic review and meta-analysis. *Circulation: Cardiovascular Quality and Outcomes* **11** (July 2018), http://circoutcomes.ahajournals.org/content/11/7/e004224, accessed 14 July 2018.
6. J. Byrne, MD, "Medical practices not supported by science," *Skeptical Medicine*, https://sites.google.com/site/skepticalmedicine/medical-practices-unsupported-by-science, accessed 14 July 2018.
7. T. Kuhn, *The Structure of Scientific Revolutions,* 2d ed. (Chicago: University of Chicago Press, 1970), 52.
8. J.P.A. Ioannidis, "Why most published research findings are false," *PLOS Medicine* **2**, no. 8 (2005): 696–701.
9. L. Osherovich, "Hedging against academic risk," *Science-Business eXchange*, 14 April 2011, https://www.gwern.net/docs/statistics/bias/2011-osherovich.pdf, accessed 12 July 2018.
10. M. Baker, "1,500 scientists lift the lid on reproducibility," *Nature* **533** (July 2016): 452–54, https://www.nature.com/news/1-500-scientists-lift-the-lid-on-reproducibility-1.19970, accessed 12 July 2018.

11. C. G. Begley and L. M. Ellis, "Raise standards for preclinical cancer research," *Nature-Comment* **483** (March 2012): 531–33.
12. L. P. Freedman, I. M. Cockburn, and T. S. Simcoe, "The economics of reproducibility in preclinical research," *PLOS Biology*, 9 June 2015, http://journals.plos.org/plosbiology/article?id=10.1371/journal.pbio.1002165, accessed 12 July 2018.
13. B. Nosek et al., "Estimating the reproducibility of psychological science," *Science* **349**, no. 6251 (August 2015): 943–52.
14. https://cirt.gcu.edu/research/publication_presentation/gcujournals/nonsignificant.
15. http://jir.com/index.html.
16. F. C. Fang, R. G. Steen, and A. Casadevall, "Misconduct accounts for the majority of retracted scientific publications," *PNAS* **109** (October 2012): 17028–33.
17. D. G. Smith, J. Clemens, W. Crede, M. Harvey, and E. J. Gracely, "Impact of multiple comparisons in randomized clinical trials," *American Journal of Medicine* **83** (September 1987): 545–50.
18. C. M. Bennett, A. A. Baird, M. B. Miller, and G. L. Wolford, "Neural correlates of interspecies perspective taking in the post-mortem Atlantic Salmon: An argument for proper multiple comparisons correction," *Journal of Serendipitous and Unexpected Results* **1**, no. 1 (2009): 1–5, http://docplayer.net/5469627-Journal-of-serendipitous-and-unexpected-results.html, accessed 16 August 2018.
19. S. Della Sala and R. Cubelli, "Alleged 'sonic attack' supported by poor neuropsychology," *Cortex* **103** (2018): 387–88.
20. R. L. Swanson et al., "Neurological manifestations among U.S. Government personnel reporting directional audible and sensory phenomena in Havana, Cuba," *JAMA* **319** (20 March 2018): 1125–33.
21. F. Miele, *Intelligence, Race, and Genetics: Conversations with Arthur R. Jensen* (Oxford: Westview Press, 2002), 99–103.

22. C. Babbage, *Reflections on the Decline of Science in England, and on Some of Its Causes* (London: B. Fellowes, 1830).
23. A. D. Sokal, "Transgressing the boundaries: Toward a transformative hermeneutics of quantum gravity," *Social Text* **46/47** (Spring/Summer 1996): 217–52.
24. https://read.dukeupress.edu/social-text, accessed 23 January 2019.
25. A. Sokal and J. Bricmont, *Intellectual Imposters: Postmodern Philosophers' Abuse of Science* (London: Profile Books, 1998).
26. http://science.sciencemag.org/content/342/6154/60/tab-pdf.
27. http://www.scs.stanford.edu/~dm/home/papers/remove.pdf.
28. https://j4mb.org.uk/2019/01/09/peter-boghossian-professor-faces-sack-over-hoax-that-fooled-academic-journals/.
29. C. Dawson and A. Smith Woodward, "On a bone implement from Piltdown (Sussex)," *Geological Magazine* **Decade 6**, no. 2 (1915): 1–5, http://www.boneandstone.com/articles_classics/dawson_04.pdf, accessed 7 July 2018.
30. M. *Russell (2003) Piltdown Man: The Secret Life of Charles Dawson* (Stroud, UK: *Tempus, 2003); M. Russell, The Piltdown Man Hoax: Case Closed* (Stroud, UK: *The History Press, 2012).*
31. J. Scott, "At UC San Diego: Unraveling a research fraud case," *Los Angeles Times*, 30 April 1987, http://articles.latimes.com/1987-04-30/news/mn-2837_1_uc-san-diego, accessed 4 July 2018.
32. B. Grant, "Peer-review fraud scheme uncovered in China," *Scientist*, 31 July 2017, https://www.the-scientist.com/the-nutshell/peer-review-fraud-scheme-uncovered-in-china-31152, accessed 4 July 2018.
33. https://ori.hhs.gov/about-ori, accessed 14 October 2018.
34. R. A. Millikan, "On the elementary electric charge and the Avogrado constant," *Physical Review* **2**, no. 2 (August 1913): 109–43.
35. W. Broad and N. Wade, *Betrayers of the Truth: Fraud and Deceit in the Halls of Science* (New York: Touchstone, 1982).

36. D. Goodstein, "In defense of Robert Andrews Millikan," *American Scientist* **89**, no. 1 (January-February 2001): 54–60.
37. R. G. Steen, A. Casadevall, and F. C. Fang, "Why has the number of scientific retractions increased?" *PLOS ONE* **8**, no. 7 (8 July 2013), http://journals.plos.org/plosone/article?id=10.1371/journal.pone.0068397, accessed 9 July 2018.
38. D. J. Hand, "Deception and dishonesty with data: Fraud in science," *Significance* **4**, no.1 (2007): 22–25; D. J. Hand, *Information Generation: How Data Rule Our World* (London: Oneworld Publications, 2007); H. F. Judson, *The Great Betrayal: Fraud in Science* (Orlando, FL: Harcourt, 2004).
39. D. J. Hand, "Who told you that?: Data provenance, false facts, and separating the liars from the truth-tellers," *Significance* (August 2018): 8–9.
40. LGTC (2015), https://assets.publishing.service.gov.uk/government/uploads/system/uploads/attachment_data/file/408386/150227_PUBLICATION_Final_LGTC_2015.pdf, accessed 17 April 2018.
41. Tameside, https://www.tameside.gov.uk/Legal/Transparency-in-Local-Government, accessed 17 April 2018.

第八章　面對暗數據：點亮它

1. 例如，可參考：D. Rubin, "Inference and missing data," *Biometrika*, **63**, no. 3 (December 1976): 581-92.
2. C. Marsh, *Exploring Data* (Cambridge: Cambridge University Press, 1988).
3. X.-L. Meng, "Statistical paradises and paradoxes in big data (I): Law of large populations, big data paradox, and the 2016 U.S. presidential election,"*Annals of Applied Statistics* **12** (June 2018): 685–726.
4. R.J.A. Little, "A test of missing completely at random for multivariate data with missing values," *Journal of the American Statistical Association* **83**, no. 404 (December 1988): 1198–1202.
5. E. L. Kaplan and P. Meier, "Nonparametric estimation from incomplete observations," *Journal of the American Statistical Association* **53**, no. 282 (June 1958): 457–81.
6. G. Dvorsky, "What are the most cited research papers of all time?" 30 October 2014, https://io9.gizmodo.com/what-

are-the-most-cited-research-papers-of-all-time-1652707091, accessed 22 April 2018.
7. F. J. Molnar, B. Hutton, and D. Fergusson, “Does analysis using ‘last observation carried forward’ introduce bias in dementia research?” *Canadian Medical Association Journal* **179** no. 8 (October 2008): 751–53.
8. J. M. Lachin, “Fallacies of last observation carried forward,” *Clinical Trials* **13**, no. 2 (April 2016): 161–68.
9. A. Karahalios, L. Baglietto, J. B. Carlin, D. R. English, and J. A. Simpson, “A review of the reporting and handling of missing data in cohort studies with repeated assessment of exposure measures,” *BMC Medical Research Methodology* **12** (11 July 2012): 96, https://bmcmedresmethodol.biomedcentral.com/track/pdf/10.1186/1471-2288-12-96.
10. S.J.W. Shoop, “Should we ban the use of ‘last observation carried forward’ analysis in epidemiological studies?” *SM Journal of Public Health and Epidemiology* **1**, no. 1(June 2015): 1004.
11. S. J. Miller, ed., *Benford’s Law: Theory and Applications* (Princeton, NJ: Princeton University Press, 2015).

第九章　從暗數據中得益：換個角度看問題

1. S. Newcomb “Measures of the velocity of light made under the direction of the Secretary of the Navy during the years 1880–1882,” *Astronomical Papers* **2** (1891): 107–230 (Washington, DC: U.S. Nautical Almanac Office).
2. ADRN, https://adrn.ac.uk/.
3. D. Barth-Jones D. “The ‘re-identification’ of Governor William Weld’s medical information: A critical re-examination of health data identification risks and privacy protections, then and now,” 3 September 2015, https://papers.ssrn.com/sol3/papers.cfm?abstract_id=2076397, accessed 24 June 2018.
4. A. Narayanan and V. Shmatikov, “How to break the anonymity of the Netflix Prize dataset,” 22 November 2007, https://arxiv.org/abs/cs/0610105, accessed 25 March 2018; A. Narayanan and V. Shmatikov V. (2008) Robust de-anonymization of large sparse datasets (how to break the anonymity of the Netflix Prize dataset), 5 February 2008, https://arxiv.org/pdf/cs/0610105.pdf, accessed 24 June 2018.

5. D. Hugh-Jones, "Honesty and beliefs about honesty in 15 countries," 29 October 2015, https://www.uea.ac.uk/documents/3154295/7054672/Honesty+paper/41fecf09-235e-45c1-afc2-b872ea0ac882, accessed 26 June 2018.
6. C. Gentry, "Computing arbitrary functions of encrypted data, *Communications of the ACM*, **53**, no. 3 (March 2010): 97–105.

第十章　分類暗數據：穿越迷宮

1. https://www.behaviouralinsights.co.uk/wp-content/uploads/2016/08/16-07-12-Counting-Calories-Final.pdf, accessed 27 October 2018.
2. A. Cavallo, "Online and official price indexes: Measuring Argentina's inflation," *Journal of Monetary Economics* **60**, no. 2 (2013): 152–65.
3. A. Cavallo and R. Rigobon, "The billion prices project: Using online prices for measurement and research," *Journal of Economic Perspectives* **30**, no. 2 (Spring 2016): 151–78.
4. C. Szegedy et al., "Intriguing properties of neural networks," https://arxiv.org/pdf/1312.6199.pdf, 19 February 2014, accessed 23 August 2008.
5. M. Sharif, S. Bhagavatula, L. Bauer, and M. K. Reiter, "Accessorize to a crime: Real and stealthy attacks on state-of-the-art face recognition," October 2016, https://www.cs.cmu.edu/~sbhagava/papers/face-rec-ccs16.pdf, accessed 23 August 2018.

國家圖書館出版品預行編目資料

暗數據：被看到、被聽到、被測量到的，往往不是「真凶」／大衛・漢德（David Hand）著；賴盈滿譯. -- 初版. -- 臺北市：大塊文化出版股份有限公司, 2021.06
328面；14.8×21公分. --（from；138）
譯自：Dark data : why what you don't know matters
ISBN 978-986-5549-96-1（平裝）

1. 大數據 2. 統計推論

511.7 110006892

LOCUS

LOCUS

LOCUS

LOCUS